AF295655

BIBLIOTHÈQUE SCIENTIFIQUE CONTEMPORAINE

LES
ALPES FRANÇAISES

LA FLORE ET LA FAUNE
LE RÔLE DE L'HOMME DANS LES ALPES
LA TRANSHUMANCE

PAR

ALBERT FALSAN

AVEC LA COLLABORATION

DE MM. G. DE SAPORTA, DR A. MAGNIN, Cl. REY, G. CHANTRE
ET A. LOCARD

Avec 77 figures intercalées dans le texte

PARIS

LIBRAIRIE J.-B. BAILLIÈRE ET FILS

RUE HAUTEFEUILLE, 19, PRÈS DU BOULEVARD SAINT-GERMAIN

1893

LES
ALPES FRANÇAISES

LA FLORE ET LA FAUNE
LE RÔLE DE L'HOMME DANS LES ALPES
LA TRANSHUMANCE

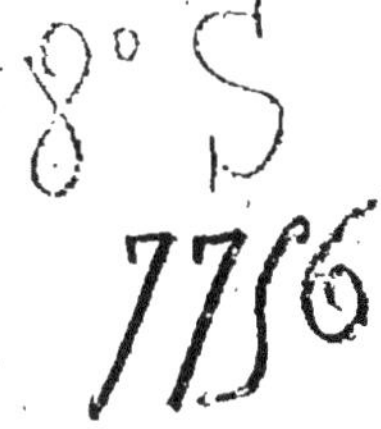

LES ALPES FRANÇAISES

LES MONTAGNES, LES EAUX
LES GLACIERS, LES PHÉNOMÈNES DE L'ATMOSPHÈRE

1893, 1 vol. in-16 de 286 p., avec 52 fig. *(Bibliot. scient. contemp.).*   3 fr. 50

La Période glaciaire étudiée principalement en France et en Suisse, par A. FALSAN, Officier de l'Instruction publique, Lauréat de l'Institut, Correspondant du ministère de l'Instruction publique pour la conservation des blocs erratiques, etc. Paris, 1889, avec 105 gravures dans le texte et 2 planches hors texte.   6 fr.

Esquisse géologique du terrain erratique et des anciens glaciers de la région centrale du bassin du Rhône. Lyon, 1883, gr. in-8, 137 pages, avec 40 figures et 2 cartes col. . . . . 6 fr.

Instruction pour l'étude du terrain erratique de la partie moyenne du bassin du Rhône, 1869, gr. in-8, avec 8 planches . . 4 fr.

Position stratigraphique des terrains tertiaires supérieurs et quaternaires, à Hauterives (Drôme). Paris, 1879, gr. in-8, 22 pages, avec 1 tableau et 1 planche. . . . . 1 fr. 50

Origine de l'argile à Silex des environs de Mâcon et de Chalon (Saône-et-Loire), 1878, in-4, 10 pages. . . . . 1 fr.

Tableau synoptique indiquant la succession des étages géologiques du canton de Sennecey-le-Grand (Saône-et-Loire), 1875, in-fol.   75 c.

Histoire géologique des environs de Lyon. 1874, gr. in-8, 23 p.   1 fr.

Considérations stratigraphiques sur la présence de fossiles miocènes et pliocènes au milieu des alluvions glaciaires et du terrain erratique des environs de Lyon. 1875, grand in-8, 15 pages, avec 1 planche. . . . . 1 fr. 25

Place qu'occupe dans le Jura du Bas-Bugey la zone à Ammonites tenuilobatus, 1873, gr. in-8 avec 1 planche. . . . . . . 1 fr.

Coupe des terrains du Bas-Bugey. Lyon, 1874, gr. in-8, 20 p.   1 fr.

Monographie géologique des anciens glaciers et du terrain erratique de la partie moyenne du bassin du Rhône, par A. FALSAN et E. CHANTRE, 1880, 2 forts vol., gr. in-8 avec fig. dans le texte, plans, coupes et 1 atlas in-folio de 6 pl. doubles. . . 50 fr.

Monographie géologique du Mont-d'Or lyonnais et de ses dépendances, par A. FALSAN et A. LOCARD, 1886, 1 vol. gr. in-8, avec planches. . . . . 25 fr.

Études sur la position stratigraphique des tufs de Meximieux *(Archives du Muséum d'histoire naturelle de Lyon, 1876).*   8 fr.

Lyon. — Imp. PITRAT AINÉ, A. Rey Successeur, 4, rue Gentil. — 5337

DÉPART D'UN TROUPEAU ALPIN TRANSHUMANT (Voir p. 333).

LES
ALPES FRANÇAISES

LA FLORE ET LA FAUNE

LE RÔLE DE L'HOMME DANS LES ALPES

LA TRANSHUMANCE

PAR

ALBERT FALSAN

AVEC LA COLLABORATION

De MM. G. DE SAPORTA, DR A. MAGNIN, Cl. REY, C. CHANTRE

Et A. LOCARD

Avec 77 figures intercalées dans le texte

PARIS

LIBRAIRIE J.-B. BAILLIÈRE ET FILS

RUE HAUTEFEUILLE, 19, PRÈS DU BOULEVARD SAINT-GERMAIN

1893

AVANT-PROPOS

Après avoir rapidement étudié, dans un volume déjà paru, les *montagnes*, les *eaux*, les *glaciers*, la *météorologie* des *Alpes françaises*, c'est-à-dire les phénomènes de la nature inorganique[1], il nous restait à envisager les *manifestations de la vie*, qui se sont produites ou se produisent encore au sein de la région correspondant à ces belles montagnes. En effet, nous ne pouvions laisser de côté l'ensemble des flores et des faunes, soit anciennes, soit vivantes, d'une contrée qui emprunte à ses plantes, comme à ses animaux, des caractères particuliers et une physionomie des plus intéressantes.

Dans l'impossibilité de rester seul chargé de la tâche qui s'imposait à nous, nous avons fait appel à la bienveillance et au savoir de plusieurs de nos amis ; notre voix a été entendue.

L'étude des *flores anciennes* et celle de la *transhumance* revenaient de droit à M. le marquis de Saporta

---

[1] Falsan, *les Alpes françaises, les montagnes, les eaux, les glaciers, les phénomènes de l'atmosphère*, Paris, 1893. (*Bibl. scient. contemp.*)

qui a bien voulu joindre à ces notions quelques pages
sur le *rôle de l'Homme* dans les Alpes. — M. le Dr Magnin
a décrit avec talent les caractères de la *flore alpine
actuelle*. — M. Cl. Rey s'est occupé des *Coléoptères*, et
M. César Chantre des *Lépidoptères* qui vivent dans la
région élevée des Alpes. — Enfin, M. A. Locard a exposé
quelques *aperçus malacologiques*. — Nous sommes loin
d'oublier les conseils que M. le commandant Toucas et
M. de Saporta ont bien voulu nous donner.

Nous prions donc, pour cela même, ces savants, ces
amis de recevoir ici le témoignage de notre vive gra-
titude.

Ce livre n'est pas le tome second de notre ouvrage
sur les Alpes françaises; il garde un caractère d'indépendance vis-à-vis de son aîné déjà paru. Les deux *frères*,
tout en portant le même titre, auront à suivre des
sentiers différents.

Nous devons donc, dans chaque volume, inscrire nos
remercîments à nos collaborateurs et mettre ainsi
tous nos lecteurs en mesure d'apprécier notre entière
bonne foi.

A. Falsan.

Saint-Cyr, près Lyon, le 22 novembre 1892.

LES
ALPES FRANÇAISES

FLORES ET FAUNES ANCIENNES ET MODERNES

CHAPITRE PREMIER

GÉNÉRALITÉS SUR LA FLORE ANCIENNE DES ALPES SES RAPPORTS AVEC L'EXTENSION DES GLACIERS ET LA FLORE MODERNE DES HAUTS SOMMETS

Par A. FALSAN

Mode de développement et modifications des flores et des faunes. — Climats anciens ; végétation polaire ; faunes et flores anciennes ; période paléophytique. —. Période mésophytique. — Période néophytique. Mère-patrie de la flore actuelle ; points de rayonnement vers les divers continents ; fixité de l'axe de la terre. — Influence de la première apparition du froid polaire sur la végétation. — Surélévation des montagnes. — Définition de la période glaciaire. — Origine de la flore alpine. — Flore de l'Europe avant l'extension des anciens glaciers. — Rapports de la flore alpine avec la flore polaire ; causes de ces affinités. — Théorie de Forbes, Darwin, de Candolle, Schimper, Ch. Martins, etc. — Objections. — Théorie de Wetterhan, G. Bonnier, Engler, Much, de Saporta et Marion, Saint-Lager, Magnin, J. Briquet, etc. — Exposé, par MM. de Saporta et Marion, de leur théorie sur l'origine montagnarde de la flore des Alpes.

La contractilité de l'écorce terrestre et sa mobilité, qui en est une des conséquences directes, ont eu la plus notable influence sur l'établissement des divers climats du globe, durant les grandes phases de son existence, ainsi que sur le développement simultané des flores et des faunes. Ces accidents orographiques, ces plissements et fractures de couches, ces soulèvements de montagnes, on ne peut les nier, et on s'accorde pour leur attribuer une action climatérique de nature à modifier les manifestations de la vie. Quant aux changements successifs des formes de la matière organique et à ses perfectionnements, les traces en sont gravées sur les roches fossilifères ; personne ne l'ignore.

Il serait certes du plus grand intérêt de faire, pour toute la chaîne des Alpes, ce que Heer[1] et la Commission géologique de la Société Helvétique[2] ont fait pour la Suisse, c'est-à-dire d'exhumer des terrains où ils sont enfouis tous les débris d'êtres anciens, végétaux et animaux, en cherchant à rétablir à grands traits les conditions d'existence qui étaient nécessaires, non seulement pour maintenir la courte durée relative de leurs espèces, mais encore pour favoriser l'évolution de leurs familles et entraîner le fractionnement des groupes, suivant la puissance de leur perfectibilité. Après avoir étudié le cours de ces transformations, on verrait les problèmes se compliquer à mesure qu'on se rapprocherait de l'ordre de choses actuel, en même temps que l'on aurait acquis quelques vues plus exactes sur la marche de la nature et les enchaînements des êtres. Cette tâche serait immense et suffirait pour absorber la vie de bien des savants. Ce programme est loin d'avoir été rempli, mais ce serait déjà un désir ambitieux et peu réalisable que de vouloir résumer les travaux partiels déjà publiés.

[1] Heer, *Le Monde primitif de la Suisse*. Genève, Bâle, 1872.
[2] *Matériaux pour la carte géologique de la Suisse*.

Quant à nous, nous n'avons pas même à nous excuser de notre incompétence ; un pareil sujet, même restreint, est en dehors de notre cadre, aussi nous n'essaierons de tracer que de légers traits d'un dessin d'ensemble.

On suppose, et l'on a bien des raisons pour le faire, que la zone équatoriale, quoique exposée directement aux rayons du soleil, mais autrefois d'un soleil en quelque sorte nébuleux, n'avait pas une température plus élevée que celle du reste du globe, pendant les plus anciennes périodes géologiques. Par conséquent, à ces époques si éloignées de nous, une parfaite égalisation de climats devait favoriser sur toute la terre le maintien d'une végétation généralement uniforme. La découverte de végétaux houillers, triasiques, jurassiques et crétacés, semblables à ceux des couches fossilifères de l'Europe centrale et des régions tropicales, faite par Nordenskjold et Malgrem à Bären-Insel et dans l'île de Melville (75° lat. N.) [1] ainsi qu'au Spitzberg et au Groënland (79° lat. N.) [2], puis les déterminations spécifiques savamment établies par O. Heer ont mis le fait en évidence. Mais en poursuivant ces études comparatives des végétaux crétacés supérieurs, et surtout celles des végétaux tertiaires, le savant professeur de Zurich comprit bientôt qu'une pareille égalisation de climats n'avait pas toujours persisté, et que, vers le milieu des temps crétacés, l'époque cénomanienne avait marqué les débuts et, bientôt après, les progrès d'une importante révolution dans le monde végétal.

---

[1] *Cf.* Heer, *Le Monde primitif de la Suisse*, p. 20.
[2] *Cf.* de Saporta, *Le Monde des plantes*, p. 128.

C'est donc en fouillant les couches terrestres profondes, stratigraphiquement parlant, c'est-à-dire les couches anciennes, et en comparant leurs fossiles, qu'on retrouve les traces des diverses phases de la vie et des variations des climats. Mais, pendant les *périodes éophytique* et *protozoïque*, la nature semble peu féconde; on dirait qu'à l'époque des dépôts laurentiens, siluriens, dévoniens, elle ne fit qu'ébaucher les premiers linéaments des types végétaux et animaux qu'elle perfectionna plus tard. Ce fut dans les premières solitudes des océans que les formes les plus simples s'épanouirent à la vie. En passant en revue les plus anciens fossiles, on peut acquérir quelques notions sur l'ensemble des êtres éteints et suivre en partie le processus de leur développement, sans parvenir toutefois à rétablir leur filiation ancestrale malgré les récents progrès de la science. On aperçoit bien déjà quelques enchaînements entre les familles, les genres, les espèces; mais, dans ces séries végétales ou animales, il manque encore plus de chaînons brisés, après tant de siècles.

Les couches primordiales, très développées dans le nord de l'Amérique et dans le sud de l'Angleterre, le sont aussi dans le massif alpin; mais elles n'y sont que peu ou point fossilifères. Des métamorphismes chimiques ou dynamiques puissants en ont fait disparaître les vestiges des premiers êtres. Cependant, pour faire entrevoir rapidement l'ensemble de la vie végétale, nous n'avons pas voulu laisser ces formations dans l'oubli, en dépit de l'altération de leurs caractères primitifs. A ces époques reculées, les végétaux appartenaient d'abord aux familles les plus simples, les plus élémentaires, aux Algues, aux Bilobites, à des Lycopodinées primordiales, à certaines Fougères, etc... Les groupes se multiplièrent ensuite ; leur organisation se compliqua, et l'étude des Cordaïtes, des Calamodendrons, des Bornias, des Annulariées, des Astérophyllites, etc., nous amène insensiblement à la flore houillère dont le développement coïncide avec la *période paléophytique.*

Alors une atmosphère tiède et humide, chargée d'acide carbonique, facilita le développement prodigieux d'une flore aux formes encore simples et imparfaites, relativement assez peu variées, mais des plus fécondes en individus.

C'étaient, en dehors des Algues, des Fougères, des Lycopodiacées, des Sigillaires, des Prêles, des Calamites, etc..., c'est-à-dire de nombreuses Cryptogames vasculaires, associées aux types encore rares des plus anciennes Phanérogames, les Gymnospermes, se rattachant déjà, quoique d'assez loin, aux Conifères et aux Cycadées de notre époque : des Walchias et quelques Pterophyllums.

C'est la masse énorme du carbone fixé par la végétation de l'époque houillère, qui a fourni la presque totalité de notre combustible minéral. Le bruit du vent, des eaux et des orages, troublait seul le silence des anciennes forêts, si différentes des nôtres. Aucun Mammifère ne traversait ces mornes solitudes, aujourd'hui retraites habituelles des grands Quadrupèdes et des Reptiles ; aucun Oiseau n'agitait de son vol cet air chargé d'épaisses vapeurs, où ne voltigaient que de rares Insectes, et la terre couverte de lagunes marécageuses, se confondait presque avec les eaux (fig. 1).

Les documents de l'histoire de la période houillère dans les Alpes ont été tracés sur des schistes, à l'entrée du Valais, au pied des Hautes-Alpes vaudoises, à Trient, à Salvan, etc., et dans la Tarentaise, etc. Il est bien entendu que, dans ces âges reculés, même plus tard, et jusque dans le tertiaire avancé, rien encore dans la région des Alpes, longtemps déprimée et occupée par les eaux, rien encore ne révélait le soulèvement futur des massifs aux profils hardis et puissants qui devaient caractériser un jour cette belle partie de l'Europe.

Après le dépôt des terrains carbonifère et permien, commence la période *mésophytique* ou troisième grande période végétale, témoin de la formation des couches secondaires, triasiques et jurassiques, et de celles du crétacé inférieur. Après un appauvrissement général, résultant de la disparition à peu près complète des types et des formes qui avaient prévalu durant le cours entier de la période carbonifère, l'organisme des végétaux survivants, Fougères, Prêles, Cycadées et Conifères, tend malgré tout à se compliquer. Les fruits apparents des Gymnospermes, strobiliformes pour la plupart, se substituent en grand nombre aux spores et aux organes réceptaculaires de la flore antérieure. Les feuillages restent persistants et coriaces, et l'aspect général de la végétation, tout en modifiant graduellement ses caractères, se maintient monotone et peu varié.

Ce sont toujours des Cryptogames et des Gymnospermes; et les Angiospermes, qui forment actuellement les neuf dixièmes de la flore, ne sont représentées que par de rares et douteuses Monocotylédones. Aux Fougères, aux Prêles, viennent s'associer de nouveaux Coni-

FIG. 1. — Paysage de l'époque houillère.

fères, des Araucariées, des Thuites, etc., etc., ainsi que de nombreuses Cycadées. Si bien que, pour caractériser d'un mot cette immense série de siècles, on l'a nommée le *règne des Gymnospermes;* de même que, au point de vue zoologique, ce fut le *règne des Reptiles.*

Des Fougères arborescentes formaient avec les Conifères de bizarres forêts, tandis que des Cycadées croissaient dans les sites les plus secs, et que des plantes aquatiques d'affinité très obscure entouraient d'une verdoyante ceinture les cours d'eau et les lacs peuplés de Crustacés, de Tortues, de Reptiles, de Poissons et de Mollusques, ainsi qu'il nous a été donné de le reconnaître avec M. de Saporta, en explorant les schistes kimméridgiens du lac d'Armaille [1], dans un des contreforts des Alpes françaises, en Bugey (Ain).

Les couches aériennes servant d'enveloppe à cette étrange végétation étaient de moins enmoins désertes : la vie y circulait plus abondante et plus variée. On aurait pu y voir voltiger les nombreux Insectes qui ont laissé leurs dépouilles dans les marnes liasiennes de Schambelen (Argovie), et plus tard ces types primitifs et bizarres d'Oiseaux que nous ont conservés les calcaires lithographiques de Solenhofen dans les Alpes bavaroises.

---

[1] Thiollière et Paul Gervais, *Description des Poissons fossiles des gisements coralliens du Jura dans le Bugey*, Lyon, H. Georg, 1873.

De Saporta, *Note sur les plantes fossiles du niveau des lits à Poissons de Cerin*, Lyon, H. Georg, 1873.

Falsan et Dumortier, *Note sur les terrains subordonnés aux gisements de Poissons et de végétaux fossiles du Bas-Bugey*, Lyon, H. Georg, 1873.

Fig. 2. — Paysage de l'époque néophytique.

Les profondeurs de la mer devenaient de plus en plus le sanctuaire de la vie. Des corpuscules innombrables, des Mollusques, des Poissons fourmillaient au sein de leurs eaux. Dans les océans, les Algues étaient de plus en plus nombreuses ; leur vitalité était même si exubérante que O. Heer et d'autres géologues supposent que ce sont les débris décomposés des *anciennes prairies flottantes de Sargasses,* qui auraient coloré en noir le calcaire Alpin. C'est dire, en même temps, qu'un vaste océan occupait toujours la plus grande partie de cette région.

L'époque cénomanienne semble ouvrir la *quatrième et dernière grande époque végétale* ou *néophytique* (fig. 2), puisque son début se trouve marqué par un fait d'une importance capitale, par l'apparition d'une classe nouvelle de végétaux, et, au point de vue du règne animal, cette période n'est pas moins remarquable.

Les plantes Dicotylédones et, d'une façon générale, les Angiospermes ou plantes à fleurs et les arbres à feuillage commencèrent à s'introduire dans cet empire terrestre, où ils devaient de plus en plus dominer en maîtres. C'est en même temps le déclin du règne presque exclusif des Cycadées et des Gymnospermes. Comme le dit M. de Saporta, « l'évolution organique à laquelle les Dicotylédones durent leur existence et ensuite leur extension s'accomplit sans doute sous l'influence de conditions très diverses. Il se peut effectivement que cette évolution ait été lente et obscure originairement. Il se peut aussi qu'elle se soit réalisée à l'écart dans une *région séparée,* une *mère-patrie,* grâce à certaines conditions locales exceptionnelles. » En adoptant les conclusions déduites par Heer, de toutes ses recherches sur là flore polaire ancienne, on serait tenté de croire que cette *mère-patrie* et ce point de rayonnement ou de dispersion des plantes nouvelles vers les grands continents ont dû, très probablement, être situés dans le voisinage des régions polaires qui les premières, ont subi le refroidissement terrestre, tout en laissant voir, partout à l'intérieur du cercle polaire, une remarquable uniformité de température. La comparaison des végétaux fossiles du Spitzberg, du Groënland, avec ceux du territoire d'Alaska (Amérique russe) et des bords du Mackensie (Confédération du Canada), et les grandes analogies qu'ils ont entre eux paraissent démontrer que, à un moment donné, sous cette latitude élevée, la flore de ces régions aurait été aussi uniforme que le climat. En effet, malgré la distance énorme d'environ 80 degrés de longitude qui sépare ces régions, Heer a reconnu dans les empreintes qu'il en avait reçues, les mêmes combinaisons végétales et souvent les mêmes espèces. C'est donc très probablement de ce berceau unique, mais très étendu que les nouveaux végétaux ont cheminé à la conquête de l'Europe, de l'Asie et de l'Amérique, emportant avec eux les caractères d'une commune origine. Ainsi, pourrait-on s'expliquer les affinités si peu prévues d'abord, de tant d'espèces disjointes, ayant vécu ou vivant encore simultanément, sur les trois grands continents, malgré l'étendue des océans qui les séparent.

Mais ce n'est pas tout : lorsqu'il eut démontré que, depuis le crétacé supérieur, la végétation tertiaire avait toujours été groupée autour du pôle dans une zone

symétrique et régulière, Heer eut la sagacité d'en conclure que *le pôle était resté immobile depuis les périodes
les plus anciennes*. C'était une vérité de plus que la
science avait à enregistrer. Par ce fait, il devenait impossible d'invoquer les *déplacements successifs de l'axe de la
terre*, pour expliquer d'anciennes glaciations générales
hypothétiques.

Il nous semble encore qu'il y a là une nouvelle preuve
des liens intimes qui rattachent l'étude des flores
anciennes à celle des anciens phénomènes glaciaires des
Alpes.

Pour M. de Saporta, ce que nous venons de dire
du point d'origine de la nouvelle flore est trop absolu.
Certainement, ces végétaux ont dû partir du nord, mais
non de l'extrême nord. Il lui semble qu'il dut y avoir
une *région mère* pour les plantes nouvelles angiospermi-
ques, une terre qui leur aurait servi de point de départ,
d'où elles auraient rayonné à la fois dans les deux grands
continents ; cette terre ne saurait être reculée trop loin
vers le nord, dans un périmètre où la flore infracréta-
cique ne se montre ni plus riche ni même autant diver-
sifiée que celle de l'Europe centrale, à la même époque.

Il n'y a jamais eu, en effet, de Palmiers dans la région
arctique. Les nouvelles plantes ont pu évoluer au sein
de quelque région située à la latitude de Terre-Neuve, ou
encore se constituer à la hauteur latitudinaire de la Scandinavie, dans certaines chaînes de montagnes.

Les contrées arctiques ou les montagnes de ces contrées auraient pu seulement être le point de départ des
végétaux à feuilles caduques : en effet, ceux-ci n'ont paru
en Europe que beaucoup plus tard, dans le cours du ter-

tiaire, tandis que réellement on les observe dès l'éocène dans la région polaire.

L'émigration générale des végétaux, du nord au sud ou du pôle vers l'équateur, est un phénomène de l'âge tertiaire qui tient aux progrès incessants du refroidissement terrestre ; c'est un phénomène distinct de celui qui concerne l'apparition et la diffusion des premières Dicotylées.

M. de Saporta et nous, nous sommes convaincus que cette cause mystérieuse, primitivement sans action, et à laquelle, *médiatement* du moins, doivent être rapportées les différenciations croissantes du règne végétal, et par suite l'apparition des Angiospermes, puis finalement tous les dédoublements dont le monde des plantes a été le théâtre à partir d'une certaine époque, en même temps que les conditions extérieures se diversifiaient de plus en plus, nous sommes convaincus que cette cause est due en réalité à l'abaissement de la température, qui, à un moment donné, s'est manifesté vers les pôles pour la première fois, et n'a cessé ensuite de s'accentuer et de s'étendre graduellement vers le sud. Certainement, il serait faux de dire que c'est le froid qui a produit les Angiospermes et en particulier les Dicotylées, mais cette classe de végétaux, quelle que soit sa raison d'être à l'origine, s'est trouvée la mieux adaptée aux conditions nouvelles et aux différents climats qui tendaient à s'établir et à caractériser chaque région. Cette classe s'est pliée et accommodée à ces conditions, et n'a cessé d'y correspondre en se multipliant et en se diversifiant de plus en plus, suivant les circonstances.

L'abaissement de la température finit par provoquer la chute des premières neiges, neiges d'abord éphémères ou de courte durée, puis semestrielles, enfin, à la longue, permanentes, vers les pôles et sur le sommet des plus hautes montagnes. Comme de nos jours ces névés engendrèrent, dans le fond des vallées, des glaciers, et ces glaciers furent les plus anciens du monde. Sans doute, on ne peut encore préciser rigoureusement l'âge et les circonstances dans lesquelles se produisirent ces premiers glaciers ; mais certainement ce fut loin de la région alpine actuelle où rien ne faisait présumer encore l'existence future d'une chaîne assez élevée, assez considérable pour favoriser le développement de ces immenses amas de glace qui recouvrent encore aujourd'hui leurs sommets.

A la même époque, la mer, près des régions polaires, commença à se couvrir des premières glaces flottantes (fig. 3). Le froid et la neige ne restèrent pas toujours cantonnés près des pôles ; sous l'influence de la cause initiale, ils s'étendirent progressivement au sud. S'ils furent arrêtés dans les plaines par les effets caloriques des rayons solaires, et s'ils ne purent ainsi pousser indéfiniment leurs limites loin de leur point de départ ; du moins, dans toutes les régions élevées, leur puissance s'affirma progressivement et, de nos jours encore, elle reste prépondérante à toutes les latitudes, à condition que des courants atmosphériques fournissent aux neiges des sommets des masses de vapeur d'eau suffisantes pour les alimenter, réparer leurs pertes, ou même subvenir à leur accroissement par un excès d'humidité. Sur les sommets élevés de la chaîne des Alpes, dans la zone tempérée, comme sous l'équateur, sur les cimes hardies de la Cordillère des Andes (Cotopaxi, 5943^m), les neiges sont perma-

Fıg. 3. — Montagnes de glace dans les mers polaires.

nentes à partir d'un niveau déterminé, mais variable, plutôt proportionnel à la quantité des précipitations atmosphériques locales qu'à la latitude géographique [1].

Cet envahissement partiel de l'Europe centrale par la neige et les glaciers ne s'est accompli que très graduellement. Avant la fin du crétacé supérieur, les pôles ressentirent les premières atteintes d'un abaissement de température. Pendant l'éocène et le miocène, se constituèrent sans doute les premiers glaciers, mais l'envahissement des grandes vallées montagneuses de l'Europe centrale et des massifs alpins n'eut probablement pas lieu avant la fin de l'époque miocène, puisqu'auparavant une des principales conditions du phénomène faisait défaut ; nous voulons parler du relief de la région qui ne *fut constitué définitivement* qu'un peu avant le début de l'époque pliocène.

La congélation de l'eau nous paraît avoir été un événement assez considérable pour modifier profondément l'organisme des végétaux qui n'avaient jamais jusqu'alors été soumis à l'influence de ce phénomène.

La marche évolutive qui amena la chute périodique des feuilles, entre autres particularités, ne put être que lente et graduelle. A l'origine, elle ne dut se réaliser que dans des régions limitées, exposées les premières à l'action de ce qu'on peut appeler un élément climatérique nouveau.

Près des pôles, serait donc très naturellement placée cette région séparée, cette mère-patrie, témoin de cir-

---

[1] *Cf.* de Lapparent, *Les anciens glaciers*. Extrait du *Correspondant*, tiré à part, p. 61 et suiv., 1892.

constances locales, exceptionnelles, et ces circonstances ne seraient autres que les phénomènes qui accompagnèrent forcément la première apparition du froid sur la terre. Nous disons intentionnellement la *première apparition du froid et de la neige*, car *leurs retours périodiques depuis les anciens âges* du monde sont loin d'être démontrés, ni même probables, malgré les ardents efforts des partisans de cette théorie. Comment pourrait-on, croyons-nous, en prouver la réalité objective, puisque ces récurrences de phénomènes glaciaires qui d'ailleurs n'ont laissé de trace, ni dans l'organisation des êtres fossiles, ni dans leur distribution géographique, semblent inconciliables avec tout ce que nous savons du développement régulier des flores et des faunes anciennes de toute la terre ? La périodicité de ces sortes de phénomènes ne serait-elle pas en contradiction avec cette répartition constante et uniforme des espèces végétales sous toutes les latitudes, jusqu'à une époque déterminée, et par conséquent avec une égalisation régulière des climats avant l'établissement tardif des climats solaires et des diverses zones actuelles de température ? Le règne animal a subi vers la même époque des modifications parallèles à celles du monde végétal, et l'apparition des animaux placentaires a coïncidé avec celle des plantes dicotylées. C'est encore là un fait remarquable qui mérite toute l'attention et dont l'origine a été influencée certainement par les mêmes causes.

Mais les faits exposés ne suffisent pas pour caractériser cette remarquable phase de la marche des phénomènes terrestres. Il nous faut encore signaler, comme *contemporaine* de ces faits, la *surélévation* des grandes chaînes de montagnes de notre hémisphère et principalement celle de la chaîne des Alpes, en nous plaçant à notre point de vue particulier. Il faut encore que cette surélévation des chaînes se combine avec le fonctionnement de grands courants aériens qui transportent des masses énormes de vapeur d'eau enlevées aux océans, et favorisent ainsi d'abondantes précipitations atmosphériques, car l'élévation des montagnes ne suffit pas ; pour produire de la neige et de la glace, il faut de l'eau vaporisée. Ainsi, malgré leur hauteur de 6 à 7000 mètres, les grands massifs du Tibet ne renferment pas de vastes glaciers, parce que, avant de les atteindre, les courants aériens se sont en grande partie dépouillés de leur humidité en traversant la haute chaîne de l'Himalaya.

Dans les Alpes, quelques cimes se maintiennent encore de nos jours à plus de 4000 mètres et à près de 5000, mais il est presque certain que l'ensemble de ce massif avait à l'origine un niveau supérieur bien plus élevé, et l'énormité des masses détritiques, entraînées au loin par les eaux semble le prouver clairement. Ces anciennes crêtes, grâce aux conditions climatériques nouvelles, purent jouer pendant les temps tertiaires, comme nous l'avons déjà dit, un rôle aussi étrange qu'inconnu jusqu'alors, celui de *condenseurs* des vapeurs d'eau charriées par les grands courants atmosphériques et répandues probablement dans l'air par suite d'oscillations de certaines contrées maritimes. D'après M. de Lapparent, l'effondrement successif et partiel d'une terre immense située entre l'Amérique et l'Europe, ainsi que des changements profonds dans la distribution des terres de l'hémisphère nord, ont pu donner aux courants aériens de nouvelles directions, et leur permettre de se charger d'une plus grande quantité de vapeurs humides. Il faudrait aussi tenir compte de la grandeur des phénomènes volcaniques survenus à la même époque dans l'Amérique Centrale et dans les Antilles, précisément dans la région qui sert de point de départ aux immenses courants marins qui entretiennent jusque vers les pôles une tiède et humide atmosphère, si favorable pour provoquer d'abondantes chutes de neige. C'est aussi dans la mer des Antilles que les courants aériens ont pu se charger de cette eau vaporisée qu'ils ont abandonnée en masse, et qu'ils abandonnent encore sur une grande partie des montagnes de l'Europe. Pour expliquer l'ancienne extension des glaciers tertiaires et quaternaires, il ne faut pas chercher à faire intervenir des causes astronomiques ou cosmiques, mais il convient plutôt de recourir à des modifications topographiques du sol et à des phénomènes météorologiques ; ce qui est beaucoup plus simple.

Depuis les premières chutes de neige dans les régions polaires, la chaîne des événements météorologiques n'a pas été interrompue, et l'état glaciaire actuel n'est que le prolongement très atténué des anciens phénomènes de glaciation.

Pour nous il n'y a donc vraiment qu'une *seule période glaciaire* qui correspond à ce long espace de temps, mais cette période peut bien se diviser en plusieurs *phases* ou *époques* qui se rapporteraient chacune à des groupes d'oscillations du sol et à tous les faits qui auraient pu en résulter dans les diverses parties du monde, aussi bien en Amérique, en Asie, qu'en Europe.

Nous avons bien donné à comprendre que les phénomènes glaciaires avaient dû atteindre intimement la
composition organique d'une grande partie de la flore
ancienne et en activer l'évolution, mais encore nous
devons ajouter qu'ils durent avoir, par conséquent, la
plus grande influence sur la dispersion des familles et
sur le cantonnement des groupes. Sans leur intervention
il serait même impossible bien souvent d'expliquer
d'une manière plausible les attrayants problèmes qui
dépendent de leurs localisations et des causes qui les
ont déterminées.

M. le Dr A. Magnin va bientôt exposer ses vues sur
la flore moderne des Alpes occidentales, c'est-à-dire sur
la flore de la quatrième et dernière grande période végétale ou de la période *néophytique*, mais auparavant nous
sommes insensiblement amené à aborder une question
qui a provoqué dernièrement et qui provoquera longtemps de vives discussions. Nous voulons parler de
l'origine de la flore alpine, question qui relie la paléontologie botanique à l'étude de la flore actuelle de l'Europe
et à celle de la glaciation. Nous ne pouvons prendre part
aux débats; aussi ne ferons-nous qu'indiquer le plus
brièvement possible les deux principales théories, en
avouant nos préférences pour l'une d'elles, préférences
partagées par bien des savants, MM. de Saporta, Marion,
le Dr Saint-Lager, P. Briquet, le Dr Magnin, Engler,
G. Bonnier, le Dr Much, etc.

Avant d'aller plus loin et de nous occuper directement de la question posée, il convient sans doute de
chercher à se faire une idée de la flore de l'Europe centrale à la fin des temps tertiaires, peu avant la grande

extension des anciens glaciers, afin de voir comment les conditions climatériques nouvelles en ont modifié les divers éléments.

Nous dirons donc avec M. de Saporta [1] que la végétation d'alors se composait de plusieurs groupes assez distincts. Il y avait des types indigènes qui vivent encore sur le même sol, tels que les Lauriers, la Vigne, les Lauriers-Rose, les Térébinthes, les Gainiers, etc. Ces types se mêlaient sans doute à d'autres formes également indigènes, mais aujourd'hui expatriées et vivant en Asie, dans l'Inde, la Chine ou le Japon. On aurait pu voir encore d'autres plantes, nées dans le pays, qui ont servi de types ancestraux à une partie de nos végétaux actuels, mais que le froid a fait reculer jusque dans les contrées montagneuses de la zone tempérée chaude, tels que certains Sapins, Chênes, Peupliers, Érables, Saules, etc. Le sol nourrissait une autre catégorie de plantes empruntées à l'Afrique et aux îles qui en dépendent : *Phœnix, Acacia, Rhus, Aralia*, etc., ainsi que des espèces américaines du sud des États-Unis, telles que les *Sabal*. Enfin les découvertes de Nordenskjold et les travaux de Heer nous ont appris que de nombreux groupes de nos plantes, des *Taxodium*, certains Sapins, etc., et principalement des végétaux à feuilles larges et caduques ou marcescentes, tels que des Bouleaux, des Ormes, des Tilleuls, des Hêtres, des Châtaigniers, des Chênes, aujourd'hui l'ornement de nos campagnes, nous sont arrivés des régions polaires. Ce groupe de plantes descendues des régions arctiques est bien le plus important

[1] De Saporta, *Le Monde des plantes*, p. 369.

de ceux qui peuplent l'Europe centrale actuelle. Chassé de sa mère-patrie par suite des progrès de l'abaissement du climat et toujours poussé plus au sud par l'approche incessante du froid et de la glace, il a joué le rôle d'envahisseur et de conquérant, en introduisant ses formes nouvelles au milieu des espèces installées antérieurement au sein des mêmes contrées. Quelques catégories anciennes eurent seules assez de vitalité pour s'adapter aux modifications progressives de la température, et se maintenir en place.

Il y eut donc, à un moment donné, une sorte de juxtaposition ou plutôt un mélange de deux catégories de végétaux, l'une tendant à s'implanter et à devenir indigène; l'autre à émigrer vers le sud, et ce phénomène se répéta plusieurs fois.

Mais pour découvrir la solution désirée, il ne suffit pas de chercher quelle put être l'origine de la flore des plaines et des vallées basses de l'Europe centrale, puisqu'il s'agit spécialement de la genèse de celle des Alpes et des hautes chaînes de montagnes en général, de cette flore qu'on est arrivé à nommer *arctico-alpine* pour signaler la double affinité qu'on lui attribuait. En effet, les zones élevées des Alpes, immédiatement au-dessous de la ligne des neiges permanentes, ont une flore d'un caractère particulier qui diffère de celle des plaines et des bas plateaux et surtout contraste avec celle-ci, à part quelques exceptions peu nombreuses, tout en se rattachant assez intimement à la flore arctique, à celle qui vit sur les confins des glaciers et des champs de neige polaires, c'est-à-dire à celle qui s'est assez modifiée pour se plier à l'influence du froid, en se maintenant sur le sol et sous la neige en hiver, dans des stations d'où ont été exclus les végétaux moins robustes ou moins susceptibles de se plier à des conditions d'existence toutes particulières.

La liaison, les rapports de la flore arctico-alpine avec la flore polaire actuelle ne sont mis en doute par personne. Hooker n'a reconnu au Groenland que six plantes non indigènes en Europe ou en Asie, mais elles vivent en Amérique. Le Dr Christ a relevé 64 espèces circumpolaires et boréales qui font partie des 693 types caractéristiques des hautes régions alpines, suisses. Enfin le Dr Saint-Lager, après avoir reproduit les chiffres donnés par le Dr Christ, constate que, sur les 693 espèces végétales qui sont cantonnées dans la chaîne des Alpes, 230 vivent aussi dans le nord de l'Europe, de l'Asie, de l'Amérique. Les 463 autres espèces qui ne se retrouvent pas dans les régions arctiques seraient de simples formes montagnardes dérivées des catégories qui croissent dans les contrées voisines et se seraient modifiées sous l'influence du milieu ; ces transformations dont on peut suivre la marche nous paraissent pleines d'intérêt. Ces affinités sont tout aussi évidentes pour les flores qui se développent près des sommets de la Corse, des Pyrénées et de toutes les autres grandes montagnes neigeuses de l'hémisphère boréal, quoique ces différents groupes soient souvent séparés les uns des autres par d'immenses espaces sans trace de glaciation ou même par une vaste mer. Voilà les faits, tout singuliers qu'ils paraissent : il s'agit de les expliquer.

Au moment où se posa ce problème devant la science, la théorie des anciens glaciers et de leur immense extension venait de triompher de sa rivale, la théorie diluvienne. Encore émus des péripéties de la lutte, et sous l'impression du succès des disciples de J. de Charpentier, les savants furent instinctivement portés à mettre à profit les idées nouvelles et même à en exagérer les conséquences. Forbes, Darwin, de Candolle, Hooker, Charles Martins, Schimper admirent la possibilité d'un envahissement progressif et général de l'hémisphère nord par le froid polaire. L'Europe aurait revêtu un aspect sibérien et même, selon Ch. Martins, elle aurait été comparable au Spitzberg. Les flores anciennes éocène et miocène et même pliocène auraient disparu graduellement pour faire place à la flore polaire et à la neige. Cette flore polaire, chassée à son tour par l'approche incessante des glaces et des frimas, se serait installée dans nos régions et jusque dans les plaines. Elle y aurait régné en maîtresse après l'exclusion en masse des anciennes espèces. Elle aurait donc modelé sa marche sur celle des anciens glaciers, utilisant ainsi sa force de résistance au froid pour leur servir en quelque sorte d'avant-garde, restant toujours en contact avec eux et la neige pendant tout son exode.

De ces faits, de cet ensemble de circonstances, ainsi que des affinités spécifiques dont nous venons de parler, on crut pouvoir conclure que la flore alpine n'avait été que *le prolongement direct et continu* de la flore polaire, effectué sous l'action et l'influence de l'extension presque générale des anciens glaciers. Aujourd'hui, la continuité de la flore n'existe plus ; les liens qui auraient pu indiquer le sens de la marche et les étapes de cette immigration sont brisés, et des lacunes isolent ces lambeaux de l'ancienne flore arctico-alpine, confinés dans autant d'oasis distinctes. Néanmoins il faudrait prouver la réalité de cette ancienne expansion directe et générale des glaces, qui seule semblerait pouvoir expliquer convenablement l'origine et la distribution de ces étranges collections végétales.

Suivant la même théorie, après avoir été chassée des sommets alpins par l'envahissement des glaciers et avoir été repoussée dans les basses régions, la flore arctique aurait de nouveau gravi le flanc des montagnes pour se rapprocher de la zone froide des sommets, afin d'y trouver un refuge, lorsque le climat, devenu plus doux, aurait fait reculer et remonter les glaciers mêmes. Là, près des limites des neiges permanentes, elle garderait encore aujourd'hui ses conditions primitives d'existence. En effet, sous l'influence d'une atmosphère froide, les différences d'altitude et de latitude se compensent, et, malgré la période de réchauffement ou période xérothermique, les végétaux alpins rencontrent à plus de 2000 mètres presque les mêmes conditions de milieu que sur les bords de la mer polaire. La flore arctique pendant ces oscillations aurait laissé derrière elle des colonies qui se maintiennent encore dans des tourbières et des marais où un excès d'humidité, dans des localités restreintes et mal exposées, met obstacle à un accroissement de température. Dans d'autres stations, comme le dit le Dr Saint-Lager, le sol offre à certaines plantes des éléments chimiques qui leur permettent de mieux résister aux modifications du climat.

Pendant ce temps-là, des immigrations nouvelles ou plus exactement des *retours* de plantes méridionales auraient suivi une marche inverse. Ces plantes remontant du sud, auraient repris possession du sol qu'elles avaient occupé antérieurement et que la terminaison de la période glaciaire leur ouvrait de nouveau. En un mot, dans les régions basses, vers le fond du bassin du Rhône par exemple, il n'y aurait plus eu mélange, juxtaposition d'espèces tertiaires chaudes ou tempérées avec des individus de la flore polaire, mais plutôt remplacement successif des deux flores se substituant l'une à l'autre, suivant les exigences climatériques et les variations de la température.

Le grand public fit le meilleur accueil à cette théorie que d'illustres savants venaient de formuler devant lui; elle parut tout d'abord rationnelle, et chacun s'empressa de l'adopter. Pourtant à mesure que la question a été étudiée plus en détail, avec plus de calme, on s'est aperçu qu'elle ne répondait pas à toutes les exigences; on a élevé contre elle des objections; sa base n'a même plus paru acceptable. Effectivement l'Europe centrale n'a jamais dû offrir l'aspect sibérien que lui avait complaisamment prêté Heer. Placé dans une région où l'intensité des phénomènes glaciaires avait dû atteindre des limites dépassant de beaucoup ce qu'on a pu constater ailleurs, ce savant avait été engagé malgré lui à tirer des conclusions exagérées des faits dont il était témoin chaque jour. Les partisans de cette théorie, qu'on peut appeler la *théorie classique*, n'avaient eu d'autres raisons pour motiver leur choix qu'une sorte d'entraînement à marcher sur les traces de Heer et à partager ses opinions. Il fallut alors se rappeler l'axiome formulé par Tyndall : *Le grand froid, s'il est général, tue les gla-*

ciers, loin de favoriser leur extension. Le climat de la zone tempérée n'avait donc pas pu être très rigoureux ni surtout universellement rigoureux à l'époque glaciaire. Les conditions d'éclairage solaire et, par conséquent, de calorification n'avaient jamais été, en Europe, les mêmes qu'aux approches du pôle, et les saisons étaient déjà établies sur notre continent comme elles le sont actuellement, soumettant la végétation aux mêmes influences. Le froid ne régnait constamment qu'aux sommets des hautes montagnes.

En outre, si réellement une énorme diminution de chaleur avait pour ainsi dire stérilisé toute l'Europe, comment aurait-il pu y avoir, en avant des moraines terminales, une végétation sylvestre assez abondante pour nourrir ces nombreux troupeaux de grands Pachydermes qui ont laissé une telle quantité de leurs débris osseux dans le lehm et les alluvions glaciaires? De rares végétaux chétifs, comme le Saule réticulé, la Camarine à fruits noirs, qui vivent encore au Spitzberg, ou même des Sapins, des Pins sylvestres, des Bouleaux blancs, des Sorbiers qui ne dépassent pas la Norvège (70° lat.), n'auraient pu suffire, quand même on supposerait que ces Mammouths, ces Rhinocéros à grands poils, ces Chevaux, etc., etc., pouvaient par de longues et périodiques émigrations chercher dans des régions lointaines des moyens d'existence plus assurés pendant la saison d'hiver.

D'ailleurs, l'Europe centrale n'a jamais été ensevelie sous un immense linceul de glace; le terrain erratique avec ses gros blocs anguleux, ses cailloux striés, loin de ne présenter qu'une nappe générale, apparaît toujours localisé et subordonné à quelque massif de montagnes.

Dans les espaces laissés libres en avant des différents groupes de moraines terminales, s'étendaient certainement de vastes régions qui n'étaient recouvertes de neige que pendant l'hiver. Il ne faut pas oublier que, dans les Alpes maritimes, la glaciation s'est opérée avec bien moins d'intensité que dans les Alpes dauphinoises et savoisiennes. Dans toute la Provence, la douceur du climat avait même permis à l'*Elephas antiquus* de rester le contemporain du Mammouth, tandis que les traces de ce dernier ne s'y trouvent pas, du moins jusqu'ici.

Il devait en être de même en avant des glaciers des Pyrénées, moins considérables que ceux des Alpes.

Ce n'était donc pas au Spitzberg, au Groenland ni en Sibérie qu'il fallait chercher des termes de comparaison, mais plutôt dans la Nouvelle-Zélande ; on l'a souvent répété. Dans cette île, à la même latitude que celle de la France, des Fuchsias, des Fougères en arbres, etc., favorisés par une température moyenne de 10 degrés, se mêlent à quelques plantes altitudinaires et croissent sur les moraines extrêmes des grands glaciers dont les névés brillent à plus de 3000 mètres et dont le front n'est qu'à 214 mètres au-dessus du niveau de la mer. Nous pourrions citer d'autres exemples de cette bizarre combinaison d'une flore subtropicale ou tempérée avec des végétaux psychrophiles ; il y en a plus près de nous, même en Suisse, mais celui que nous venons de citer est assez caractéristique pour suffire. Les choses ont pu se passer ainsi en France et dans l'Europe centrale pendant la période glaciaire. Nous disons plus ; elles n'ont pu se passer autrement, si l'on s'en rapporte aux plus récentes observations.

Nous n'avons pas à revenir ici sur les affinités de la flore alpine avec celle des régions boréales, puisque personne ne les met en doute; mais nous voudrions ajouter en outre que, près des glaciers et des hauts sommets des grands massifs montagneux de l'hémisphère boréal, dans la Perse, l'Arménie, le Taurus, les chaînes afghanes et sibériennes, l'Himalaya, on retrouve des liaisons analogues entre les collections locales de végétaux et la flore polaire[1]. Ces dispositions géographiques sont difficiles à expliquer depuis qu'on a été amené à repousser l'action de migrations passives. Ces migrations, d'ailleurs, soulèveraient autant de difficultés à résoudre que le problème lui-même. En effet, comment ces invasions de végétaux polaires auxquels le contact avec la glace et la neige est indispensable, auraient-elles pu s'opérer à travers des espaces de plusieurs centaines ou milliers de kilomètres, où n'apparaît aucune trace géologique d'une *ancienne glaciation*.

Souvent c'est la mer qui isole les différents groupes de montagnes. Peu importe ; des espèces arctiques apparaissent toujours au milieu de la flore de leurs sommets. Ainsi on trouve neuf espèces de plantes arctico-alpines et quatorze des autres sommités de l'Europe sur les grandes montagnes de la Corse (Monte Rotundo, 2670),

---

[1] J. Briquet, *Recherches, etc.*, p. 22. Le Caucase possède 87 espèces, arctico-alpines; les montagnes du nord de la Perse, 8; celles de l'Arménie, 18; du Taurus, 9; du sud de la Perse, 2; des chaînes afghanes, 9; de l'Himalaya, 75; les chaînes sibériennes possèdent 55 espèces qui se retrouvent dans les Alpes la Scandinavie, etc.

qui sont séparées du midi de la France depuis l'époque tertiaire.

Admettons même avec M. J. Geikie que les grands glaciers de la Norvège, de la Suède et de la Laponie aient pris une extension assez considérable pour combler la mer du Nord et la mer Baltique, et ensevelir sous une même nappe de glace l'Angleterre, la Hollande, ainsi que les plaines du nord de l'Allemagne et de la Russie. Il faudrait encore, puisque les végétaux ont besoin d'un sol pour se nourrir, expliquer comment la flore arctique aurait pu précéder, comme une avant-garde, la marche des glaciers vers le sud et traverser avant leur arrivée les mers dont nous venons de parler et qui devaient opposer à leur progression un obstacle en quelque sorte infranchissable. Supposons encore cet obstacle franchi d'une manière quelconque, il faudrait en outre admettre que ces plantes aient pu atteindre le Massif Central et les cimes des Pyrénées, après avoir traversé la Belgique et la France, douées alors d'un climat relativement tempéré, peu en rapport avec leurs habitudes.

On le voit, l'hypothèse de ces migrations ne simplifie pas la question de l'origine de la flore montagnarde des Alpes.

Puisque la théorie classique ne donne pas la solution désirée, il faut nécessairement la chercher ailleurs. Entrevue en 1872 par Wetterhan, puis par G. Bonnier et Engler, elle fut mieux saisie par le Dr Much. Mais enfin MM. de Saporta et Marion[1] comprirent de leur côté toute

---

[1] De Saporta et Marion, *L'Évolution du règne végétal. Les Phanérogames*, t. II, chap. IX, p. 209 et suiv.

la valeur de cette théorie naissante et se l'assimilèrent si bien qu'ils eurent le mérite de la préciser et de lui donner la forme sous laquelle on se plaît à l'adopter à présent.

Nous dirons donc, pour nous résumer, qu'en définitive les flores des hauts sommets, même de ceux des massifs isolés, tout en ayant des traits communs de ressemblance, n'en présentent pas moins des caractères sporadiques tranchés. Par conséquent lorsqu'on embrasse l'ensemble des phénomènes, puisque ce n'est pas simplement dans l'unité d'un centre d'origine et dans des migrations passives qu'il faut chercher la cause des similitudes et des analogies de formes des flores altitudinaires, il vaut mieux, pour en expliquer la raison d'être, faire intervenir la puissance évolutive de leurs types ancestraux et la faculté que possèdent certaines espèces de s'adapter parallèlement et de la même manière à des conditions climatériques ou biologiques sensiblement analogues, sinon absolument semblables, malgré les distances qui auraient séparé les divers cantonnements de ces espèces disjointes.

Ajoutons donc encore, avec M. J. Briquet[1] et la plupart des phytogéographes, qu'une même et unique variété peut naître aux dépens d'un type sur deux ou plusieurs points éloignés de son aire pourvu, que les différences morphologiques produites par les mêmes causes internes soient entretenues et accentuées par des conditions extérieures simplement analogues. Les espèces disjointes ne seraient souvent que des variétés

---

[1] *Loc. cit.*, p. 23.

semblables, créées en divers lieux et descendant d'ancêtres analogues ou communs.

La flore actuelle des sommets alpins et des autres montagnes élevées, au lieu d'être née de l'expansion directe et continue de la flore arctique par suite d'immigrations contemporaines de l'extension des anciens glaciers, aurait une origine préglaciaire et résulterait, selon toute vraisemblance, des lentes évolutions de la *flore montagnarde tertiaire*. Ce seraient les plantes qui se sont succédé dans les plaines qui en auraient fourni les éléments par l'aptitude de certaines d'entre elles à s'installer sur les hauteurs. De tout temps en effet les cimes élevées ont possédé en propre des espèces, des formes ou des variétés établies dans ces sortes de stations et limitées à leur périmètre. Ces végétaux n'auraient eu ensuite qu'à se prêter à une adaptation d'une nature spéciale, en s'accommodant du manteau de neige hibernale qui, à un moment donné, est venu les recouvrir, et, il faut le dire, les protéger, les soustraire, moyennant cet abri, aux effets du froid, auxquels ces plantes n'auraient pu résister sans cela. On sait que, même actuellement, transportées dans nos jardins et exposées en plein air, la plupart des plantes alpines sont très sensibles au froid et exigent d'être protégées contre lui. Quelle preuve plus convaincante que leur présence sur les hautes régions des Alpes n'est en réalité que la conséquence d'une adaptation, et cette preuve résulte encore de l'existence bien connue de certaines formes alpines, telles que le *Genévrier* des Alpes, identique pour tout le reste de ses organes au *Genévrier ordinaire*, sauf son allure rampante, recourbée, attitude qui est aussi celle des

Saules alpins, et qui est uniquement due à la nécessité où se sont trouvés ces végétaux de ne pas s'élever au-dessus du tapis de neige qui les entoure, au risque de ne pouvoir sans cela résister au contact du rigoureux climat altitudinaire.

Après avoir ainsi exposé succinctement la théorie qui nous a paru la plus rationnelle, nous allons céder la plume à MM. de Saporta et Marion qui nous diront eux-mêmes comment ils la comprennent[1] :

« Puisque nous croyons devoir mettre de côté l'hypothèse de Forbes, de Hooker et de Darwin, il faut bien en chercher une autre qui rende compte de la commune origine des plantes alpines et polaires, communauté difficile à révoquer en doute, en présence de l'identité des deux ensembles.

« Cette raison d'être, c'est en remontant plus haut et plus loin dans le passé que nous la découvrirons, à notre sens du moins. La flore alpine, de même que la flore arctique, représente selon nous la végétation altitudinaire de l'époque tertiaire, végétation qui aurait occupé les massifs montagneux, soit autour du pôle, soit à l'intérieur de la zone boréale, avant l'apparition des neiges permanentes ; c'est-à-dire dans un âge où, même au nord de notre hémisphère, la température n'était pas assez basse pour que la neige persistât sans intermittence sur les hauts sommets. Dès lors cependant les différences résultant de l'altitude devaient être assez marquées pour favoriser l'adaptation de certaines plantes et en exclure

---

[1] De Saporta et Marion, *L'Évolution du règne végétal,* t. II, p. 211 (*Biblioth. scient. int.,* LIII, 1885).

d'autres. De là la présence d'une association spéciale de végétaux qui dut être la même en deçà comme au delà du cercle polaire, puisqu'il s'agit d'un temps où le règne végétal présentait encore une remarquable uniformité d'un bout à l'autre de notre hémisphère. A la faveur de cette uniformité, au moins relative, les races montagnardes ont dû comprendre à peu près partout les mêmes formes, prenant possession en divers moments et dans des circonstances variées, des stations qui leur étaient les plus avantageuses, de telle sorte que cette adaptation ne pouvait que devenir plus étroite, au fur et à mesure des progrès du refroidissement qui tendaient de plus en plus à aggraver les effets de l'altitude.

« Par le fait, avant de devenir perpétuelles, les neiges des sommets ont nécessairement commencé par être sporadiques, puis annuelles, et cela à l'intérieur de la zone arctique, aussi bien que dans le reste de l'hémisphère ; seulement le phénomène a dû se produire plus tôt dans le premier domaine que dans le second, en s'échelonnant dans un ordre inverse de celui des latitudes, toutes choses égales d'ailleurs au point de vue de l'élévation.

« Tant qu'il n'y a eu sur les montagnes, même arctiques, que des neiges semestrielles, il n'y a pas eu non plus de glaciers, ni d'envahissement possible des vallées inférieures par les glaces.

« C'est là un fait évident dont on est bien forcé de tenir compte, en admettant que, selon toute apparence, c'est seulement dans le cours du miocène, pour les terres arctiques, et dans le cours du pliocène, pour l'Europe centrale, que les neiges permanentes et leur cortège de végétaux, c'est-à-dire l'établissement des glaciers et de tout ce que ceux-ci ont entraîné de conséquences au point de vue de la végétation, se sont constitués pour la première fois. Il n'est pas besoin d'ajouter que la principale et la plus immédiate de ces conséquences a été l'exclusion du périmètre envahi définitivement par la neige et la glace, des plantes montagnardes qui l'occupaient jusque-là. Ces plantes, rejetées forcément plus bas, descendaient plus ou moins selon que l'espace usurpé, pris sur elles, se trouvait plus ou moins étendu. C'est par suite de ce mouvement, poursuivi dans la suite des temps, que les plantes *montagnardes* de la zone arctique ont fini par être repoussées dans les vallées inférieures et ensuite, de proche en proche, vers des niveaux de moins en moins élevés jusqu'aux déclivités voisines du bord de la mer. Mais, antérieurement à ce mouvement éliminatoire, alors que les plantes *montagnardes* de l'hémisphère boréal n'étaient encore recouvertes de neige qu'une partie de l'hiver, puis graduellement durant l'hiver tout entier, jusqu'au moment où se constituèrent les glaciers, il a dû se faire une adaptation de ces plantes à une vie toute spéciale, il est vrai, mais qui, remarquons-le, a eu pour effet de les sauvegarder contre le froid extérieur, en les abritant sous une couverture protectrice.

« Cette adaptation, acquise lentement, se traduit par le port couché, la consistance ligneuse, la souche vivace pourvue de rameaux horizontalement étalés, la floraison précoce, les actes de la vie végétale rapidement acccomplis. Elle concorde fréquemment avec la présence d'un feuillage dur, coriace, persistant ; elle contraste au contraire beaucoup avec le phénomène adaptif tout différent, auquel nous devons nos arbres et arbustes à feuillages caducs, caractéristiques de la zone tempérée boréale. Ainsi, les plantes arctiques auraient été originairement *montagnardes* et alpines, au même titre que celles de nos escarpements, et tout indique que les unes et les autres seraient sorties du même berceau primitif.

« Le phénomène déterminant a été ici le froid et avec lui la neige séjournant et s'accumulant au haut des montagnes, puis y établissant des réserves de glace et les faisant descendre dans les plaines par suite d'un « stock » provenant de l'excédent de la production hivernale sur la fonte de l'été. Cette apparition de l'eau congelée a donc été un événement immense en lui-même, et par ses conséquences prochaines ; non seulement il a rejeté les plantes d'abord *montagnardes* de la zone arctique, vers le bas des escarpements où elles ont pris la place d'autres végétaux graduellement éliminés, mais il a entraîné l'envahissement définitif des terres polaires et il a accru le froid par le froid condensé, en faisant naître des courants atmosphériques et océaniques et en influant par eux sur la végétation du globe entier. C'est une des causes générales qui ont le plus influé sur la flore terrestre, cause demeurée active et dont l'énergie, susceptible de s'accroître, n'a réellement d'autres limites que celle qui lui est opposée par la zone équatoriale, foyer permanent de chaleur, siège de la splendeur végétale ; mais ce foyer, de nouveaux progrès du refroidissement polaire menaceraient de le restreindre. La végétation reculerait de plus en plus, si le mouvement qui se prononça pour la première fois vers la fin du jurassique était destiné à s'étendre encore et à se propager. »

Pour ces lentes et graduelles modifications de climat, pour ces longues et lointaines migrations d'êtres aussi peu mobiles que les végétaux, pour toutes ces adaptations évolutives, il faut sans doute d'interminables séries de siècles, et c'est là une objection que bien des esprits seraient tentés d'opposer à cette théorie, dont ils repousseraient les conclusions.

Mais vis-à-vis des phénomènes dont les empreintes végétales fossiles aident à reconstituer l'histoire, n'est-il pas permis de puiser à longs traits du temps dans la profondeur des âges ?

Si dans l'univers, des espaces de milliers et de millions de lieues ne sont rien ou presque rien, que doit être la longueur, même exagérée, de nos périodes géologiques en face de la durée indéfinie ?

Après ces aperçus généraux, nous allons céder la plume à deux de nos amis : M. G. de Saporta décrira succinctement le végétaux fossiles des Alpes occidentales, et M. le Dr A. Magnin en étudiera la flore actuelle.

CHAPITRE II

PALÉOPHYTOLOGIE OU FLORE ANCIENNE

Par le Marquis G. de SAPORTA

La fossilisation des végétaux, ses rapports avec le relief du sol. — Action des eaux incrustantes, des tourbières, des cinérites. — Impossibilité de connaître la flore des Alpes immédiatement après leur soulèvement. — Séjour prolongé de la mer jusqu'au surgissement final. — Histoire des végétaux alpins confondue avec celle des plantes des régions voisines. — Rareté des plantes terrestres. — Flore du permo-carbonifère; grès anthracifère; schistes à empreintes; Valais; Savoie, Petit-Cœur; Dauphiné. — Trias. — Terrains jurassiques; Fougères; Prèles; Cycadées; Conifères. — Terrains crétacés. — Apparition des Angiospermes; Dicotylées des Alpes. — Les Martigues; le Beausset. — Lignites de Fuveau. — Terrains tertiaires; mer nummulitique. — Flore de l'éocène. — Mer du Flysch; ses fucoïdes; ses eaux impropres à la vie des animaux. — Principaux Chondrites. — Flore d'Aix. — Flore de Manosque, et flores des régions montagneuses voisines. — Miocène. — Flore des régions émergées des Alpes. — Conséquences de l'exhaussement de la région des Alpes. — Flore alpine. — Pliocène; flore de Meximieux (Ain), de la Valentine près Marseille, de Durfort (Gard). — Tuf de la Baume d'Hostun (Drôme); sa flore.

L'idée de faire servir les notions de paléontologie végétale à l'étude du passé de la région alpine implique à elle seule l'existence de changements successifs, à l'intérieur de cette région. Ces changements, on peut l'avancer, n'ont pas uniquement dépendu des modifications climatériques, auxquelles le globe s'est trouvé soumis à travers la série immense des siècles écoulés, depuis l'apparition, à sa surface, des premiers végétaux; mais ils ont tenu aussi au relief de l'écorce terrestre qui, loin d'être uniforme et permanent, au sein de cette région, n'y a acquis au contraire que tardivement sa configuration actuelle. L'événement est survenu par l'effet d'une révolution, dont la date, fixée sans trop d'incertitude, a été reportée à l'âge qui suivit le retrait de la mer molassique. En réalité, si la région des Alpes n'avait jamais cessé de former une chaîne de montagnes et la principale de celles dont la charpente de l'Europe se trouve constituée, la flore qui en habite les sommets, à partir d'une certaine-élévation, adaptée de très bonne heure aux conditions spéciales qu'engendre l'altitude, aurait assurément peu changé; elle aurait gardé ses caractères une fois acquis, ou du moins ne les aurait modifiés que d'une façon très lente et par degrés, à l'aide d'une marche dont il eût été sans doute permis d'observer des traces, et de restituer plus ou moins tous les traits.

Mais il n'est pas très difficile de démontrer qu'il n'en a pas été ainsi et que, par delà l'époque à laquelle les géologues stratigraphes placent le surgissement des Alpes, et surtout en s'enfonçant au sein d'un passé des plus reculés, les plantes fossiles provenant de la région alpine ou encore recueillies dans le voisinage immédiat de ses limites ne s'écartent par aucun caractère saisissable de celles qui se rencontrent ailleurs et qui distinguent les étages correspondants de la série. Ces espèces, remarquons-le, ont dû forcément, dans l'immense majorité des cas, appartenir à des stations ou cantonnements, non pas situés à l'intérieur des terres, encore moins sur la croupe ou vers la cime des escarpements, mais dans les plaines et sur le bord des lacs ou des affluents de la mer, à portée des eaux soit dormantes, soit fluviatiles; les sédiments qui gardent leur empreinte ont été déposés sans doute au sein d'un calme profond; en un mot, dès qu'il s'agit d'une formation stratifiée, qu'elle soit marine ou lacustre, sa présence seule entraîne l'horizontalité originaire des couches, au moment où s'opéra leur dépôt.

Les plantes réellement montagnardes, à plus forte raison les plantes alpines, n'ont eu d'ailleurs, en tout temps, que d'assez faibles chances de laisser d'elles des vestiges. Les eaux torrentielles ou du moins rapides et retombant en cascades, les sédiments détritiques tumultueux, mêlés d'éléments grossiers, entassés confusément, se prêtent mal à l'opération délicate au moyen de laquelle les végétaux terrestres se sont conservés à l'état d'empreintes. Le vent seul, la plupart du temps, ou encore des ruisseaux paisibles, jonchés de feuilles par la chute naturelle de ces organes, furent les véhicules du phénomène. Flottant à la surface des eaux lacustres, par le fait de l'une ou l'autre de ces causes, les feuilles, de même que les fruits ou d'autres débris, gagnèrent le fond, à mesure que, leur poids spécifique augmentant par l'imbibition, ils venaient finalement s'étaler au sein de la vase, où quelque précipitation chimique achevait de les recouvrir et de les sauvegarder. En dehors de ce procédé naturel, auquel nous devons l'immense majorité des plantes fossiles, nous en voyons plusieurs autres d'une nature différente et qui ont pu cependant réaliser le même résultat, celui de nous garder les vestiges de la végétation d'autrefois. Par eux, on conçoit même que des végétaux plus ou moins montagnards aient pu parvenir jusqu'à nous, soit ensevelis sur place, soit d'abord entraînés et convertis ensuite en empreintes. C'est à raison de cette possibilité que nous signalerons trois de ces procédés : nous voulons parler de l'action des eaux incrustantes et travertineuses, de celle des tourbières, enfin des « Cinérites » ou lits provenant de la cendre consolidée des éruptions volcaniques.

Les eaux incrustantes, qui jaillissent parfois en nappes puissantes et coulent en cascatelles, nous ont en effet conservé les empreintes de plantes appartenant à des époques diverses, mais plus spécialement des tertiaires, en précipitant la substance minérale, tenue en dissolution et qui moule les linéaments superficiels des végétaux recouverts par elle. Les tufs paléocènes de Sézanne, ceux de Brognon (Côte-d'Or), qui sont miocènes, les tufs pliocènes de Meximieux, aussi bien que ceux du quaternaire fournissent des exemples éclatants de ces sortes de phénomènes qui se manifestent toutes les fois que des sources surgissent des profondeurs du sol. Il convient d'observer cependant que ces eaux se rencontrent le plus ordinairement au sein des vallées et au pied des escarpements, plutôt que vers le haut ou même sur la déclivité des hautes montagnes, où les sources sont généralement alimentées par des eaux d'écoulement. Quoi qu'il en soit, jusqu'à ce jour, et à notre connaissance au moins, les dépôts travertineux ne nous ont pas transmis les vestiges de flores réellement alpines ni précisément montagnardes ; mais plutôt celles des hautes vallées et des premiers gradins qui servent partout de ceinture aux chaînes proprement dites.

Il n'en est pas ainsi des tourbières, sortes de gisements charbonneux, formés par des eaux dormantes ou soumises à un très faible mouvement, et situés assez fréquemment vers le haut ou sur la déclivité des pentes montagneuses. Les tourbes proviennent de la décomposition des mousses et autres plantes, favorisée par l'eau sans cesse renouvelée qui les baigne, dont les résidus accumulés sur place et réduits en feuillets minces, gardent la trace des organes plus résistants, tombés au sein de la bouillie charbonneuse qui les enveloppe. C'est à l'examen des tourbières, sorte de combustible, assimilable par certains côtés du phénomène qui les engendre à ceux qui constituent la houille et les lignites, que sont dues de précieuses notions sur la diffusion à un moment donné, des plantes alpines, au delà des limites de leur domaine actuel, l'extension glaciaire de l'âge quaternaire les ayant poussées plus bas et plus loin que maintenant. Les charbons feuilletés d'Utznach et de Durnten, près de Zurich, qui tiennent à la fois des lignites et des tourbes ont fait connaître ainsi la nature, peu différente vis-à-vis de ce qu'elle est sous nos yeux, des associations forestières, croissant au pied des Alpes, vers l'époque de la plus grande extension glaciaire et dans des vallées que fréquentaient en été les Eléphants et Rhinocéros, comtemporains de cet âge. Au moyen des tourbières, nous aurions eu la facilité de saisir la nature des végétaux qui occupaient les hauts sommets de l'époque tertiaire; mais il ne faut pas oublier que, simple réduction par amoindrissement du phénomène des lignites, celui des tourbes est moderne et localisé dans le nord, où il se trouve soumis à des conditions toutes spéciales, bien qu'il ait été observé exceptionnellement jusque dans les Açores. Il reparaît dans les îles de la mer du Sud, mais toujours sous l'empire des mêmes circonstances de milieu. L'humidité froide et brumeuse, en même temps égale, est nécessaire à l'établissement comme au maintien des tourbières. Elles appartiennent, selon M. de Lapparent[1], par leur début, à l'époque quaternaire dont *elles marqueraient la dernière phase*. Véritable *alluvion végétale*, la tourbe des hautes vallées, dans le Jura ou les Vosges, confirme par l'identité de sa flore avec celle des régions élevées, des Cévennes jusqu'en Scandinavie, son étroite liaison avec les anciens phénomènes glaciaires, en même temps que son origine arctique et la nouveauté relative de sa présence en Europe.

En ce qui touche les « Cinérites » ce remarquable phénomène est en effet, de tous ceux qu'il a été possible d'observer, le seul à peu près qui permette de remonter plus ou moins la croupe des montagnes d'autrefois et de saisir l'aspect de leur ancienne végétation. Les admirables recherches de M. B. Rames sur les Cinérites du Cantal ont prouvé que cette montagne, alors que le volcan qui couronnait ses cimes était en pleine activité, au commencement des temps pliocènes, vers 900 mètres d'altitude, par conséquent à une hauteur suffisante pour nous mettre en contact avec la flore de la région supérieure, avait eu ses flancs recouverts à plusieurs reprises d'une couche de cendres assez épaisse

---

[1] Lapparent, *Traité de géologie*, 2ᵉ édition, p. 1252.

pour empâter et mouler fidèlement toutes les parties des végétaux dont le sol était jonché, dans l'état même et la situation où ils se trouvaient lors de leur ensevelissement, comparable en tout à ce qui eut lieu à Pompeï, lors de la catastrophe à laquelle la cité antique dut sa conservation.

En considérant les Cinérites, et lorsqu'on veut se rendre compte des restes de plantes que cette roche nous a transmis, non seulement de celles vivant sur place, mais aussi des essences résineuses, pins et sapins, dont les débris venus de plus haut sont associés aux dépouilles des arbres qui s'élevaient à l'endroit même du gisement, on est bien forcé de convenir qu'au moyen d'un pareil phénomène il eût été également possible. d'observer la composition de l'ancienne flore des Alpes, si cette chaîne avait eu des pluies de cendres et par conséquent des Cinérites identiques à celles du Cantal. Mais il n'en a pas été ainsi, et les volcans en ignition, à cratère permanent, ceux-là même d'où les pluies de cendres peuvent s'échapper, se sont trouvés absents de la région des Alpes, dont le soulèvement définitif avait lieu justement à l'époque où, sur la lisière opposée de la vallée du Rhône, les volcans de l'Ardèche et du Vivarais, et un peu plus loin ceux du Cantal et de l'Auvergne entraient dans la période de leur plus grande activité, constituant leurs cratères, accumulant les coulées de basaltes, de trachytes et finalement de laves.

Les considérations précédentes, en résumant ce qu'elles ont de significatif, suggèrent, pour ainsi dire, d'elles-mêmes les conclusions suivantes : d'une part, l'absence de toute notion directement acquise sur ce

que pouvait être la flore des Alpes immédiatement après
le moment où le relief de la chaîne se fut définitivement
prononcé; d'autre part, l'évidence que la succession à
peu près sans lacunes des étages sédimentaires dont le
massif alpin se trouve constitué fournit à elle seule une
preuve du séjour prolongé des eaux de la mer, qui ne
cessèrent presque jamais, jusqu'au surgissement final,
d'occuper des portions de cette région, plus ou moins
étendues selon les temps et les circonstances, sans jamais
s'écarter de ses abords immédiats, jusqu'aux prodromes
du mouvement auquel la chaîne dut son élévation. Il en
résulte, et nous allons le constater, que les plantes fossiles de la région des Alpes n'ont en réalité pas d'autre
histoire que celle des pays limitrophes, et leur identité
d'aspect avec les végétaux observés ailleurs, par suite la
concordance absolue des changements survenus de
part et d'autre, à chacun des termes successifs de la
série des étages respectivement comparés, s'est trouvée
pleinement confirmée toutes les fois qu'un heureux
hasard a permis d'extraire des empreintes végétales de
quelqu'une des formations ou couches alpines. L'origine
plus généralement marine de ces couches explique, d'ailleurs d'une façon très naturelle, la rareté des plantes
terrestres.

Les plus anciens végétaux de la région des Alpes
remontent au carbonifère ou système permo-carbonifère
de Lapparent, représenté par une puissante formation
de « grès à anthracite, » dont l'épaisseur, d'après
M. de Lapparent [1], atteint plusieurs milliers de mètres.

---

[1] Lapparent, *Traité de géologie*, 2ᵉ édit., p. 849.

On peut la suivre depuis le Dauphiné jusqu'au Valais, en passant par la Savoie et elle se retrouve sur les deux côtés du mont Blanc. La région des Alpes occidentales faisait alors partie d'un massif continental relié au Plateau Central, aux Vosges et à la partie primitive de l'Allemagne. Les gneiss et micaschistes, sur lesquels reposent ces grès en ont fourni les éléments par érosion et ceux aussi des conglomérats exclusivement siliceux ou feldspathiques qui les accompagnent. C'est à ces grès que sont associés des schistes ardoisiers avec empreintes végétales et çà et là des veines ou indices de charbon anthraciteux qui ont donné lieu en divers temps à des essais d'exploitation. En Suisse, les principaux gisements d'empreintes végétales houillères se trouvent épars dans le Valais, près du hameau d'Erbignon et à Outre-Rhône sur le versant sud de la Dent de Morcle. La substance végétale des empreintes a fait place à un talc à reflets d'argent ou « séricite », qui se détache en clair sur le fond noirâtre des feuillets.

Heer[1] a publié cette flore qu'on retrouve dans le bassin de l'Arve, en Savoie, et plus loin dans celui de l'Isère. Comme le dit Heer, une large bande de terrain carbonifère, partant du Bas-Valais et se dirigeant vers le sud-ouest aboutit au Dauphiné, en traversant la Savoie. On suit encore ces gisements dans la direction de l'est où ils s'interrompent pour reparaître beaucoup plus loin dans le Tyrol. Heer remarque la présence exclusive des plantes terrestres et l'absence de tout animal marin ; il en conclut que les eaux douces ont seules joué un rôle

---

[1] Heer, *Flora foss. Helv.*, 1, *Die Steinkohlenflora*.

dans la formation des lits de combustibles et que les plantes dont le noyau primitif des Alpes, alors émergé, était peuplé, laissèrent leurs débris au sein des lits purement lacustres qui nous ont gardé leurs empreintes.

Les espèces déterminées par Heer, au nombre d'une centaine, y compris celles de la Savoie et du Dauphiné, accusent généralement des affinités avec la partie récente de l'étage carbonifère. Soixante-quatre de ces espèces appartiennent à la seule Suisse. Les grandes Fougères dominent dans l'ensemble, associées comme ailleurs aux Sigillaires, aux Lépidodendrées, aux types calamitoïdes, enfin aux Cordaïtées. On y observe même le *Walchia piniformis* Stbg., forme permienne indiquant un niveau rapproché de la partie élevée de l'étage. Heer a fait ressortir avec raison l'immense diffusion de cette flore, en s'attachant à la particularité suivante : parmi les vingt-cinq espèces du carbonifère moyen recueillies au Spitzberg, il en est cinq qui reparaissent en Suisse et que, par cela même, les deux pays possédaient en commun. Le grand nombre des espèces communes avec l'Amérique est surprenant, ajoute Heer, et ce savant conclut à l'uniformité des formes végétales, répondant à celles des conditions de climat et s'étendant alors à l'hémisphère boréal tout entier, du centre et du midi de l'Europe jusqu'aux approches du pôle.

En Savoie, le principal gisement est celui de Petit-Cœur, en Tarentaise (fig. 4), et, dans l'Isère, celui de La Mure, dont les plantes paraissent correspondre au faisceau inférieur de Saint-Étienne. C'est à propos du premier de ces gisements que s'éleva, il y a plus d'un demi-siècle, parmi les géologues, une polémique reten-

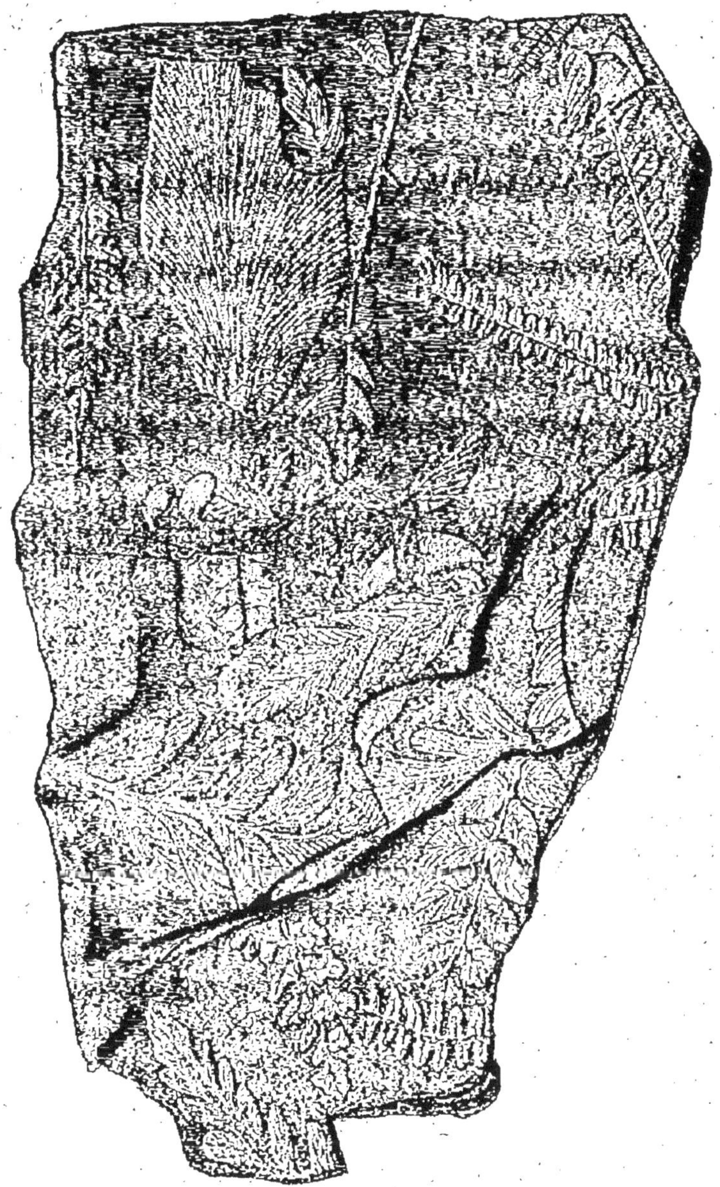

FIG. 4. — Empreintes de Fougères du gisement de Petit-Cœur.

tissante et que les patientes recherches d'Alphonse
Favre, de Lory et d'autres stratigraphes, terminèrent
dans le sens de l'ordre de succession logique et légitime
des anciens étages et des fossiles caractéristiques de
chacun d'eux. Elie de Beaumont avait découvert à Petit-
Cœur un gisement de grès houiller avec empreintes
végétales, intercalé en apparence entre deux assises
jurassiques à Bélemnites ; et au lieu d'admettre un renversement ou un plissement, dont il existe tant d'exemples dans une région aussi tourmentée que celle des
Alpes, ce savant français, alors dans tout l'éclat de sa
renommée, s'était empressé d'affirmer que les végétaux
carbonifères, si différents de ceux qui leur succédèrent
et en particulier de ceux du lias, au lieu de disparaître
comme partout ailleurs, s'étaient maintenus dans la
région des Alpes, et se trouvaient encore en possession
du sol à l'époque des Bélemnites du lias et encore au
delà. C'étaient donc eux dont on rencontrait les vestiges
accumulés dans les lits « supraliasiques » de Petit-Cœur.

Avant même que les explorations des stratigraphes
eussent démontré le renversement, Adolphe Brongniart,
avec son esprit droit, avait protesté contre l'interprétation donnée par Élie de Beaumont à sa prétendue découverte, en insistant sur la netteté des caractères des végétaux et l'absence de tout indice pouvant faire soupçonner
qu'ils eussent appartenu à un autre âge que le carbonifère [1]. Heer, en 1876 [2], s'élevait encore contre la longue
persistance d'une pareille erreur, que l'influence seule de

---

[1] Ad. Brongniart, *Tabl. des genres de vég. foss.*, p. 99.
[2] Heer, *Fl. foss. Helv.*, I, *Die Steinkohlenflora*, p. 13.

son premier auteur avait pu accréditer, et il félicitait le professeur Favre d'avoir restitué sa portée réelle à l'anomalie du gisement de Petit-Cœur, en démontrant la présence d'un lit triasique, séparant la couche qui renferme les plantes de celle qui contient les Bélemnites ; le fait dont on avait ainsi voulu par entraînement tirer des conséquences extrêmes se trouvait par cela même ramené aux modestes proportions d'un accident local, pareil à beaucoup d'autres de même nature et que l'on rencontre sur une foule de points de la chaîne des Alpes.

L'insuffisance du relief et la persistance de la mer continuant à recouvrir les principaux points de la chaîne des Alpes ressort encore de l'étude du trias. Les dépôts de gypse et de sel gemme datant de cette époque ne sont pas rares dans les Alpes occidentales. D'après M. Lory, le trias de cette partie des Alpes se serait déposé dans des détroits encaissés, soumis à un phénomène d'enfoncement continuel. Les plantes triasiques de Recoaro, dans le Tyrol autrichien, n'ont rien qui les distingue de celles des niveaux correspondants du reste de l'Europe.

Plus encore que le trias, la période jurassique, à partir de l'infralias et jusque dans l'oolithe, en marquant un retour offensif de la mer dans toute l'Europe, amène l'amoindrissement et l'immersion presque complète de la région alpine, réduite à l'état d'un simple îlot. C'est donc plus loin sur le périmètre des anciennes plages, vers le Plateau Central ou même aux environs de Metz, lors de l'infralias, plus tard en Bourgogne ou en Normandie, ou bien dans les alentours du Jura, quand il commence à se soulever, ou sur l'autre versant des Alpes dans la Haute-Italie, qu'il faut rechercher les plantes au moyen desquelles nous ayons une idée de l'aspect que présentait la flore terrestre de cette époque.

Trois ou quatre familles au plus : les Fougères, les Prêles, les Cycadées et les Conifères se partageaient alors, dans des proportions inégales, l'ensemble du monde végétal. Les Prêles, il est vrai, gardaient une taille inusitée comparée à celle de leurs congénères actuels; mais les Fougères, assez petites, coriaces, avec des frondes le plus souvent découpées en lobes menus et multipliés; les Cycadées au tronc médiocre, couronné d'un faisceau unique de feuilles sans ampleur, n'avaient rien qui pût attirer le regard ni exciter l'étonnement. Les Conifères, avec leurs rameaux étagés, pourvus de feuilles relevées en crochet ou converties en écussons, ne présentaient, pour la plupart, ni grâce ni variété dans l'aspect. Dressant avec raideur leurs tiges promptement dégarnies, plusieurs d'entre elles ressemblaient à nos Cierges ou Cactées, auxquels les *Brachyphyllum* jurassiques avaient été originairement assimilés. Les arbres forestiers de l'époque, ceux-là seulement qui acquéraient sans doute une grande taille étaient, d'une part, des types araucariens et, de l'autre, des Cyprès ou, pour être plus exact, des Cupressinées. Celles-ci appartenaient à des genres pour la plupart disparus, à l'exception des *Widdringtonia*, sortes de Cupressinées à feuilles imbriquées et inordinées, que leur fruit à quatre valves conniventes rapproche des *Callitris* et qui habitent encore l'Afrique australe.

La vaste mer de l'époque jurassique, si l'on excepte une bande de terrain primitif, couvrait toute la région des Alpes. Plus tard, il y eut des émersions partielles et l'océan de la craie dut se renfermer dans un périmètre plus restreint. La transition entre les deux périodes s'accomplit pourtant d'une façon graduelle, et la végétation ne se modifia qu'à l'aide aussi de nuances presque insensibles dans la nature des êtres qui caractérisent chacun des termes de la série. C'est dans le voisinage des Alpes et spécialement à Grenoble qu'ont été étudiés et définis les lits intermédiaires ou terrain « tithonique », ces calcaires de la Porte-de-France, au moyen desquels s'opère, par une liaison des plus ménagées, le passage entre les deux systèmes. En ce qui touche la flore, il en a été certainement ainsi, et les différences que l'on peut noter entre la végétation des derniers étages jurassiques et celle de la partie inférieure de la craie ou « infracrétacé » sont tellement minimes, leur définition demande tant d'attention, que tout observateur admis à en juger, et non initié à l'étude des plantes fossiles, serait à coup sûr inhabile à les saisir.

Une grande révolution allait pourtant s'accomplir dans le règne végétal et le transformer totalement. Les Angiospermes, c'est-à-dire les végétaux les plus élevés, ceux qui portent de vraies fleurs et produisent des fruits, au sens propre du mot, en dehors des Conifères, les arbres feuillus, comme disent les forestiers, et les autres plantes qui se groupent autour d'eux étaient effectivement alors sur le point de s'introduire et bientôt après de prédominer.

Il y a là un grand secret ou, si l'on veut, un phénomène mystérieux, qui tendra peut-être à s'éclaircir, si les découvertes récentes faites, d'une part, en Amérique et, d'autre part, sur les bords du Tage, tiennent leurs promesses en aboutissant aux résultats qu'elles semblent annoncer. Les plus anciennes Dicotylées de la région des Alpes, ne sont connues que d'une façon indirecte, au moyen des gisements turoniens de Bagnols dans le Gard, de La Mède près des Martigues, dans les Bouches-du-Rhône, et du Beausset, aux environs de Toulon, dans le Var. Par eux, nous pouvons nous faire une idée au moins approximative de la nature des végétaux qui croissaient alors dans la partie de la région alpine, non occupée par la mer.

C'était une végétation à la fois riche et originale, mêlée de types survivants des âges antérieurs et de types nouvellement introduits, tendant vers leur entier développement. Certaines Fougères se détachent du fond obscur des paysages qu'on entrevoit, par leur singularité, leur ampleur et les détails caractéristiques de leur nervation. Les Cycadées se montrent à peine. Les Conifères affectent le port et les caractères extérieurs des *Araucaria* de nos jours. Des catégories entièrement nouvelles, encore jeunes et destinées à des dédoublements ultérieurs : Lauriers, Magnoliers, Tulipiers, Platanes, Ménispermées, Sapindacées et Légumineuses, bien d'autres encore dont l'examen nous entraînerait trop loin donnent à l'ensemble une physionomie qui ira en s'accentuant et se rapproche sensiblement de celle· dont le spectacle que nous avons encore sous les yeux porte l'empreinte.

Il ne nous reste plus qu'à assister aux progrès de cette marche et à en suivre les développements. — La fin de la période crétacée représente, dans la région des Alpes, une période d'émersion relative, au cours de laquelle, le long de ses flancs austro-occidentaux, des environs de Vence, sur le Var, jusqu'aux rives actuelles du Rhône et au delà, s'établirent de puissantes eaux fluviatiles, entraînant çà et là des masses détritiques, ou étendues en nappes lacustres plus ou moins profondes, envahies à une époque déterminée par un épais rideau de plantes marécageuses, dont les restes accumulés et comprimés, donnèrent naissance à des lignites. Ces lignites, réduits sur bien des points à des indices, trop faiblement développés, sur d'autres, pour se prêter à une exploitation sérieuse, atteignent dans le bassin de Fuveau, près d'Aix, une puissance et des propriétés comburantes qui les égalent presque aux houilles.

C'est au moyen de ces lignites que nous sommes parvenus à connaître quelques-unes des plantes qui hantaient le bord des eaux ou s'étalaient à leur surface, non loin des Alpes actuelles, dans le dernier âge des temps secondaires. Un grand Palmier rappelant par son port le célèbre *Phœnicorium* des Seychelles et des types pandanoïdes se tenaient alors le long des rivages.

Des savants autrichiens les ont également observés à l'autre extrémité de la même région, dans une formation contemporaine de celle de Fuveau, à Gosau, en Styrie.

Les eaux tranquilles étaient à la même époque et dans le même lieu envahies par une plante singulière aux feuilles rubanées, aux tiges érigées et aisément multi- pliées, par suite de la faculté singulière qu'elles possé- daient d'émettre de toutes parts des radicules servant à les soutenir, comme à les propager. C'est dans ces mêmes eaux, fréquentées par des Crocodiles, peuplées de Tor- tues, non loin d'une plage habitée par d'énormes Reptiles terrestres, que s'épanouissaient les fleurs d'un Lotus dont il a été possible de restaurer les feuilles, fréquentes à l'état d'empreintes à la surface de certains lits charbonneux.

C'est par suite d'une nouvelle oscillation et de l'établissement, puis du maintien prolongé d'un nouvel état de choses, si l'on veut, d'une distribution des terres et des mers différente de la précédente, que la mer nummulitique, dont l'extension a été si grande à la surface de l'ancien continent qu'on la suit jusque dans le sud de l'Asie, vint recouvrir la région des Alpes ou du moins la convertir en une presqu'île étroite, resserrée entre un canal profond, la bornant au nord, et la Méditerranée agrandie qui occupait au sud la vallée du Pô et l'Italie presque entière. Vers le midi, à travers les Alpes-Maritimes et les Basses-Alpes, jusqu'au Pelvoux et encore au delà s'étendait une large échancrure, golfe de la même mer sans doute profonde, à raison des puissants dépôts auxquels elle a donné lieu. Par une sorte de contraste, elle ne pénétrait pas à l'ouest jusqu'à Digne, ni par conséquent dans la vallée du Rhône, ni dans celle de la Durance, encore moins dans la Basse-Provence, région alors parsemée de lacs et sans doute aussi hérissée de montagnes, aux pieds desquelles ces cuvettes lacustres devaient s'étendre, à peu près comme maintenant le lac de Neuchâtel s'étend au pied du Jura, le lac Léman ou celui de Côme, dans le voisinage des plus grandes masses alpines. A côté d'une région affaissée et envahie par les flots marins, quoi de plus naturel que de rencontrer un pays accidenté et montagneux, parsemé de lacs et ombragé par une riche végétation?

Nous ne connaissons que très peu d'exemples, il est vrai, dans le midi de la France, de plantes fossiles provenant de gisements voisins des Alpes, et se rapportant à l'éocène proprement dit. Le dépôt célèbre et sans doute fluvio-marin de Monte-Bolca, en Italie, s'y rattache pourtant, et tous les traits de sa flore dénotent, par la présence des Palmiers, des Araliacées, Sapindacées, Jujubiers, et des Légumineuses arborescentes, la chaleur probable du climat de cette période.

A la mer nummulitique succède, dans la région des Alpes, celle du « Flysch », qui prolonge la première, comme si, avant son retrait, elle eût persisté à l'état de lagunes salées et de délaissements plus ou moins vastes, constituant peut-être un bassin fermé, une sorte de grande Caspienne, dont les sédiments présentent le plus ordinairement l'aspect de schistes ardoisiers, dénués de fossiles, mais riches en empreintes d'Algues, délicatement ramifiées, ou bien encore portant des traces de progression, imprimées dans la vase par des animaux inférieurs, à la surface des anciens lits.

Nous devons à l'obligeance de M. Arnaud, géologue à Barcelonnette, de précieux détails sur le Flysch, qu'il explore depuis des années. Cet étage, nous dit-il, intimement lié avec le nummulitique est toujours en concordance avec celui-ci, quand il repose sur lui. Très réduit aux environs de Castellane et de Barrême, où il surmonte les grès nummulitiques, il s'étend et gagne en épaisseur, en allant vers le nord-est, et atteint dans cette direction jusqu'à 2000 mètres d'épaisseur, dus à une série de plissements. Il se compose alors de schistes argilo-calcaires ou gréseux, très micacés, de calcaires marneux, de grès en bancs minces, et en haut de bancs de grès de plus d'un mètre d'épaisseur. La cime du grand Bérard et d'autres cimes en sont formées jusqu'à 3000 mètresd'a ltitude. Une partie des schistes calcaréo-marneux prennent le facies ardoisier et sont exploités aux environs de Jancier et de Condamine. A l'est, la formation s'arrête dans la vallée de l'Ubaye, au Lotelet, au-dessus de Saint-Paul, et dans celle de l'Ubayette, au col de la Magdeleine, tandis que vers le nord elle remonte jusqu'au Cheval-Noir en Tarentaise. Partout le Flysch, partie supérieure du nummulitique qu'il couronne, est formé de schistes tantôt pourris, c'est-à-dire décomposés, tantôt ardoisiers, alternant avec des petits bancs de grès quartzeux.

Les Fucoïdes ou empreintes d'Algues marines et les pistes ou traces de progression (fig. 5) des Némertes ou autres animaux mous et inférieurs sont les seuls fossiles que l'on rencontre dans le Flysch et une exclusion aussi complète des Mollusques et des Poissons n'a pas manqué de faire naître des présomptions sur la nature des eaux au fond desquelles les schistes de la formation se seraient déposés. Peut-être, à raison de leur trop grande salure ou pour toute autre cause, ces eaux, comme celles de la mer Morte, auraient été impropres à contenir certaines catégories d'êtres vivants. —Il convient pourtant de mentionner ici une remarque générale, applicable aux schistes ardoisiers du Flysch; c'est qu'à partir du silurien et à divers niveaux successifs[1], en remontant la série, dans le lias,

---

[1] Heer n'a pas manqué d'enregistrer une remarque semblable à propos de la *Flore marine du Flysch.*, voy. *Le Monde primitif de la*

l'oxfordien et la craie moyenne, des feuillets schisteux analogues ou presque semblables à ceux du Flysch offrent à la fois des Fucoïdes à peu près pareils et des

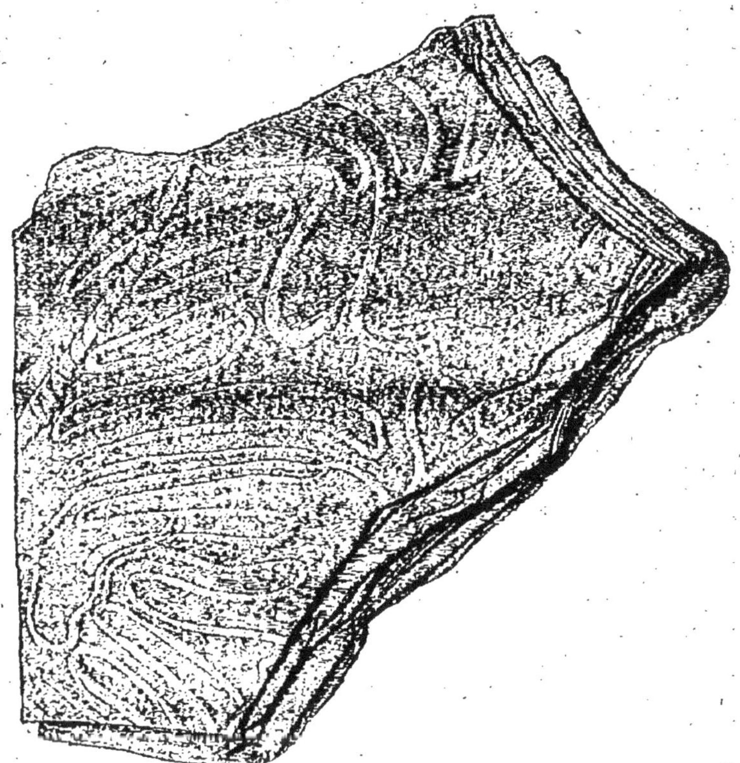

Fig. 5.   Traces de progression d'animaux inférieurs à la surface des schistes ardoisiers de la mer du Flysch.

traces ou pistes de même nature. Ces traces et ces Fucoïdes, respectivement comparés, offrent entre eux

Suisse, trad. de l'allemand par Isaac Demole (Genève et Bâle, 1872), p. 303.

de tels rapports que, même en s'adressant à des niveaux verticalement très éloignés l'un de l'autre, on ne saurait parfois les distinguer. Il en résulte que, s'il est difficile de ne pas admettre que les Fucoïdes du Flysch soient les descendants directs et à peine modifiés de ceux des mers du lias et de la craie, d'autre part on reste surpris, sur un horizon aussi rapproché de celui des derniers âges tertiaires, de ne rencontrer à côté des *Chondrites, Halymenites, Tænidium, Münsteria* et autres types problématiques des mers secondaires, aucune Algue susceptible d'un rapprochement plus ou moins intime avec celles des mers actuelles. Les Algues de cette dernière catégorie bien que toujours clairsemées ne sont pourtant pas inconnues à l'état fossile, à partir d'une certaine époque ; nous citerons à l'appui les *Delesseria Reichii* Schimp., de la craie de Bohême, *D. Gazzolona* Schimp., de Monte-Bolca, et *D. parisiensis* Wat. puis no tre *Halymenites Arnaudi* Sap. et Mar., de l'oligocène de Bonnieux (Vaucluse). Mais ces sortes d'Algues, assimilables à celles qui vivent sous nos yeux ne se montrent pas dans le Flysch, où abondent par contre les Fucoïdes dont nous avons parlé, et spécialement les *Chondrites.*

On pourrait peut-être conclure de ce qui précède que les eaux du Flysch, tout en offrant à ces anciens types de Fucoïdes, à la veille de disparaître, un milieu relativement favorable et un lieu de refuge où ils étaient parqués, étaient cependant impropres à servir d'habitation à d'autres organismes, dont l'exclusion tiendrait à cette circonstance, également applicable aux Mollusques et aux Poissons.

Quoi qu'il en soit, la comparaison des Fucoïdes du

Flysch de Barcelonnette, que nous tenons de M. Arnaud, avec les espèces correspondantes des gisements suisses du même horizon, décrites par Heer[1], fait ressortir une telle concordance entre les formes respectives, disposées de part et d'autre dans le même ordre de fréquence, qu'on est invinciblement amené à admettre l'uniformité absolue de la distribution des Algues et des animaux inférieurs auxquels les traces sont attribuées, d'un bout à l'autre de cette mer du Flysch qui, par tant de côtés pénétrait alors jusqu'à la crête des Alpes, abaissées sur ces divers points au niveau de la mer et peut-être plus bas encore.

Les Chondritées du Flysch de Barcelonnette se rapportent aux espèces qui suivent :

Chondrites affinis Sternb.
Chondrites inclinatus Brngt.
Chondrites Targionii arbuscula Hr.
Chondrites intricatus Fischeri Hr.

Les traces de Némertes ou vers mous (voir fig. 5) consistent en filets labyrinthoïdes, marqués primitivement sur une vase molle par suite du mouvement de progression de l'animal. Les feuillets schisteux ont fidèlement conservé les vestiges de cette marche sous forme de filets plus ou moins minces, selon l'espèce, repliés sur eux-mêmes et disposés dans une ordonnance régulière. Nous avons observé sur les plaques du Flysch de Barcelonnette les

---

[1] Heer, *Flora fossilis Helv.*, III, *Die Pfl. d. Jura, d. Kreide und d. Eoc.*, p. 153 et suiv., tab., LIX-LXIX.

Helminthoida crassa Schafh. et *labyrinthica* Hr., décrits et figurés par Heer dans son ouvrage déjà cité [1].

C'est à la mer du Flysch, c'est-à-dire à l'éocène le plus récent, que correspond, dans la Provence intérieure, la flore des gypses d'Aix, une des plus riches parmi les flores fossiles explorées jusqu'à ce jour, celle assurément qui peut nous faire le mieux connaître les éléments de là végétation qui couvrait les plages, dans le voisinage de la mer du Flysch. Trop peu de distance en effet sépare les environs d'Aix du périmètre de la grande chaîne, pour que l'on admette des divergences sensibles entre les flores de l'un où l'autre pays. La flore d'Aix offre de plus cet avantage que l'ancien lac, dont les sédiments ont gardé ses vestiges, devait s'étendre au pied d'un massif montagneux, dont le rocher de Sainte-Victoire paraît être un dernier témoin, en sorte que parmi les débris végétaux fossilisés il s'en trouve un certain nombre venus de haut et d'assez loin, sous l'action combinée du vent et dès cours d'eau; ces débris associés aux plantes des plaines et vallées inférieures, dans les mêmes lits, ont appartenu en réalité à une végétation différente, influencée par l'altitude et indigène des sommets.

Il est effectivement naturel de rapporter à cette dernière catégorie les rares Bouleaux, Aunes et Sapins, certains Érables, Cornouillers, *Cotoneaster* et Sorbiers dont on rencontre des empreintes, toujours fort clairsemées et qui sans doute croissaient à part et sur un autre niveau altitudinaire que les Palmiers et Dragonniers, les Camphriers et Laurinées d'affinité exotique, les Rham-

---

[1] Heer, *Ibid..* p. 167, tab. LXVIII, fig. 19.

nées, Anacardiacées, Myrsinées, Cédrélées, et surtout les Césalpiniées et Mimosées qui, par leur affluence aussi bien que par leurs exigences bien connues, ramènent invinciblement l'observateur vers les contrées du monde actuel, voisines des tropiques.

En remontant la série pour atteindre l'horizon de l'aquitanien, nous retirons les mêmes enseignements de l'examen de la végétation extraite des gisements de Manosque (Basses-Alpes). Immédiatement antérieur à la révolution qui ramena jusqu'aux confins de la région la mer molassique, le lac aquitanien de Manosque occupait, vers la partie moyenne de la vallée actuelle de la Durance, un bassin contigu aux premiers contreforts de la grande chaîne, dont le relief commençait à peine à se prononcer. A l'exemple de la flore d'Aix, celle de Manosque, mais avec des contrastes plus marqués, renferme des formes entraînées d'assez loin et qu'il est naturel de considérer comme ayant appartenu aux forêts montagneuses de l'époque, situées dans le voisinage même du gisement où se rencontrent leurs empreintes. L'étude de ces éléments nous autorise à affirmer que, dans l'âge que nous considérons et sur les limites mêmes de la région actuelle des Alpes, les points accidentés, les pentes et versants septentrionaux, au-dessus d'une certaine alti- tude, se trouvaient peuplés de Bouleaux, d'Aunes, de Charmes et de Hêtres, de Saules et de Peupliers, d'Ormes et de Micocouliers, de Frênes et d'Érables, représentés, il est vrai, par des espèces sensiblement différentes, pour la plupart, de leurs congénères actuels sur les mêmes lieux; ou, pour mieux préciser, offrant un mélange de formes, les unes devenues exotiques, les autres, en plus petit nombre, dénotant des ancêtres plus ou moins directs des formes européennes qui leur ont succédé. L'examen de ces formes et des particularités qui les concernent nous entraînerait trop loin, et pourtant nous pouvons avancer que, si l'un des Charmes ressemble à celui d'Amérique; si le Hêtre rappelle, à s'y méprendre, celui des bords de l'Ohio; si l'un des Peupliers semble modelé sur le *Populus ciliata* Wall. des hautes vallées de l'Inde, les Aunes, Bouleaux, Planères, Érables, possèdent des analogues très rapprochés parmi les espèces vivantes de l'Asie centrale, du nord de la Chine ou du Japon. En revanche, les ancêtres directs ou prototypes de l'Ostrya des Alpes-Maritimes, de l'Ormeau ordinaire, du Peuplier noir et du Tremble, du Saule fragile, du Frêne austral, de l'Érable à feuilles d'Obier, encore indigènes de la région provençale ou des alentours mêmes de Manosque (fig. 6), se montrent dès lors en possession du sol, que depuis ils semblent n'avoir jamais quitté.

Plus bas que ces arbres, dans les plaines et les vallées inférieures aux stations occupées par eux, les Palmiers dont on a maintenant reconnu quatre espèces, les Séquoias et les Taxodiums, les Lauriers et les Camphriers les Magnoliers, les Casses, les Légumineuses arborescentes, les Acacias et Mimosas auxquels se joignaient de nombreuses Fougères, amies de la chaleur humide, attestent la prédominance d'un climat, dont la Haute-Egypte, les Canaries ou la Chine méridionale offrent maintenant un tableau très approximatif, sinon totalement identique.

Le mouvement auquel répondit, à la suite de l'affaissement de la vallée du Rhône, de la plaine suisse et de la vallée du Danube, l'extension jusque dans l'Europe centrale et austro-orientale de la mer miocène ou mollassique, ce mouvement ne fut en réalité qu'un contre-coup de l'exhaussement de la région des Alpes, dont

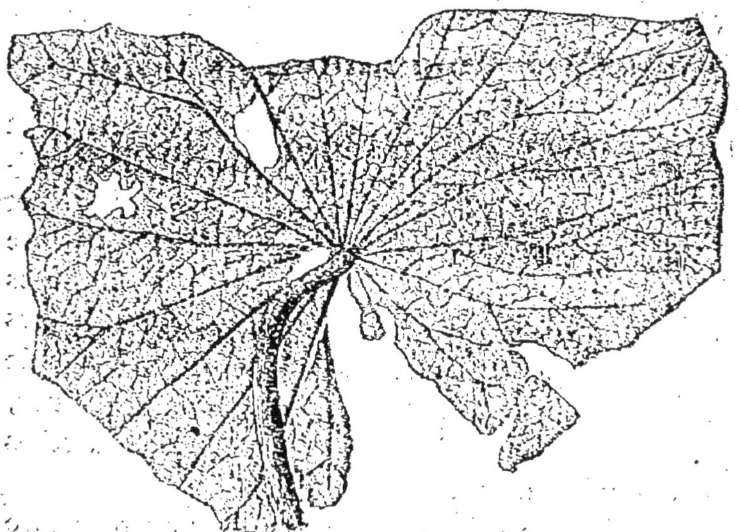

Fig. 6. — Lambeau de feuille d'un *Lotus* ou *Nelumbium*, *N. protospeciosum* Sap., du gisement de Céreste, près de Manosque (Basses-Alpes).

le relief commence dès lors à s'accentuer par un premier bombement, destiné à ne plus s'abaisser. Ce qui le prouve, c'est que cette nouvelle mer, sur le revers occidental ou septentrional de la région, en France comme en Suisse, ne pénètre nulle part aussi loin à l'intérieur que l'avaient fait les mers antérieures, soit celle du Nummulitique, soit la mer du Flysch. A toute protubérance de la surface qui tend à se prononcer, correspond une dépression corrélative et, ici, cette dépression est justement celle qui ouvrit aux eaux marines l'accès de la vallée du Rhône, de la Suisse intérieure, en leur livrant au delà un passage vers l'est, et leur permettant de s'étendre entre les Carpathes et les Balkans, dans la direction du Bas-Danube actuel.

Les végétaux qui couvraient alors le périmètre émergé définitivement de la région des Alpes nous sont connus par ceux des gisements contemporains de la Suisse et du bassin viennois, de la Haute-Italie, de la Hongrie et de Radoboj en Styrie, et, pour terminer par les principaux de ces gisements, par ceux de Bilin, en Bohême, et d'Œningen, aux environs de Constance. Il existe entre ces divers dépôts une concordance générale qui nous montre partout les mêmes espèces ou des espèces analogues et équivalentes. Partout se retrouve la même association de formes exotiques et de formes, soit demeurées indigènes, soit assimilables à celles que nous avons encore sous les yeux.

L'ensemble est évidemment très riche : on rencontre les mêmes Palmiers que dans l'âge précédent ; ils deviennent seulement plus rares ; ce sont ensuite des Chênes verts et des Lauriers ; c'est encore le Peuplier des bords de l'Euphrate, le Camphrier du Japon ; ce sont des Césalpiniées, des Casses, des Mimosées, des Rhamnées et Anacardiacées ; mais ce sont aussi des Aunes et des Bouleaux, des Charmes et des Ormes, surtout des Peupliers et des Érables ; aucune autre époque n'en a possédé un aussi grand nombre d'espèces variées, et leur correspondants actuels se retrouvent, soit en Amérique, soit dans l'Extrême-Orient de l'Asie. Quelques essences que l'Europe n'a pas conservées caractérisent plus particulièrement cet âge : le Liquidambar, le Platane, le Magnolia et le Tulipier, le Planère, le Jujubier, le Plaqueminier, sont les principaux de ces types arborescents; alors répandus dans toute l'Europe et plus tard éliminés de notre continent. Remarquons-le cependant, plusieurs d'entre eux : le Liquidambar, le Platane, le Planère, le Jujubier, le Plaqueminier, ont persisté dans l'Asie antérieure, aux portes mêmes de notre continent. En revanche, les Tulipier et Magnolia se sont retirés en Amérique d'une part, et de l'autre aux extrémités de l'Asie. Le *Pterocarya*, sorte de Juglandée devenue exotique se retrouve encore dans le Caucase; certains Chênes mongoliens ou japonais ont suivi le même chemin. Au total, la végétation européenne s'est considérablement appauvrie depuis cette époque, où elle comprenait harmonieusement réunis sur les plages de la mer intérieure qui la découpait, et sous l'influence d'un climat essentiellement tempéré, des types de plantes dispersés maintenant dans toutes les directions. La plupart d'entre elles, venues originairement de l'extrême nord, avaient pu s'étendre à la faveur des circonstances et rayonner à la fois, en Asie, en Amérique, et jusqu'au centre du continent européen. Un pareil état de choses se prolongea longtemps; loin de cesser brusquement, il traversa plusieurs périodes, et persista durant tout le tertiaire, sous l'action d'un climat dont l'abaissement ne s'accomplit que graduellement et par une marche à peu près insensible. L'Europe, au sein de laquelle les arbres à feuilles caduques, après s'être introduits en nombre restreint, tendaient à se multiplier, en excluant peu à peu ceux qui avaient eu longtemps la prépondérance, vit sa végétation se transformer ou plutôt se renouveler et changer finalement de caractère par le développement corrélatif de formes de plus en plus rapprochées de celles que nous possédons encore.

C'est surtout par l'exhaussement du relief de la région alpine, constituée enfin en chaîne de montagnes, exhaussement auquel participa toute l'Europe centrale, et qui entraîna l'exclusion d'abord partielle, ensuite totale de la mer miocène, que notre continent reçut l'aspect qui lui est propre en même temps qu'il achevait de se refroidir. L'immensité des matériaux détritiques entraînés par les eaux, lors du soulèvement des Alpes, atteste la puissance du phénomène, tandis que les neiges éternelles, auparavant inconnues ou exceptionnelles, et l'établissement des glaciers, qui dut en être le corollaire obligé, expliquent très bien l'abaissement progressif du climat. Mais ces neiges, devenues permanentes sur les plus hauts sommets et semestrielles dans un périmètre altitudinaire contigu à ces hauts sommets, expliquent en même temps l'adaptation à des exigences auparavant inconnues, créées par ce concours de circonstances, de toutes les plantes qui y furent soumises et qui durent s'en accommoder ou périr. De là, sans doute, l'origine de la flore alpine, c'est-à-dire de celle que la neige recouvre et protège pendant l'hiver et qui se compose exclusivement de plantes ligneuses à tiges rampantes ou à souches traînantes et bulboïdes, réduites à attendre, sous le tapis de neige qui les abrite, le retour de la saison d'été pour se hâter de renouveler leur feuillage, de fleurir et de fructifier.

Ces sortes de phénomènes phytiques, de même que

la distribution des essences échelonnées par zones, se succédant selon un ordre déterminé de la base au sommet des Alpes, ne s'accomplirent pas en un jour. Il fallut, non pas même des siècles, mais des centaines et des milliers de siècles avant qu'ils se fussent réalisés, et la région des Alpes, de même que le reste de l'Europe, ne se transforma en perdant les anciennes espèces, pour en acquérir de nouvelles, que d'une façon très lente et graduelle.

Dans la première moitié du pliocène, les calcaires concrétionnés de Meximieux (Ain), ceux de La Valentine près de Marseille, les lits marneux de Théziers et de Durfort dans le Gard, et d'autres gisements de l'Ardèche ou de la Drôme sont curieux à interroger. Ils permettent de constater les changements survenus et ceux dont l'avenir gardait alors le secret, d'un bout à l'autre de la vallée du Rhône, en Provence comme aux environs de Lyon, par conséquent sur la lisière même de la région des Alpes et presque au contact de ces montagnes.

Plusieurs types tertiaires caractéristiques : le *Glyptostrobus*, le Planère, le *Parrotia*, l'*Oreodaphne*, le *Sassafras* peut être même le *Sequoia* survivaient. Les Chênes verts et les Lauriers s'étendaient, jusqu'au delà de Lyon. Le Tulipier se montre à la fois à Meximieux et à Théziers. Il est associé, dans ces localités, à l'Érable à feuilles d'Obier, que le Dauphiné et la Provence possèdent encore. Le Tremble, le Peuplier blanc, même le Peuplier grisaille se laissent voir de bonne heure déjà revêtus de leurs traits caractéristiques. Il en est de même de l'Aune glutineux et du Tilleul ordinaire. En revanche, le type du Magnolia Yulan, forme chinoise, habitait les environs de

Marseille. Le Laurier-Rose bordait les eaux courantes, aussi bien celles de Meximieux que celles de la région provençale, où il est resté spontané; enfin, le Platane européen tertiaire (*Platanus aceroides* Gœpp.) se retrouve dans la plupart des localités explorées, soit dans la vallée du Rhône (Meximieux, Théziers, Crest, Nyons, Saint-Marcel d'Ardèche), soit même dans celle de la Durance (les Grillons, près de Digne). En songeant combien ces arbres, le Platane et le Tulipier, sont accommodants, combien ils résistent au froid et prospèrent une fois plantés, jusque dans le nord de l'Europe, on serait tenté de croire que, réfugiés alors dans la vallée du Rhône, amis des sols d'alluvion et multipliés dans le voisinage des eaux, ils auraient péri à la suite de l'encombrement par les glaces des stations habitées par eux, de la violence des débacles et transports détritiques accumulés, qui furent la conséquence directe du phénomène glaciaire. En Provence, où ces mêmes arbres auraient pu rencontrer un refuge contre de pareilles atteintes, il est à remarquer que le Platane et le Tulipier ne se rencontrent pas dans les tufs pliocènes de La Valentine. Dans ces tufs, on observe des plantes, telles que des Palmiers ou des Laurinées, que l'abaissement de la température aura finalement éliminées, ou d'autres comme le Laurier-Rose et le Chêne faux-liège que certaines stations abritées ont conservées à la Provence, ou enfin des espèces telles que l'Yulan, dont les variations climatériques et surtout la diminution de l'humidité atmosphérique expliquent la disparition finale. A côté de ces essences perdues, il en existe d'autres, et en première ligne, le Pin d'Alep, qui depuis ces temps déjà lointains n'ont plus quitté le sol où l'on observe leurs vestiges, bien qu'il n'y tinssent pas dès lors la première place. Au contraire, certains Chênes : celui de Portugal *(Quercus lusitanica* Web.) et le Farnetto ont émigré, le dernier dans l'Italie du Sud, l'autre en Espagne, où ils sont encore indigènes.

Nous ne pouvons mieux terminer ce rapide aperçu qu'en signalant, en fait de transformation graduelle, opérée à l'aide de changements d'abord partiels, celle du Hêtre européen. Après avoir rencontré dans le gisement aquitanien de Manosque le type du Hêtre, bien éloigné de ce qu'il est devenu depuis et presque semblable au hêtre ferrugineux de l'Ohio *(Fagus ferruginea* Michx.) : on retrouve ce même type, dans les cinérites pliocènes du Cantal, déjà plus rapproché de la forme européenne vivante. Il offre à cette époque de curieuses variations qui permettent de saisir en lui des caractères de passage et des nuances modificatrices qui tendent à le rattacher au *Fagus sylvatica* ou Hêtre actuel. Mais pour trouver celui-ci, dont nous ne connaissions jusqu'à présent que de faibles vestiges, il a fallu une découverte récente, due à la sagacité de M. El. Mermier qui en a extrait de nombreuses feuilles des tufs calcaires de La Baume d'Hostun, dans la Drôme. Le Hêtre quaternaire, *Fagus sylvatica diluviana,* est ici associé à l'Érable faux-sycomore et au Saule cendré. Tout annonce, par la masse puissante de ces tufs, qu'ils se rattachent à la partie ancienne du quaternaire et au temps de l'*Elephas antiquus.* Ils nous montrent le Hêtre, tel qu'il était alors, formant des forêts au pied des Alpes et remontant plus ou moins les pentes de la chaîne. On reconnaît en lui l'espèce actuelle non pourtant sans quelques nuances dans la forme un peu plus large du contour des feuilles et le nombre de leurs nervures secondaires, dont on ne compte presque toujours que sept paires. La saillie marginale des nervures est à peine prononcée et, au total, c'est à des variétés suédoises ou même japonaises du *Fagus sylvatica* qu'une comparaison attentive nous a porté à assimiler ces feuilles, sans que l'on puisse douter cependant que ce ne soit bien l'espèce moderne que nous ayons sous les yeux, en les considérant. Il semble donc qu'ici la forme primitive, après bien des oscillations répétées, ait abouti au compromis morphologique que nous connaissons. Peut-être aussi une race d'abord obscure et subordonnée, dégagée de la souche mère, se sera-t-elle substituée graduellement à toutes les autres, remplaçant partout en Europe les races antérieures ; mieux adaptée que celles-ci aux conditions de sol et de climat auxquelles notre continent est resté soumis, cette race aura finalement éliminé les formes qui l'avaient précédée. Il est certain, en tout cas, qu'à ce même moment, avec le Hêtre actuel, le Chêne rouvre, le Tilleul, les divers Érables, le Saule cendré, répandus dans toute l'Europe, sont bien ceux que nous possédons ; et ce sont ces mêmes arbres, qui, servant de ceinture à la région des Alpes, et remontant plus ou moins sur les premières pentes et les gradins de la chaîne, constituent encore une part notable de son domaine forestier.

CHAPITRE III

VÉGÉTATION DES ALPES FRANÇAISES

Par le Dr Ant. MAGNIN

I. Influence de l'*altitude* : régions inférieure, subalpine et alpine ; conditions d'existence de la forêt ; limites de la végétation ; variations dans les limites des régions d'altitude ; flore morainique ; flore des vallées ; modifications de l'espèce dues à l'altitude ; caractères des plantes alpines. — II. *Zones de végétation* : 1° Alpes *occidentales extérieures* ou *Préalpes*, jurassiennes, savoisiennes, dauphinoises et provençales ; 2° A. *granitiques* centrales ; 3° *A. austro-occidentales*, A. Graies. A. Cottiennes ; 3° *A. maritimes*. — III. Influence de l'*exposition* ; influence de la *nature du sol :* flore calcicole, silicicole ; terrain erratique. — IV. Rapports avec les contrées voisines : Alpes centrales et orientales, Plateau Central, Pyrénées.

Lorsqu'on se dirige des plaines du Rhône vers les Alpes et que, après avoir franchi les chaînes calcaires qui flanquent leur bord occidental, on gravit les premiers contreforts alpins, puis les versants boisés, les hauts pâturages et enfin les sommets dénudés ou couverts de neige, à mesure qu'on s'élève ainsi sur le flanc de la montagne, on rencontre des végétations d'aspects bien différents, formant comme une succession de ceintures ou de *zones* étagées l'une au-dessus de l'autre ; ce sont, en effet, les différences d'*altitude* qui déterminent les modifications les plus considérables, les plus frappantes, dans le tapis végétal recouvrant les Alpes et ces différences d'altitude, et par suite de climat, se succèdent si rapidement qu'on a pu dire avec raison : « En s'élevant dans les Alpes, on traverse en quelques heures les mêmes climats qui, dans la plaine, sont échelonnés sur une ligne de 30°. » C'est donc par cette première cause de modifications qu'il convient de commencer ce rapide exposé de la végétation alpine.

I. INFLUENCE DE L'ALTITUDE

Les diverses *régions* d'altitude[1] qu'il est facile d'établir sur les versants des Alpes, en allant de la base au sommet, peuvent se réduire aux trois principales suivantes :

1° Région *inférieure*, ou de la basse montagne, des coteaux, vallées intérieures, plaines sous-jacentes ou région des cultures, de la Vigne, du Noyer, des bois de Châtaigniers d'Oliviers, de Chênes ou de Pins, suivant les districts, zones ou provinces auxquels les diverses parties des Alpes se rapportent ;

2° Région *subalpine* ou ceinture forestière, formée par les Hêtres et les Sapins, et la flore sylvatique qui croît à leur ombre ou dans leur voisinage ;

3° Région *alpine* ou des hauts pâturages, des bords

---

[1] Bien que les mots de *zones de végétation* nous paraissent préférables, cependant nous nous décidons à les remplacer par ceux de *régions d'altitude*, employés par Engler, Bonnier, Briquet, etc., pour arriver à l'adoption d'une terminologie uniforme.

des névés, des moraines glaciaires, des crêtes, des sommets.

I. *Région inférieure.* — La variété des stations dans les plaines et les vallées, les collines et les basses montagnes, l'influence des cultures, de l'exposition, etc., introduisent dans la végétation de cette première région des variations si nombreuses qu'il est impossible de les résumer toutes en quelques lignes ; signalons cependant les particularités suivantes qui suffiront pour en donner une idée.

Les plaines et les vallées inférieures, les coteaux, possèdent une *flore thermophile* très nettement caractérisée sur le littoral des Alpes maritimes, dans la Provence et le Comtat Venaissin, par la présence de l'Olivier et des plantes méditerranéennes qui l'accompagnent ; plus au nord, dans le Dauphiné et la Savoie, par le Mûrier, la Vigne, le Châtaigner et une série de moins en moins nombreuse de plantes méridionales.

Dans le domaine de l'Olivier ou région méditerranéenne, qui remonte la vallée du Rhône jusqu'à Montélimart et s'élève sur le flanc des montagnes des Bouches-du-Rhône, de Vaucluse, du Var et des Alpes-Maritimes jusqu'aux altitudes de 600 et même de 800 mètres, la végétation possède ce caractère thermophile au plus haut degré, soit dans les champs et les cultures, aux nombreuses plantes annuelles ou bulbeuses appartenant aux genres *Medicago, Papaver, Fumaria, Euphorbia, Valerianella, Narcissus, Gladiolus,* etc. ; soit dans les garrigues couvertes d'arbrisseaux à feuilles persistantes et souvent aromatiques, Cistes, Lavandes,

Thyms, Romarin ; soit dans les taillis d'arbres ou d'arbustes aux feuilles persistantes, métalliques ou grisâtres, des Chênes verts, des Chênes-Liège, des Oliviers, du Pin d'Alep, etc., tous végétaux adaptés aux conditions climatériques spéciales au domaine méditerranéen : repos hibernal de courte durée, repos estival long et complet, généralement dépourvu de pluie.

Dans le domaine forestier, qui succède au domaine méditerranéen à partir de Montélimart, notamment dans la région du Châtaignier qui comprend les parties basses s'étendant aux pieds des Alpes du Dauphiné et de la Savoie, le climat a des caractères différents : le repos hibernal est long et complet ; la végétation, très active pendant l'été, est favorisée par des pluies abondantes ; aussi les arbrisseaux, les arbustes et les arbres à feuilles persistantes sont-ils remplacés par des formes à feuilles caduques (Châtaignier, Chênes blancs, etc.), adaptées à une abondante évaporation, bien qu'on y observe cependant encore quelques types à feuilles persistantes (Buis, Houx, Fragon, etc.) ; à la place des garrigues de la Provence, on voit les terrains stériles couverts de Bruyères de Genêts, de Grande-Fougère, surtout dans les sols siliceux ; mais le caractère méridional de la végétation persiste encore assez haut, presque dans toute l'étendue de la région : ce sont d'abord les colonies de plantes méditerranéennes, *Osyris alba*, *Pistacia Terebinthus*, *Rhus Cotinus*, *Carpesium cernuum*, *Acer monspessulanum*, *Lonicera etrusca*, etc., installées jusque dans les environs de Grenoble, de Montmeillan, du lac du Bourget et même d'Annecy ; puis les Lavandes, Hyssopes, *Centaurea paniculata*, *Linosyris vulgaris*, *Dorycnium herba-*

ceum, *Campanula Medium*, etc., remontant, les unes jusque dans les vallées du Dauphiné (Durance, Guil, Romanche, etc.), quelques-unes même en Savoie, dans les vallées de la Maurienne et de la Tarentaise, à Saint-Michel, Moutiers, Faverges, où l'on peut voir, dans les moissons ou sur les coteaux bien exposés, *Bupleurum rotundifolium*, *Podospermum laciniatum*, *Medicago orbicularis*, *Trigonella monspeliaca*, *Neslia paniculata*, *Salvia Æthiopis*, *Nepeta lanceolata*, *Xeranthemum inapertum*, *Ptychotis heterophylla*, *Lavandula vera*, etc., plantes si fréquentes dans le Midi de la France et qui peuvent végéter dans les parties plus septentrionales, grâce au climat spécial de ces vallées largement ouvertes au midi.

Ce caractère méridional se manifeste aussi très nettement dans la végétation des coteaux et des montagnes calcaires qui forment les *préalpes*, ou ceinture jurassique extérieure aux Alpes proprement dites, depuis le Jura jusqu'aux Alpines; c'est-à-dire en passant par le Salève, et les autres préalpes savoisiennes (Bornes, Bauges, Mont-du-Chat, etc.), les massifs de la Grande-Chartreuse, du Vercors et du Diois, les chaînes de Lure et du Ventoux, le Léberon, la Sainte-Baume et le mont Sainte-Victoire. Dans les parties septentrionales, Dauphiné, Savoie et Jura, cette végétation australe est caractérisée par le Buis, les *Coronilla Emerus*, *Daphne Laureola*, *Helleborus fœtidus*, etc., et surtout par les *Saponaria ocymoides*, *Æthionema*, *Crupina*, *Catananche*, etc.; mais on les trouve souvent associées avec des plantes d'un caractère plus montagnard, *Teucrium montanum*, *Rumex scutatus*, *Laserpitium Siler*, *Hieracium Jacquini*, *Erinus*, *Kernera*, *Anthyllis montana*, etc., par lesquelles la transition se fait insensiblement avec la région altitudinale suivante.

Du reste, les bords des rivières, les vallées profondes et étroites, leurs versants ombragés admettent un nombre plus ou moins considérable de plantes de la flore sylvatique; déjà aux *Hippophae rhamnoides*, *Myricaria germanica*, aux divers Saules qui garnissent les grèves des bords des rivières et des ruisseaux de nos Alpes, viennent s'ajouter, dans les parties inférieures, les *Linaria alpina*, *Hieracium staticifolium*, *Gypsophila repens*, et même des Astragales, des Oxytropis et autres représentants de la flore alpine, entraînés depuis les hautes régions; mais c'est surtout dans les vallons ombragés et profonds que l'on voit descendre *Spiræa Aruncus*, *Melampyrum nemorosum*, *Lychnis silvestris*, *Lysimachia nemorum*, *Geranium nodosum*, etc., et beaucoup d'autres plantes de la région subalpine.

Nous observerons, plus loin, par un phénomène inverse, les cultures et les plantes de la région inférieure s'élever dans la région des forêts et, quelquefois, jusque dans la région alpine.

II. *Région subalpine.* — La ceinture forestière, qu'on aperçoit si nettement tracée sur le flanc des Alpes, prenant des teintes diverses suivant la nature des essences qui la constituent, commence à la partie supérieure de la région précédente par des bois d'arbres à feuillage large et caduc (Châtaignier, puis Chênes et enfin Hêtres), et s'établit définitivement avec les forêts de Hêtres et de Conifères, arbres à feuilles aciculaires, caduques (Mélèze) ou persistantes (Pins et Sapins).

Dans les Alpes maritimes, provençales et vauclu-siennes, les Oliviers sont remplacés, vers 500 mètres environ, pour les versants septentrionaux, vers 800 mètres, aux expositions méridionales, par les Chênes *(Quercus Ilex, Q. Suber, Q. sessiliflora)* et les Pins *(P. hale-pensis, P. maritima,* etc.); — à leur tour, les Chênes, vers 900 ou 1200 mètres, suivant les expositions, par les Hêtres; — ces derniers enfin, vers 1300 (versant nord) ou 1500 mètres (versant sud), par l'Epicéa *(Abies excelsa)* ou le Pin à crochet *(P. uncinata).*

Dans les Alpes delphino-savoisiennes, on voit aussi le Hêtre apparaître au-dessus des Chênes blancs *(Quercus Robur,* etc.) et des autres arbres de la région inférieure, sur les versants méridionaux et dans les chaînes calcaires, en moyenne vers 900, 800 et 700 mètres, suivant les latitudes de plus en plus septentrionales et les varia-tions de l'exposition, — puis régner seul pendant 200 à 300 mètres et être remplacé plus haut par les Sapins; sur les versants tournés au nord et dans les parties centrales des chaînes alpines, les Sapins apparaissent de suite, quelquefois à de basses altitudes, 600 mètres, par exem-ple, et forment l'essence principale de la forêt dans toute l'étendue de la région subalpine; mais, à cause de l'orien-tation si variable des chaînes dauphinoises et savoi-siennes et la diversité des expositions qui en est la con-séquence, les limites altitudinales ne sont plus ici aussi faciles à tracer que dans les Alpes provençales, à direc-tion transversale et présentant deux versants bien nets; il en est de même, du reste, pour les limites supérieures des cultures, celle de la Vigne, par exemple, qui peut varier de 600 à 900 mètres et atteindre même 1000 et

1200 mètres dans les endroits bien exposés des vallées de la Savoie, du Valgaudemar et des Basses-Alpes; de même aussi pour les limites supérieures du Noyer (750 mètres en moyenne), du Châtaignier (moyenne 900 mètres), des arbres fruitiers et des Céréales, notamment du Seigle et de l'Orge pour les hautes altitudes (1100, 1200 et même 1900 mètres, par exemple, au-dessus d'Huez en Oisans).

L'existence de la forêt est subordonnée à des conditions climatologiques bien définies : durée de la période de végétation ne descendant pas au-dessous de quatre mois; température estivale atteignant une moyenne mensuelle de 8 degrés; quantité suffisante de pluie. Toutes ces conditions se trouvant réunies dans la région basse et moyenne de l'Europe centrale et occidentale, au pied et sur les versants des Alpes, à l'exception de la partie sèche du littoral méditerranéen, on comprend pourquoi, dans la région delphino-savoisienne surtout, la limite inférieure de la forêt n'est pas absolument déterminée et qu'elle est sous la dépendance de causes accidentelles, nature du sol, possibilité des cultures, etc.; il n'en est pas de même, comme on le verra plus loin, pour sa limite supérieure.

L'arbre caractéristique des forêts alpines est le *Sapin*, d'abord le Sapin argenté *(Abies pectinata)* caractérisant aussi la deuxième subdivision du climat du Hêtre de Grisebach, subdivision qui comprend précisément le Dauphiné, la Savoie, la Suisse, l'Allemagne et les Carpathes, — puis l'Epicéa *(A. excelsa)*, lequel peut être associé au précédent, ou régner exclusivement, comme il se comporte dans certaines parties des Alpes. Indépendamment du Hêtre, qui, ainsi qu'on l'a vu, précède ordinairement le Sapin, l'accompagne assez longtemps, mais s'élève moins haut que lui, s'arrêtant en moyenne vers 1500 mètres (1300 mètres en Suisse, 1500 mètres dans les A. pennines et dauphinoises, 1320 mètres sur le versant méridional du Ventoux), on trouve de nombreux arbres mêlant leur feuillage plus clair aux sombres rameaux des Sapins; tels sont, notamment, les Planes ou Sycomores *(Acer platanoides* et *Pseudoplatanus)*, les Sorbiers *(Sorbus Aucuparia, S. Aria)*, l'Orme à larges feuilles *(Ulmus montana)*; le Frêne qui peut s'élever jusqu'à 1100 mètres au nord et 1800 mètres au sud; puis le Bouleau, l'arbre le moins exigeant en fait de chaleur, ce qui lui permet de pénétrer dans la région alpine; les Aunes (notamment l'*Alnus viridis)*, les Genevriers, enfin le Mélèze, qui peut supporter la réduction la plus considérable de la période de végétation et s'élever ainsi, sur les Alpes, plus haut que tous les autres Conifères; notons encore les Pins à tronc tordu *(P. montana* et *P. Mughus)*, moins abondants dans nos Alpes occidentales que dans les Alpes centrales, mais qu'on rencontre cependant, ainsi que le Pin Cembro, dans la partie supérieure des régions subalpine et alpine.

Les arbustes et les arbrisseaux sont encore nombreux, surtout dans les clairières, les rochers et les éboulis ; citons les Alisiers, les Cotoneasters, le Sureau à grappe *(Sambucus racemosa)*, de nombreuses espèces de Rosiers et de Ronces *(Rosa alpina, R. pimpinellifolia, Rubus saxatilis, R. idæus,* etc.), des Chèvrefeuilles *(Lonicera nigra, cœrulea, alpigena,* etc.), des Groseilliers *(Ribes petræum, R. alpinum)*, et parmi les sous-arbrisseaux, les buissons des Raisins d'ours et des Airelles à fruits noirs et à fruits rouges (*Arbutus Uva-ursi, Vaccinium Myrtillus, V. Vitis-idæa*).

Mais ce sont les plantes herbacées qui, par leur nombre et la diversité de leurs formes, constituent la végétation la plus intéressante, principalement dans le sous-bois des coupes et des taillis, les clairières, les prairies à grandes graminées, végétation prenant dans les endroits frais, les gorges profondes, un développement souvent remarquable; ce sont, d'abord, dans les mousses ou l'humus de la forêt, les feuilles arrondies des Pyroles (*P. rotundifolia, minor, secunda,* etc.), de l'Hépatique, de la Sanicle, et les *Mercurialis perennis, Impatiens noli-tangere, Lysimachia nemorum,* etc.; dans les clairières, les plantes à forme d'Aconit, *Geranium silvaticum, Ranunculus pla-*

Fig. 7. — *Gentiana acaulis.*

tanifolius, *Aconitum lycoctonum* et *Napellus*, *Dentaria pinnata* et *digitata*, *Astrantia major;* puis les *Stellaria nemorum, Melampyrum silvaticum, Phyteuma orbiculare, Calamintha alpina, Convallaria verticillata, Knautia silvatica, Veronica urticifolia, Elymus europæus,* les belles plantes élégamment ramifiées des *Spiræa Aruncus, Prenanthes purpurea, Chærophyllum hirsutum, Senecio Fuchsii, Mulgedium alpinum;* dans les pelouses, les Gentianes à fleurs jaunes ou bleues (*G. lutea, acaulis,* fig. 7, etc.) et plus spécialement dans les sols siliceux, *Veratrum album, Meum athamanticum, Arnica montana ;* dans les rocailles ou dans les fentes des rochers, *Epilobium spicatum, Centaurea montana, Digitalis grandiflora, Laserpitium latifolium, Saxifraga rotundifolia, S. Aizoon, Arabis alpina, Mæhringia muscosa, Valeriana montana,* etc.; enfin, dans les endroits humides. *Ranunc. aconitifolius, Cardamine impatiens, Trollius europæus, Lunaria biennis, Geum rivale, Chrysosplenium, Bellidiastrum Micheli, Campanula pusilla,* de nombreuses Fougères; les larges feuilles des *Cacalia albifrons, C. alpina* et des *Petasites officinalis* ou *albus,* dans les endroits argileux; les Pinguicules, *Comarum, Menyanthes, Bistorta, Vaccinium uliginosum* et *oxycoccos,* ainsi que la nombreuse cohorte des Linaigrettes (*Eriophorum vaginatum, alpinum*) et des Carex, dans les sols tourbeux et les marais.

Dès qu'on atteint l'altitude où les froids de l'hiver règnent pendant plus de huit mois et où la période de végétation descend par conséquent au-dessous du temps nécessaire à l'élaboration des produits organiques et à la formation du bois, lorsque les températures mensuelles des mois d'été sont constamment inférieures à 8 degrés, l'arbre, ne pouvant plus prendre son développement normal, se rabougrit et finit par disparaître complètement ; c'est ainsi qu'à la partie supérieure de la région subalpine on voit les troncs élevés des Sapins faire place à de chétifs Epicéas et aux Mélèzes ; à la forêt proprement dite, succèdent des taillis herbeux ou des éboulis garnis de buissons, riches en plantes spéciales ou descendues de la région alpine ; on y voit, particulièrement, de nombreux Aconits *(A. Lycoctonum, paniculatum, Anthora, Napellus)*, les *Achillea macrophylla, Mulgedium alpinum, Campanula rhomboidalis, Rumex arifolius, Viola biflora, Tozzia alpina,* etc.

Cette limite supérieure de la forêt s'observe à des altitudes variables suivant l'exposition et les diverses parties des Alpes, en moyenne entre 1600 et 1700 mètres pour nos Alpes françaises ; au Ventoux, par exemple, l'Epicéa s'arrête à 1735 mètres sur le versant septentrional, le *Pinus uncinata* à 1810 mètres sur le versant méridional ; dans les Alpes maritimes, la région alpine commence vers 1600 mètres ; dans les Alpes dauphinoises, les Sapins s'arrêtent en moyenne à 1700 mètres bien que l'Epicéa puisse s'élever jusqu'à près de 1900 mètres et le Mélèze ou le Cembro exceptionnellement et isolément à 2500 mètres ; de même, dans les Alpes savoisiennes, où la limite supérieure de la région subalpine oscille entre 1030 et 1930 mètres sur la face N.-W. du mont Blanc et entre 1540 et 2064 sur la face S.-E. des Aiguilles-Rouges, soit une moyenne de 1640 mètres ; dans les Alpes pennines enfin, la limite de l'Epicéa est indiquée à 1980 mètres (exceptionnellement et localement à 2149 mètres), et celle des derniers arbres, Cembro et Mélèze, à 2117 mètres (exceptionnellement à 2273 mètres).

III. *Région alpine*. — La région alpine se relie insensiblement à la précédente par une région intermédiaire, souvent très étendue, dans la vallée de Chamounix, au mont Blanc, par exemple, où les plantes subalpines et des coteaux peuvent parvenir et se mêler ainsi aux plantes spéciales à ce niveau.

Caractérisée par l'absence de la forêt et son remplacement par le pâturage alpin, la végétation de cette région correspond absolument aux conditions de végétation de la *flore arctique*.

La végétation arborescente y est encore représentée, au moins dans sa partie inférieure (*Région alpine inférieure* de quelques phytogéographes), mais réduite à des individus isolés de Mélèze, de *Pinus Cembro* ou *uncinata*, à des buissons de *Sorbus Chamæmespilus*, d'*Alnus viridis*, de *Juniperus nana*, etc., arbrisseaux dont la présence à ces altitudes et dans ce climat polaire, s'explique par ce fait physiologique que, si le climat ne permet plus la formation normale du bois, il ne s'oppose cependant pas à la feuillaison de l'arbuste.

Le pâturage alpin est émaillé de nombreuses fleurs au vif coloris, parmi lesquelles brillent notamment les larges corolles de la Dryade (*Dryas octopetala*), des Anémones (*A. alpina*, *A. narcissiflora*), des Potentilles (*P. grandiflora*), des Violettes (*V. calcarata*), les touffes bleues des Gentianes (*G. bavarica*, *G. nivalis*), du *Myosotis alpestris*, les nombreuses Pédiculaires aux grappes diversement colorées de jaune ou de rouge *(Pedic. foliosa, verticillata, rosea, rostrata,* etc.) et plus haut les gazons roses du *Silene acaulis.* On y remarque encore *Arabis bellidifolia, Cardamine resedifolia, Phaca astragalina, Oxytropis montana, Geum montanum, Gaya simplex, Astrantia minor, Polygonum viviparum* et les *Hutchinsia, Trifolium, Alchimilla, Leontopodium, Aster, Erigeron, Leucanthemum, Hieracium, Veronica, Agrostis, Phleum, Lycopodium,* tous qualifiés de l'épithète caractéristique d'*alpins,* ornement d'une flore qui acquiert sa plus grande richesse dans les hauts plateaux ou les hautes vallées ouvertes de Brandes, du Lautaret, du mont Viso, etc..

Toutes ces plantes sont des végétaux herbacés vivaces, à tige aérienne ordinairement raccourcie, à rhizome très développé, à feuilles plus ou moins rapprochées et disposées en rosettes radicales, pressées les unes contre les autres. Le gazon alpin ainsi constitué s'est très probablement formé à l'abri des forêts clairiérées de Mélèze et de Pin Cembro, qui peuvent s'élever encore à de grandes altitudes et jadis couronnaient toutes les montagnes; le résultat négatif des tentatives de regazonnement dans les Alpes du Dauphiné a montré, en effet, que la pelouse ne peut être créée par la main de l'homme sur un terrain dénudé, qu'à l'abri de la végétation forestière; d'autre part, la présence de restes nombreux de troncs et de souches d'arbres, dans les pâturages alpins qui en sont actuellement dépourvus, prouve que les forêts ou du moins la végétation arborescente s'étendaient autrefois, et même à une époque relativement récente, bien au-dessus de ses limites actuelles; il est certain qu'une des causes de sa disparition doit être cherchée

dans la main de l'homme ayant trouvé dans l'arbre un
combustible précieux à ces altitudes, de même qu'il uti-
lise de nos jours pour le même usage jusqu'aux buissons
de Rhododendrons ! Mais il faut peut-être aussi tenir

FIG. 8. — *Rhododendron ferrugineum* L.

compte d'une dégradation possible du climat, ayant eu
pour conséquence une marche rétrograde correspon-
dante de la végétation ; les observateurs auraient, en
effet, constaté dans les Hautes-Alpes, par exemple, que
les Rhododendrons, qui montaient autrefois jusqu'à
2350 mètres, s'arrêtent maintenant à 2000 mètres et,

encore y sont-ils rabougris ; une diminution semblable a été observée pour la limite supérieure de la croissance du Bouleau, de l'Aune, du Sorbier des Oiseaux, du Pin Cembro et du Pin à crochet et aussi du Hêtre, de sorte que, dans notre siècle seul, on assisterait à un abaissement de la forêt qui atteindrait bientôt de 300 à 500 mètres.

La région alpine ne renferme pas que des végétaux herbacés ; on peut y observer, même assez haut, des formes frutescentes, caractérisées, comme dans la flore arctique, par le raccourcissement des branches et la diminution du feuillage : ce sont d'abord les buissons de Rhododendrons (*Rh. ferrugineum*, fig. 8) qui constituent dans le Dauphiné, la Suisse et le Tyrol, à l'altitude moyenne de 1800 à 2000 mètres (accidentellement jusqu'à 2400 mètres) une région très caractérisée, moins nette dans d'autres parties des Alpes, notamment dans le massif du mont Blanc ; puis d'autres Ericacées ou Vacciniées (Bruyères, *Vaccinium*, Andromède, *Loiseleuria procumbens*, etc.) et des Saules du Nord (*Salix hastata, retusa, reticulata, lapponum, Arbuscula*, etc.) ; la plupart de ces arbrisseaux croissent dans les stations humides ou marécageuses ; signalons aussi la présence d'arbustes baccifères (*Vaccinium Myrtillus* et *uliginosum, Empetrum nigrum*, etc.).

A mesure qu'on s'élève, la pelouse devient moins compacte, plus discontinue ; la flore alpine inférieure est alors représentée sur les rochers ou dans les éboulis par les Androsaces (*And. villosa, obtusifolia*, etc.), les Joubarbes (*Sempervivum arachnoideum*, etc.), les *Oxytropis montana, Potentilla nivalis, Aster alpinum, Aronicum scorpioides*, etc.; — dans les rocailles humides, par *Vero-nica alpina*, *Carex ferruginea*, *Streptopus*, *Oxyria*, *Allosu-rus*, etc.; — dans les marécages, *Soldanella alpina* (fig. 9);

Fig. 9. — *Soldanella alpina* L.

Eriophorum Scheuchzeri, *Scirpus cœspitosus*, *Juncus trifi-dus*, *Carex bicolor*, *C. atrata*, etc.; — enfin, sur le bord des ruisseaux provenant de la fonte des neiges: *Epilobium alsinifolium*, *Saxifraga brizoides*, *S. aizoides*, *S. stel-laris*, etc.

A la partie supérieure (*région alpine supérieure*), vers 2000 à 2600 mètres, suivant l'exposition (moyenne = 2300 mètres), soit au voisinage de la neige fondante (*région nivale*), soit sur les crêtes dominant les névés et les glaciers (*région glaciale* de quelques botanistes), la végétation ne présente plus de formes ligneuses, sauf le *Salix serpyllifolia* (forme nivale du *S. retusa*) qui étend ses tiges tortueuses sur les rochers; on voit encore quelques plantes sociales formant un tapis serré, notamment les *Salix herbacea, Alchimilla pentaphylla*, dans les endroits humides; les gazons de *Carex curvula*, de *Silene exscapa* (forme nivale du *S. acaulis*) et d'*Eritrichium nanum* dans les endroits secs; notons encore, comme plus ou moins spéciales à la région alpine supérieure: *Ranunculus alpestris, Draba frigida, Arabis cœrulea Cardamine alpina, C. bellidifolia, Thlaspi rotundifolium, Papaver alpinum, Cherleria sedoides, Arenaria biflora, Saxifraga bryoides, S. retusa, Erigeron uniflorus, Senecio incanus, Leontodon Taraxaci, Achillea moschata, A. nana, Phyteuma pauciflorum, Gentiana alpina, G. tenella, G. brachyphylla, Androsace helvetica, Festuca Halleri, Poa laxa, P. cœsia, Carex frigida*.

Tout à fait à l'extrême limite supérieure de la région alpine on observe encore les touffes élégantes des *Ranunculus glacialis* et *Campanula cenisia*, des *Androsace glacialis* et *pubescens*, dans les graviers humides; — plusieurs Genepis (*Artemisia glacialis, A. spicata, A. Mutellina, Achillea*, etc.), *Potentilla frigida*, dans les rocailles et les fentes des rochers; sur les plus hautes crêtes, enfin, accompagnant les maigres gazons de *Trisetum spicatum* et de *Carex curvula, Draba Fladnizensis, Cerastium pedunculatum, Potentilla nivea, Geum reptans, Saxifraga planifolia, S. biflora, Crepis jubata, Pedicularis rostrata, Eritrichium nanum*, etc.

Il est intéressant de rechercher quelle est la plus grande hauteur que la végétation peut atteindre dans les Alpes ; en moyenne, l'altitude de 3000 mètres paraît être la limite supérieure et 3500 mètres l'extrême limite pour les Phanérogames. Au-dessus de 3000 mètres, la végétation devient très rare ; on peut cependant observer, dans des expositions favorables, de véritables colonies transportées et vivant à ces hauteurs exceptionnelles : c'est ainsi qu'aux Grands-Mulets (3050 mètres et au-dessus) on trouve 24 espèces de Phanérogames, dont *Silene acaulis, Cardamine bellidifolia* et *resedifolia, Saxifraga oppositifolia* et *bryoides, Erigeron uniflorus, Poa cœsia*, etc. ; à la Cabane de Vincent, au mont Rose (3158 mètres), 47 phanérogrames, dont *Ranunculus glacialis, Silene acaulis, Cardamine bellidifolia, Thlaspi rotundifolium, Cherleria sedoides, Saxifraga oppositifolia, Erigeron uniflorus*, etc. ; au col de Saint-Théodule (3350 mètres), 13 espèces, parmi lesquelles *R. glacialis, Thlaspi rotundifolium, Saxifraga oppositifolia, Erigeron uniflorus*, etc. La végétation peut en somme s'avancer très haut, pourvu que les plantes trouvent des anfractuosités où la neige disparaisse pendant un temps assez long et où il y ait assez de terre pour permettre le développement des racines et des rhizomes ; c'est, en effet, la persistance de la neige et non l'abaissement de la température qui s'oppose à la propagation des plantes à une grande hauteur : déjà J. Ball avait constaté que la température du sol pouvait s'élever à plus de 30 degrés au bord des glaciers, à l'altitude de 3000 à 3300 mètres, et des expériences récentes ont établi que, chez des végétaux, les Cryptogames notamment, les fonctions de respiration et d'assimilation n'étaient pas abolies à des températures très basses (Jumelle).

On s'explique ainsi comment on a pu observer certaines espèces à des altitudes véritablement exceptionnelles, par exemple, sur la face S.-W. de l'Aiguille méridionale d'Arve, où M. Mathieu a vu les *Saxifraga oppositifolia*, *Gregoria vitalliana* arriver à 3300 mètres, l'*Eritrichium* à 3400 mètres, les *Ranunculus glacialis*, *Cardamine resedifolia* et *Saxifraga Bellardi* à 3480 mètres; le col du Géant, où de Saussure avait déjà constaté la présence de l'*Androsace glacialis* à 3436 mètres; la Grivola d'Aoste, où J. Ball a observé le *Campanula cenisia* à 3672 mètres; le glacier carré, sur le versant méridional de la Meije, où MM. Guillemin (1878) et Mathieu (1883) ont récolté *Ranunculus glacialis*, *Saxifraga oppositifolia* et *Eritrichium* à 3800 mètres; la Barre des Écrins, où M. Mathieu a constaté la présence des *Silene acaulis*, *Saxifraga oppositifolia* et *Barbula muralis* sur la face méridionale, au-dessous du sommet.

Les Phanérogames qui s'élèvent ainsi le plus fréquemment et le plus haut dans nos Alpess ont donc par ordre de fréquence: *Silene acaulis*, *Saxifraga oppositifolia* (fig. 10), *Ranunculus glacialis*, *Cardamine resedifolia*, *Eritrichium*, *Saxifraga Bellardi* et *bryoides*, *Cherleria*, *Erigeron uniflorus*, *Androsace glacialis*; la plupart de ces plantes figurent dans la liste, donnée par les frères Schlagintweit, des espèces s'élevant le plus haut au-dessus des neiges éter-

nelles; enfin *Ranunculus glacialis* est la plante qui a été
trouvée aux plus hautes altitudes, près du sommet du
Schreckhorn (4080 mètres), et du Finsteraahorn (4275
mètres.)

Ce ne sont pas les derniers végétaux susceptibles
d'être rencontrés; plus haut encore, croissent des
Cryptogames, notamment des Lichens, qui atteignent
4000 mètres et même 4700 mètres, par exemple à la
Tournette, où M. J. Vallot en a récolté deux minuscules

FIG. 10. — *Saxifraga oppositifolia*. L.

spécimens, les *Gyrophora proboscidea* et *Lecidea glome-
rans ;* enfin, sur la neige même, mais, circonstance digne
d'être notée, sur les neiges les plus basses et non sur
les sommets élevés, se développent les organismes qui
produisent la *neige rouge ;* cette coloration, fréquènte
dans les Alpes de la Savoie et du Dauphiné, a été observée depuis longtemps, mais diversement expliquée par
les voyageurs et les naturalistes ; elle a été attribuée
par les anciens à l'action du temps (*cf.* Pline); de Saussure remarqua le premier que la neige rouge était due
« à une poudre fine mêlée avec la neige, qui pénétrait

jusqu'à 2 ou 3 pouces de profondeur, mais, pas plus avant ». On a reconnu depuis que ces corpuscules étaient des cellules d'un végétal microscopique qu'on a rapporté d'abord aux Champignons (*Uredo, Tremella nivalis*), puis aux Algues, en lui donnant les noms de *Palmella, Protococcus* et enfin *Hæmatococcus nivalis* ; l'*Hæmato-coccus* ou *Chlamydococcus nivalis* n'est, du reste, d'après les recherches récentes de Rostafinski, qu'une forme du *Chlamydococcus pluvialis* (réunis tous les deux sous le nom de *Hæmatococcus lacustris* Rostaf.), orga-nisme fréquent dans les flaques d'eau, dans les creux des rochers où la pluie s'est conservée pendant quelque temps.

A propos de ces organismes inférieurs, il convient de signaler une particularité remarquable qui distingue la région glaciale des Alpes des contrées polaires, c'est l'absence dans les Alpes, à la limite des neiges, de la *ceinture de végétaux cryptogames* si caractéristique dans les plaines glacées de la région arctique.

Variations dans les limites des régions d'altitude. — Nous avons déjà indiqué, à propos de chacune des régions principales de végétation, les variations qu'elles subissent dans leurs limites inférieures et supérieures, sous l'influence de l'orientation des chaînes et de l'ex-position ; nous rappellerons cependant, pour citer des exemples pris dans une même contrée et étudiés avec beaucoup de soins par M. Bonnier, qu'on voit, dans la vallée de Chamounix, la limite supérieure de la région subalpine osciller de 1030 à 1930 mètres, sui-vant l'exposition, sur la face N.-W. du mont Blanc, et de 1540 à 2064 mètres sur la face opposée, le flanc sud-est des Aiguilles-Rouges ; de même, la limite supérieure de la région alpine inférieure varie de 2010 à 2300 mètres et de 2500 à 2600 mètres sur chacun de ces deux versants ; des faits analogues se constatent dans toute l'étendue des Alpes, surtout dans les vallées transversales de la Romanche, du Guil, sur les versants nord et sud des chaînes de Belledonne et des Grandes-Rousses, avec des relèvements de 300 à 500 mètres, en moyenne, en faveur des versants méridionaux.

Si, malgré ces variations dans les limites altitudinales, les flores propres à chaque région restent en général assez bien caractérisées, cependant la facilité avec laquelle la migration des plantes s'opère dans le sens vertical, plutôt que dans le sens horizontal, donne lieu à un double courant ascendant et descendant, à une lutte entre les plantes de la plaine, de la montagne et de l'alpe, dont il est intéressant d'étudier de près quelques-uns des résultats, notamment le mélange qui s'opère souvent au contact des flores voisines.

Dans la région alpine, ce mélange produit, au niveau des moraines, des associations végétales qu'on a considérées comme constituant une *région morainique* spéciale (Bonnier) ; la végétation des moraines de la vallée de Chamounix présente, en effet, un mélange des flores alpine, subalpine et inférieure, mais avec une *fréquence relative différente* de leurs éléments : dans leur partie inférieure (région morainique inférieure), on trouve à la fois des plantes de la plaine *(Hippophae, Myricaria, Anthyllis Vulneraria, Calluna vulgaris, Spergularia rubra,* Saules, Aune, etc.), des plantes montagnardes *(Trifolium pallescens, Epilobium Fleischeri, Hieracium staticifolium,*

Rumex scutatus) et des espèces alpines descendant ordinairement assez bas, comme *Silene acaulis, Linaria alpina.* Les parties supérieures (région morainique supérieure) ont une végétation qui se rapproche davantage de la flore alpine normale.

Certaines espèces alpines ou montagnardes peuvent se rencontrer très bas, notamment celles qui descendent en suivant le cours des torrents, telles que *Linaria alpina, Gypsophila repens*, etc., et autres déjà citées ; cet habitat exceptionnellement bas est plus singulier pour le *Leontopodium alpinum* trouvé à la Dent de Lanfond à 800 mètres d'altitude, — pour le *Rhododendron* descendant à 690 et 580 mètres au Bois-Noir et au Pont Saint-Bruno dans le massif de la Chartreuse, à 500 mètres au Roc-de-Chères sur le bord du lac d'Annecy ; le Rhododendron arrive, du reste, encore plus bas dans les Alpes du Tessin, à 199 mètres et 195 mètres seulement d'altitude, sur les bord du lac de Côme et du lac Majeur, atteignant ainsi la région de l'Olivier !

C'est surtout dans les vallées étroites, profondes, abritées du midi et ouvertes aux vents du nord ou de l'ouest, que les plantes alpines ou montagnardes descendent à de très basses altitudes ; pour prendre des exemples aux deux points extrêmes des Alpes françaises, nous citerons d'un côté, les gorges du Loup ou de la Vésubie où l'on trouve les *Saxifraga rotundifolia* et *cuneifolia, Bellidiastrum Micheli, Hepatica triloba, Cotoneaster, Ribes alpinum, Buphtalmum grandiflorum, Daphne alpina, Tamus communis, Lilium Martagon* de la région montagneuse, et, dans la Savoie, les gorges étroites du Fier où l'on voit arriver, à moins de 600 mètres, les *Daphne alpina, Gentiana acaulis, Primula auricula, Draba aizoides, Carduus defloratus, Hieracium amplexicaule*, etc.

Par un phénomène inverse, les plantes de la zone méridionale et celles des régions inférieures peuvent s'élever plus ou moins haut, dans les bonnes expositions, sur les versants méridionaux ou dans les vallées largement ouvertes et tournées au midi; nous citerons, comme exemple, les *Jasminum fruticans, Linum narbonense, Dianthus vigineus* atteignant 1000 mètres au-dessus de Gap; l'*Aphyllanthes monspeliensis* observé au col du Frêne; le *Clypeola Jonthlaspi* au Saint-Eynard sur Grenoble (1000 mètres) et à Dingy près Annecy (1800 mètres); le *Tulipa Celsiana* des bords de la Méditerranée, réapparaissant aux sommets du mont Rachet (1000 mètres), du Colombier du Bugey (1534 mètres), du mont Galopaz (1800 mètres) et de l'Orizan (2000 mètres); le *Bulbocodium vernum* des vallées arides des Alpes maritimes, retrouvé au mont Vuache (800 mètres) et au col de Buchille (1626 mètres), en Savoie; de même le *Saponaria ocymoides* s'élève au-dessus de 1800 mètres dans la chaîne des Aravis; le *Crepis pulchra* remonte dans les points les plus élevés de la vallée de la Vallouise et dans la partie supérieure de la Tarentaise; les *Astragalus monspessulanus* et *Ornithogalum tenuifolium*, jusqu'au mont Cenis, à 2000 mètres d'altitude.

Ce double courant, ascendant et descendant, donne lieu à des phénomènes de contact et de mélange entre la flore méridionale et la flore alpine qui surprennent agréablement le botaniste; il peut récolter, par exemple, dans la vallée de la Vésubie (Alpes maritimes) le *Passerina dioica*, descendu du col de Tende, au voisinage du

Cineraria maritima, plante du littoral méditerranéen ; dans les environs de Gap, l'*Ægilops ovata* au voisinage de l'*Ononis cenisia*, le *Galium corrudifolium* à côté du *Galium boreale*, le *Jasminum fruticans* près de l'*Hieracium lanatum ;* de même au fort des Trois-Têtes, près Briançon, ou encore, plus au nord, au Pas-du-Roc, près de Moûtiers (Savoie), où les *Silene otites, Ononis natrix, Micropus, Gypsophila saxifraga, Æthionema, Linosyris* croissent avec *Aster alpinus, Bupleurum ranunculoides, Ononis cenisia, Thesium alpinum, Globularia cordifolia*, etc.

Les plantes sont douées, à cet égard, d'aptitudes bien différentes : tandis que certaines espèces ne peuvent supporter des variations même légères de climat, d'autres, moins susceptibles, s'adaptent sans paraître en souffrir, à des climats très divers, reproduisant ainsi, sur le flanc de la montagne, la large dispersion qu'elles ont à la surface du globe ; parmi ces espèces indifférentes à l'action du climat, nous citerons les plantes suivantes, qui forment le fond de la végétation de la plaine et peuvent cependant s'élever jusque dans la région alpine, quelques-unes (celles marquées d'un astérisque) jusqu'aux dernières limites de la végétation : *Ranunc. acris, Polygala vulg., Silene inflata,* **Arenaria serpyllifolia, Stellaria media, Cerastium arvense, Linum catharticum,* **Anthyllis Vulneraria,* **Trifolium pratense, Trif. repens, Lotus corniculatus, Potentilla Tormentilla, Fragaria vesca, Galium verum,* **Solidago Virga-aurea, Achillea Millefolium,* **Taraxacum Dens-Leonis, Hieracium murorum, Campanula rotundifolia, Calluna vulgaris,* **Euphrasia officinalis,* **Thymus Serpyllum, Luzula* *campestris, Carex glauca, *Anthoxanthum odoratum, Agrostis vulgaris, Poa annua, Briza media, Dactylis glomerata, *Nardus stricta, Polypodium vulgare,* etc., sans compter les plantes synanthropes, accompagnant l'homme ou les troupeaux, *Urtica, Chenopodium,* autour des chalets ; l'*Euphorbia Cyparissias* paraît, depuis vingt ans, remonter, chaque année, plus haut dans les Alpes.

Modifications de l'espèce dues à l'altitude. — Caractères des plantes alpines. — En s'élevant ainsi dans la montagne, en changeant de climat, beaucoup de plantes subissent des modifications plus ou moins profondes dans leurs caractères extérieurs et dans leur structure ; quelques-unes, comme les *Thymus Serpyllum, Chenopodium Bonus-Henricus,* sont à peine modifiées ; pour d'autres, les transformations sont considérables et intéressent leur taille, leur période d'évolution, etc. ; les espèces annuelles dans la plaine peuvent devenir vivaces dans la montagne, par exemple *Arenaria serpyllifolia, Stellaria media, Linum catharticum, Poa annua,* etc. ; les tiges deviennent rampantes, les feuilles moins larges et plus épaisses, les fleurs relativement plus grandes et plus colorées ; ces différences sont quelquefois assez marquées pour que des botanistes aient considéré ces formes alpines comme des espèces distinctes ; mais comme on observe tous les intermédiaires entre les formes extrêmes de la plaine et des sommets alpins, on est bien en droit de ne voir dans les *Viola alpestris* JORD., *Serratula monticola* BOR., *Solidago monticola* JORD., *Poa supina* SCHRAD., etc., que des modifications des *Viola tricolor, Serratula tinctoria,*

Solidago Virga-aurea, Poa annua, etc., dues au climat alpin ou montagnard.

Par extension, on peut considérer aussi un certain nombre d'espèces alpines ou. montagnardes ayant leurs homologues dans la région inférieure, comme étant issues de ces dernières dans le cours de leur migration ascendante ; c'est ainsi qu'aux espèces de la plaine correspondraient les formes montagnardes suivantes :

ESPÈCES DE LA PLAINE :	FORMES MONTAGNARDES CORRESPONDANTES :
Ranunculus aduncus	R. Villarsii.
Aquilegia vulgaris	A. alpina.
Arabis hirsuta	A. alpestris.
Hutchinsia petræa	H. alpina.
Sinapis Cheiranthus	S. montana.
Silene inflata	S. alpina.
Lychnis viscaria	L. alpina.
Cerastium arvense	C. alpinum.
Polygala vulgaris	P. alpestre.
Epilobium rosmarinifolium	E. Fleischeri.
Evonymus europæus	E. latifolius.
Angelica silvestris	A. montana.
Saxifraga tridactylites	S. petræa.
Asperula cynanchica	A. longiflora.
Scabiosa columbaria	S. lucida.
Centaurea lugdunensis	C. montana.
Gnaphalium silvaticum	G. norwegicum.
Achillea Millefolium	A. compacta.
Leontodon hispidus	L. alpinus.
Campanula rotundifolia	C. linifolia.
Myosotis silvatica	M. alpestris.
Odontites lutea	O. lanceolata.
Veronica officinalis	V. Allionii.

ESPÈCES DE LA PLAINE :	FORMES MONTAGNARDES CORRESPONDANTES :
Calamintha Acinos.	C. alpina.
Juniperus communis	J. nana.
Colchicum autumnale . . .	C. alpinum.
Festuca ovina	F. alpina.
Kœleria cristata	K. brevifolia.
·Etc. *(Cf.* Dʳ Saint-Lager.)	

En réunissant les données fournies par la comparaison des espèces homologues de la plaine et de la montagne et le résultat de l'expérimentation, c'est-à-dire de la culture de la même espèce à diverses altitudes, comme M. G. Bonnier l'a entrepris, on peut reconnaître aux plantes alpines les caractères particuliers suivants:

1° La plupart sont vivaces; cette tendance se manifeste déjà chez les espèces annuelles de la plaine devenant vivaces dans la région alpine, que nous avons citées plus haut ; ces plantes peuvent ainsi profiter des premières chaleurs de l'été.

2° Elles ont ordinairement une taille peu élevée, des tiges étalées à la surface du sol, des entrenœuds courts, des feuilles rapprochées en rosettes et un développement plus considérable des parties souterraines ; toutes modifications adaptées à l'utilisation de la chaleur du sol dont la température est toujours plus élevée, relativement, que celle de l'air ; le nanisne de la tige aérienne et le développement des rhizomes, déjà très considérable, à l'état naturel, chez certaines espèces, les *Vaccinium Myrtillus* et *Lotus corniculatus*, par exemple, où l'on a vu des tiges souterraines atteindre 8 mètres et 3 mètres 50 de longueur, se sont manifestés d'une façon très remarquable, chez les plantes de la plaine cultivées dans la région alpine (*Teucrium Scorodonia, Achillea Millefolium, Lotus corniculatus*, etc.)

FIG. 11. — *Leontopodium alpinum*.

3° L'étalement des tiges à la surface du sol, le raccourcissement des entre-nœuds, le rapprochement des feuilles déterminant la formation des rosettes et le *gazonnement* de la plante, lui permettent de mieux profiter de la chaleur du sol, de supporter plus facilement le grand poids des neiges entassées ; cette formation des rosettes a été obtenue expérimentalement, notamment chez l'*Helianthus tuberosus*, et des tiges rampantes ont remplacé les tiges dressées chez *Alchemilla vulgaris, Lotus corniculatus, Potentilla tormentilla.*

4° La floraison est ordinairement plus précoce, phénomène en rapport avec la nécessité, pour la plante alpine, de produire des graines en peu de temps et avec le caractère *météorologique printanier* de la région alpine, déterminant chez les espèces de cette région la même *rapidité d'évolution* que chez les espèces *vernales* de la plaine ; la température élevée du sol et de l'air ambiant au voisinage de la neige fondante y contribuent sans doute aussi.

5° Les feuilles sont ordinairement plus petites, plus épaisses, plus vertes, souvent persistantes, quelquefois à bords enroulés en-dessous.

6° Leur suc est souvent plus concentré, leur structure coriace, leur consistance succulente, avec glandes calcifères, indumentum blanc, forte cuticule, caractères déterminés par l'intensité de l'insolation, la nécessité de résister au froid, au desséchement, etc. Comme exemples de plantes de la plaine prenant un indumentum dans la région alpine, nous citerons l'*Anthyllis vulneraria* devenant l'*A. villosa (A. vulnerarioides* BONJ.).

7° Les fleurs sont ordinairement plus *grandes* que dans la plaine, mais *relativement*, c'est-à-dire par rapport à la petitesse du corps végétatif ; cette grandeur relative est peut-être due à ce que la lumière alpine est plus riche que la lumière de la plaine en rayons ultraviolets

(J. H. Weber), lesquels seraient des rayons florigènes (Sachs, Cas. de Candolle).

8° Enfin leur *coloration* est plus *vive*, fréquemment bleue ou rouge, en relation probablement avec la pollinisation par les insectes ; ce mode de fécondation a été constaté aussi bien dans les Alpes que dans la plaine (Hermann Müller), mais il y est opéré par des familles d'insectes différentes, notamment par les Lépidoptères; or, ces insectes paraissent préférer précisément les couleurs rouges et bleues ; la proportion plus grande de Lépidoptères, moins nombreux dans les Pyrénées que les insectes à pièces buccales courtes ou moyennes, serait caractéristique pour les Alpes et aurait cette conséquence que les fleurs allotropes (à structure simple) visitées par les insectes à trompe courte, s'y rencontrent moins fréquemment que dans les Pyrénées ; les fleurs à structure compliquée, irrégulières, exigeant des insectes à trompe longue pour être fécondées, y sont, pour la même raison, au contraire, dominantes. (T. Mac Leod.)

Quoi qu'il en soit, l'augmentation d'intensité de la coloration des fleurs alpines est facilement constatée par l'observation directe, notamment en faisant usage d'un chromomètre ; elle est très prononcée chez certaines plantes (*Myosotis silvatica, Campanula rotundifolia, Ranunculus silvaticus, Galium Cruciata*) ; et l'on peut dire, d'une façon générale, avec M. G. Bonnier, que, pour une même espèce, la coloration des fleurs de même âge augmente avec l'altitude, à égalité de toutes les autres conditions.

La tendance à prendre une teinte *rouge* se manifeste

aussi d'une façon très remarquable chez certaines espèces ; ainsi on voit la coloration *rose* apparaître très fréquemment, à mesure qu'on s'élève, chez les fleurs, ordinairement blanches ou peu colorées dans la plaine, des *Bellidiastrum Micheli*, *Silene inflata*, *Silene rupestris*, *Bellis perennis* (G. Bonnier) ; de même, les fleurs du *Raphanus silvestris* deviennent violacées dans la montagne, celles du *Lotus corniculatus* d'un beau rouge en dehors, les épillets du *Poa annua* violacés, comme chez plusieurs autres graminées alpines ; enfin les fleurs jaunes de l'*Anthyllis Vulneraria* prennent une teinte rouge dans la forme montagnarde qui a reçu le nom de *A. rubriflora* ou *Dillenii*.

L'augmentation d'intensité de coloration paraît en rapport avec l'intensité de la chaleur rayonnante et de la lumière reçues par la fleur, intensité augmentant avec l'altitude par suite de la diminution d'épaisseur et de quantité de vapeur d'eau de l'atmosphère, et par suite de l'augmentation de sa transparence, à mesure qu'on s'élève sur la montagne (mesures de MM. Violle et Margottet au mont Blanc.)

En résumé, l'organisation caractéristique de la plante alpine est en rapport avec le climat alpin : la pérennité et la rapidité d'évolution de la plante, la précocité de la floraison, la persistance des feuilles, avec la courte durée de la période de végétation ; — la fréquence de l'indumentum, l'épaisseur de la cuticule, la consistance succulente ou coriace, avec l'intensité de l'insolation et de froid ; — le nanisme, le développement des rhizomes, les feuilles en rosettes ou gazonnantes, avec l'élévation plus grande de la température du sol et la hauteur de la neige (*cf.* communication de M. C. Schröter).

II. MODIFICATIONS DE LA VÉGÉTATION DANS LES DIVERSES PARTIES DES ALPES FRANÇAISES.

La flore alpine d'Europe présente la plus remarquable continuité, dans ses grandes lignes, depuis les Alpes autrichiennes, jusque dans les Alpes dauphinoises et maritimes, surtout si on laisse de côté les *espèces rares*; les espèces dominantes, à quelques exceptions près, sont partout les mêmes (G. Bonnier).

Il n'est donc pas étonnant que la plupart des plantes dont nous venons de voir les caractères si particuliers dans les pages précédentes se retrouvent dans toute l'étendue des Alpes françaises, depuis le mont Blanc jusqu'au col de Tende; mais certaines d'entre elles n'habitent qu'une partie de ces chaînes, par exemple les Alpes du Mont-Blanc, du Chablais, de la Tarentaise, de la Maurienne, de l'Oisans, du Briançonnais ou du Queyras, etc.; d'autres enfin, plus rares encore, sont localisées dans quelques points seulement de ces régions.

Disons de suite que, malgré les travaux déjà nombreux des phytogéographes, il ne nous est pas encore possible de délimiter exactement les diverses régions botaniques qu'on peut reconnaître, d'une façon superficielle, dans les Alpes occidentales et leurs subdivisions; les résultats déjà acquis, dus aux recherches des Perrier et Songeon, Engler, Christ, Briquet, Saint-Lager, etc., nous permettent d'établir provisoirement les quatre régions ou *zones* suivantes [1] :

[1] Voyez la note de la page 74.

A. Les *Préalpes*, ou *Alpes calcaires extérieures* (zone occidentale jurassique et chaîne calcaire centrale de PERRIER et SONGEON ; Alpes septentrionales extérieures d'ENGLER), comprenant toutes les *petites Alpes* (et une portion des grandes Alpes) savoisiennes, dauphinoises et provençales de M. Levasseur, ainsi que le *Jura* qui s'y rattache au nord ;

B. Les *Alpes granitiques centrales* de PERRIER et SONGEON (Alpes centrales médianes d'ENGLER, en partie) limitées au mont Blanc, au massif des Aiguilles-Rouges, aux chaînes du mont Mirantin, des Sept-Laux et de Belledonne, se prolongeant sur Taillefer et l'arrête du Pelvoux ;

C. Les *Alpes austro-occidentales* BRIQUET (région du Sud-Est de PERRIER et SONGEON ; Alpes centrales occidentales d'ENGLER), comprenant les Alpes graies et cottiennes, la plus grande partie de la Tarentaise, de la Maurienne, de l'Oisans, le Briançonnais, le Queyras, le Viso, etc.;

D. Les *Alpes maritimes*, appartenant à une autre province *phytogéographique* que les trois zones précédentes et s'étendant des massifs du Parpaillon et de l'Enchastraye (vallée de l'Ubaye) au col de San-Bernardo.

Comme exemples de plantes communes à tout cet ensemble, mais principalement aux trois dernières zones, nous citerons :

Dans la région *subalpine* :

Ranunculus aconitifolius, R. platanifolius, Aconitum Napellus, A. lycoctonum, A. paniculatum, Geranium silvaticum, Spiræa Aruncus, Geum rivale, Saxifraga Aizoon,

S. rotundifolia, S. aizoides, Ribes alpinum, Astrantia major, Chærophyllum hirsutum, Sambucus racemosa, Lonicera nigra, L. alpigena, Knautia dipsacifolia, Adenostyles albifrons, Bellidiastrum Micheli, Carduus defloratus, Antennaria dioica, Prenanthes purpurea, Pirola secunda, Gentiana acaulis, Veronica urticifolia, Calamintha grandiflora, Digitalis grandiflora, Melampirum silvaticum, Poa alpina, Aspidium aculeatum, etc.

Dans la région *alpine* :

Atragene alpina, Pulsatilla alpina, Ranunculus alpestris, R. glacialis, Silene rupestris, S. acaulis, Sagina glabra, Alsine Cherleri, Linum alpinum, Trifolium alpinum, T. Thalii, T. badium, Oxytropis campestris, Dryas octopetala, Geum montanum, G. reptans, Alchemilla alpina, Epilobium alpinum, E. origanifolium, Sedum alpestre, Sempervivum montanum, Saxifraga muscoides, S. bryoides, S. androsacea, Gaya simplex, Adenostyles leucophylla, Erigeron alpinus, E. Villarsii, Leucanthemum alpinum, Aster alpinus, Aronicum scorpioides, Senecio incanus, Gnaphalium supinum, Leontopodium alpinum, Hieracium alpinum, Gentiana nivalis, Veronica aphylla, Myosotis alpestris, Polygonum viviparum, Salix reticulata, S. retusa, S. herbacea, Juniperus nana, Juncus trifidus, Carex atrata, C. sempervirens, Phleum alpinum, Poa laxa, Lycopodium alpinum, etc.

On remarquera que ces plantes se retrouvent non seulement dans toute l'étendue des Alpes occidentales et maritimes, mais encore, pour la plupart, dans les Alpes centrales et les Carpathes [1].

I. ALPES CALCAIRES EXTÉRIEURES. — Les chaînons cal-

[1] Bonnier, *Flore alpine d'Europe*.

caires formant les contreforts occidentaux de la chaîne principale des Alpes s'épanouissent, à partir de la Grande-Chartreuse, sorte de point nodal, en un double éventail : l'un, septentrional, dirigé vers le N.-E., comprend les deux rameaux *jurassique* et *savoisien* ; l'autre, méridional, se prolonge par les montagnes du Vercors, du Dévoluy et du Diois, et se rattache aux Alpes vauclusiennes et provençales.

Toutes ces chaînes ont une végétation éminemment *calcicole* ; le Hêtre et l'Epicéa y sont ordinairement en *forêts* ; le Mélèze et les *Sempervivum* y sont rares ; les plantes suivantes, qui se retrouvent dans toute l'étendue des Alpes occidentales extérieures, depuis le Jura jusqu'au Ventoux et manquent ou sont très rares dans les autres zones, complètent la *caractéristique* de cette partie des Alpes.

Dans la région subalpine, d'abord :

Helleborus fœtidus, Dentaria pinnata et digitata, Amelanchier, Lactuca perennis, Digitalis lutea, Lithospermum purpureocœruleum, Rumex scutatus, Epipactis latifolia, qui se trouvent aussi, mais moins abondamment, dans les zones voisines; et surtout : Arabis brassiciformis, Hutchinsia petræa, Kernera, Alsine Bauhinorum, Anthyllis montana, Cerasus Mahaleb, Laburnum, Emerus, Cotoneaster tomentosa, Orobus vernus, Laserpitium latifolium, Centranthus angustifolius, Inula montana, Hieracium Jacquini, Campanula latifolia, Gentiana ciliata, Scrofularia juratensis, Physalis, Daphne Laureola, D. alpina, Taxus, Platanthera bifolia, Phalangium Liliago, Carex ornithopoda, C. Halleriana, Stipa pennata, etc., et encore : Aconitum Anthora, Erysimum ochroleucum, Potentilla caulescens, Athamantha cretensis, Laserpitium

Siler, Carduus defloratus, Hieracium glaucum, Campanula pusilla, Androsace villosa, Erinus, Teucrium montanum, Carex ferruginea, C. sempervirens, Lasiagrostis Calamagrostis, Sesleria cœrulea, Aspidium rigidum.

Dans la région alpine :

Ranunculus alpestris, Anemone narcissiflora, Arenaria ciliata, Rhamnus pumila, Sorbus Chamæmespilus, Ligusticum ferulaceum, Eryngium alpinum, Cephalaria alpina, Primula Auricula, Veronica fruticulosa, Pinus montana, etc.

Parmi les espèces occidentales dont l'aire n'occupe qu'une partie de cette zone, on peut citer :

S'étendant du Jura et de la Savoie au Dauphiné méridional, Vercors, Devoluy, etc. : *Sisymbrium austriacum*, *Coronilla vaginalis*, *Androsace lactea*, *Sideritis hyssopifolia*, *Carex montana*, *C. tenuis* qui atteignent les Basses-Alpes et la Drôme ; *Polygala calcarea*, *Carex alba*, *Agrostis Schleicheri* qui ne dépassent pas le Gapençais ; *Bupleurum longifolium*, le Queyras ; *Dianthus cæsius*, *Primula auricula*, *Salix grandifolia*, le Vercors.

Du Jura et de la Savoie au Dauphiné septentrional : *Arctostaphyllos alpina* qui s'arrête à la Moucherolle, *Ranunculus Thora* au Saint-Nizier, *Thlaspi montanum* et *Coronilla montana* à la Grande-Chartreuse.

Les espèces suivantes, qui manquent au Jura, s'observent à partir des Alpes vaudoises et valaisannes, dans une étendue plus ou moins grande des Alpes occidentales ; les unes ne dépassent pas la Haute-Savoie *(Achillea atrata, Pedicularis Barrelieri)*, ou la Savoie *(Saxifraga mutata)* ; d'autres arrivent jusque dans l'Oisans *(Ranunc. parnassifolius)*, les Hautes-Alpes *(Crepis præmorsa)*, la

Drôme (*Anemone baldensis, Potentilla petiolulata, Aposeris fœtida*), même au mont Sainte-Victoire (*Scorzonera austriaca*), ou dans les Alpes maritimes (*Crepis pygmæa, Globularia nudicaulis, Scutellaria alpina, Epipactis microphylla*).

Carex pilosa occupe des plages limitées dans le Jura, le Valais et la Savoie ; *Crepis succisifolia* est disséminé dans le Jura et la Haute-Savoie ; *Viola mirabilis*, du Jura central au Gapençais ; l'*Æthionema* s'étend du Jura méridional aux Alpines, — l'*Arabis saxatilis*, à la Drôme, — l'*A. stricta*, à l'Isère.

Certaines plantes propres aux districts septentrionaux sont remplacées dans les parties plus méridionales par des formes parallèles : l'*Heracleum alpinum* du Jura, par l'*H. minimum* qu'on trouve à partir du mont Aiguille jusque dans les Alpes maritimes ; le *Thlaspi montanum* du Jura et de la Chartreuse, par le *Th. Villarsianum* du Vercors et du mont Aiguille ; l'*Euphorbia verrucosa* du Jura et du Dauphiné, par l'*E. flavicoma* des Alpes provençales et maritimes.

On peut établir dans les *Alpes occidentales extérieures* les divisions ou *districts* qui suivent :

1° Le *Jura* (district jurassien franco-suisse de Briquet). Cette région devant être décrite avec plus de détails dans une publication spéciale, nous nous bornerons à mentionner : A. Ses *caractéristiques* : flore alpine peu développée (altitude maximale, au Reculet, 1723^m), végétation surtout calcicole, rarement silicicole (contrastes en petit dus à des terrains de transport ou à des couches siliceuses accidentelles), présence des *Heracleum juranum, Thlaspi montanum, Scrofularia juratensis* et de nombreuses tourbières ; B. Sa *division* en 1° JURA SEPTENTRIONAL et 2° J. CENTRAL caractérisés par la fréquence des *Heracleum juranum, Androsace lactea*, des tourbières à *Betula nana, Saxifraga Hirculus, Carex chordorhiza, C. Heleonastes*, la présence de *Cardamine trifolia ;* 3° J. OCCIDENTAL, où remontent déjà quelques plantes méridionales (*Cytisus capitatus*, etc., et prolongement des colonies du Jura méridional ; reculées de Salins, Arbois, Baume, Gizia, à *Saxifraga sponhemica* ou *moschata, Telephium Imperati*); lacs nombreux ; 4° J. GENEVOIS avec flore alpine dans la partie s'étendant du mont d'Or au Reculet, présence de l'*Arabis cenisia* et du *Ligusticum ferulaceum* du mont Cenis ; 5° J. BUGEYSIEN OU MÉRIDIONAL à nombreuses colonies de plantes australes ou méditerranéennes (*Terebinthus, Osyris, Lavandula, Clypeola, Æthionema*, etc.) et quelques plantes spéciales, *Carex brevicollis, Asperula taurina, Centaurea seusana ;* ce sous-district se continue par l'îlot calcaire de Crémieux et se rattache par le mont du Chat et le Petit-Bugey au groupe nodal de la Grande-Chartreuse.

2° Les *Alpes savoisiennes* (BRIQUET en partie ; A. sardes THURM. ; chaîne calcaire centrale PERR. et SONG. ; district occidental ENGL.) limitées au N. par le Léman, à l'E. par le Rhône et le lac du Bourget, à l'W. par une ligne passant par Arvillars, Aiguebelle, Albertville, Ugines, les Contamines, Servoz et Evionnaz ; caractérisées par une flore alpine très développée, incomparablement plus riche, à hauteur égale que dans le Jura, richesse due, en conséquence, non seulement aux altitudes plus grandes des chaînes et des sommets, mais aussi au voisinage des Alpes centrales et à la variété des terrains : cette variété provoque l'apparition d'une importante flore silicicole ; les éléments juraniens y sont cependant nombreux (*Dianthus cæsius, Helianthemum canum, Potentilla caulescens, Coronilla vaginalis, Laserpitium Siler, Athamantha, Primula auricula, Sideritis, Erinus, Carex tenuis*, etc.) ; le *Pedicularis Barrelieri* de la flore valaisane y règne dans toute son étendue, jusqu'au mont Granier (massif de la Grande-Chartreuse).

Les *A. vaudoises* (sous-district des *A. savoisiennes* de BRIQUET), qui se distinguent par la pauvreté de l'élément juranien et la présence des *Rhodod. hirsutum, Alsine biflora*, etc., rattachent les *A. savoisiennes* au district de la *Suisse occidentale*, que caractérisent l'absence des éléments juraniens et la présence des *Pedicularis Œderi, Rhododendron hirsutum, Draba incana*, etc.

On peut reconnaître dans les *A. savoisiennes* les trois sous-districts suivants :

Les *A. lémaniennes* (Dent du Midi, massif de la Dranse, monts du Chablais et du Faucigny, en partie), dont les aiguilles très élevées ont une riche flore alpine, souvent très localisée (*cf.* flore insulaire !) ; espèces intéressantes : *Silene alpina, Laserpitium Panax* (aiguille de Varens), *Achillea atrata, Carlina longifolia, Androsace chamæjasme, Salvia verticillata* (val d'Abondance), qui commencent ici leur aire de dispersion vers la Suisse occidentale, et *Linnæa borealis* (creu de Novel), *Senecio cordatus, Gentiana purpurea, Peucedanum austriacum, Ramunc. parnassifolius, Viola cenisia, Arabis pumila, Saxifraga planifolia*, qu'on retrouve dans d'autres parties des Alpes soit savoisiennes soit plus éloignées ; plusieurs des espèces juraniennes, encore nombreuses, surtout dans les massifs voisins du Léman, y trouvent déjà leur limite d'extension, notamment *Hypericum Richeri, Sisymbrium austriacum, Arabis stricta, Anthyllis montana, Helianth. canum*, etc.

Les *A. d'Annecy* (chaîne des Aravis, massif des Bornes, Parmelan, Tournette et Salève), aux hautes citadelles (Pointe Percée, Vergy) avec flore alpine très riche, notamment aux Aravis : *Viola cenisia, Campanula cenisia, Crepis pygmœa* ; puis *Saussurea depressa, Cerastium latifolium, Valeriana saliunca, Gentiana purpurea* et les hybrides *G. Thomasii* et *Charpentieri* au mont Méry ; *Alchimilla pentaphylla* au Four-Métret ; *Sisymbrium pinnatifidum* à la Pointe Percée ; *Senecio cordatus* et *Lychnis Flos-Jovis* dans la vallée du Reposoir ; *Armeria alpina* à la Tournette et au Vergy, etc. ; l'élément juranien y est développé, surtout dans les parties occidentales ; plusieurs de ses représentants s'y arrêtent, comme *Clypeola, Æthionena, Coronilla montana ;* un grand nombre d'espèces alpines (92) y apparaissent pour la première fois (par exemple : *Crepis pygmœa, Cerastium latifolium*, etc.).

Le *massif des Bauges*, dont les principaux sommets sont les monts Trélod, Margériaz, Orizan, Galopaz, Nivolet et le Semnoz, possède encore d'assez nombreuses espèces juraniennes, mais est bien moins riche en plantes alpines que les districts précédents ; on voit cependant au mont Trélod, par exemple, *Draba tomentosa, Eryngium alpinum, Leontopodium alp., Leontodon pyrenaicus, Erigeron Villarsii, Papaver alpinum*, etc. ; notons encore les plantes suivantes qui ne dépassent guère les Alpes savoisiennes et le Jura méridional, *Saxi-*

fraga mutata à Ecole, *Potentilla petiolulata* aux environs de Chambéry, *Pedicularis comosa* au Nivolet et à Orizan, et des plantes méridionales comme *Asphodelus delphinensis* et *Tulipa celsiana* à Orizan et Galopaz.

3° Le *massif de la Grande-Chartreuse*, qui s'étend du Rhône à l'Isère et de Chambéry à Voiron, a une importance considérable au point de vue de la phytostatique des Alpes occidentales extérieures, importance bien mise en lumière par Thurmann, Perrier de la Bathie, Grisebach, Briquet, etc. : c'est le point de jonction des chaînes du Jura avec les Alpes proprement dites ; ainsi s'expliquent et sa richesse en plantes juraniennes et l'augmentation de nombre ou l'apparition des espèces alpines. Ses principaux sommets (Chamechaude, Petit-Som, Grand-Som, Granier, etc.) possèdent en effet des types alpins qui ne s'avancent pas plus loin que la Chartreuse, du côté du Jura, tels que *Anemone baldensis, Thlaspi rotundifolium, Silene bryoides, Valeriana saliunca, Betonica hirsuta,* mais pénètrent dans les Alpes savoisiennes et d'autres, comme *Draba pyrenaica,* qui n'y arrivent même pas ; citons encore, comme plantes alpines intéressantes, *Rhodiola rosea, Pedicularis gyroflexa, Asphodelus Villarsii.* D'autre part, ses nombreux éléments juraniens se comportent diversement : les uns sont propres à la Chartreuse et ne se retrouvent que dans quelques localités éloignées, par exemple : *Hypericum nummularium* (Pyrénées et Alpes maritimes), *Potentilla nitida* (la localité du mont Joly est douteuse), *Betonica alopecuros* (aussi à la Salette et au Lautaret); d'autres, habitant les parties méridionales de la zone, trouvent à la Chartreuse l'extrême limite de leur dispersion vers le nord, notamment : *Ranunculus*

Seguierii, Cytisus supinus, Potentilla delphinensis, Galium argenteum, Gentiana angustifolia, Avena montana, Avena setacea; on peut y ajouter *Helianthemum œlandicum, Orchis pallens, Ononis fruticosa,* ces deux dernières se retrouvant en Savoie, et le *Silene saxifraga* qui remonte jusque sur la frontière du Jura bugeysien, à Pierre-Châtel, La Balme et Vertrieu ; les autres espèces prolongent enfin leur aire de dispersion du côté des Alpes savoisiennes (*Saxifraga mutata, Astragalus depressus, Hieracium andryaloides, Serratula nudicaulis, Globularia nudicaulis, Aposeris fœtida*), ou vers le Jura (*Thlaspi montanum, Dianthus monspessulanus, Bupleurum longifolium, Athamantha Libanotis, Androsace villosa*); les *Thlaspi montanum, Helianthemum canum, Coronilla montana* commencent dans ce district leur aire de dispersion jurassienne.

Le mont du Chat possédant à la fois de nombreux types juraniens (*Dianthus monspessulanus,* etc.) et les *Hypericum nummularium, Erigeron uniflorus* de la Chartreuse, relie ainsi ce massif au district jurassique, de même que la chaîne qui s'étend du Petit-Som au mont Granier, où se trouvent à la fois *Potentilla petiolulata* et *Pedicularis Barrelieri,* le relie aux Alpes savoisiennes ; on doit noter encore, comme confirmation de ce régime de passage, la présence dans le Petit-Bugey, près du Pont-de-Beauvoisin, du *Saxifraga mutata* des Bauges.

4° *Alpes dauphinoises extérieures.* — Nous comprenons sous cette dénomination toutes les chaînes situées entre l'Isère, le Drac et la Drôme, c'est-à-dire le *massif des Quatre Montagnes* (Autrans, Lans, Villars-de-Lans), le *Vercors* et le *Diois,* et les chaînes de transition (comme végétation) du *Dévoluy* et du *Gapençais.*

La *chaîne orientale*, du Vercors au Diois notamment, (Saint-Nizier, Moucherolle, Veymont, mont Aiguille, etc.), possède de nombreux éléments juraniens : *Dianthus cæsius, Rhamnus pumila, Sorbus chamæmespilus, Coronilla vaginalis, Laserpitium Siler, Athamantha cretensis, Globularia nudicaulis, Primula Auricula, Aposeris fœtida, Veronica fruticulosa, Pinus montana, Carex tenuis, Lasiagrostis Calamagrostis, Aspidium rigidum*, etc.; quelques-unes de ces plantes s'arrêtent au niveau du Vercors, par exemple *Dianthus cæsius, Ranunculus Thora* (au Seneppe), *Arabis pumila* (au Grand-Veymont); par contre, un certain nombre d'espèces méridionales y font leur apparition; ce sont particulièrement : *Bupleurum petræum*, au Saint-Nizier; *Linum suffruticosum* et *Crepis albida*, au col de l'Arc; *Galium megalospermum*, à la Moucherolle (et de là au Ventoux et dans les Alpes maritimes); *Scabiosa graminifolia, Berardia subacaulis, Campanula Allionii*, au Grand-Veymont; *Heracleum minimum, Eryngium Spina-alba*, au mont Aiguille; l'extrémité méridionale, le mont Glandasse par exemple, donne encore : *Anemone baldensis, Potentilla nivalis, Galium megalospermum, Heracleum minimum, Aposeris fœtida, Campanula Allionii, Primula Auricula, Androsace lactea, Sideritis hyssopifolia, Avena setacea*, etc. Quelques espèces alpines granitiques y arrivent, comme *Gentiana brachyphylla*, à la Moucherolle; notons encore comme plantes spéciales, le *Teucrium pyrenaicum* à la Moucherolle et le *Thlaspi Villarsianum*, du col de l'Arc au mont Aiguille.

Dévoluy et Gapençais. — Le Dévoluy comprend les montagnes calcaires, arides, qui s'étendent du col de Luzla-Croix-Haute au col Bayard, et dont les principaux sommets sont l'Obiou et l'Aurouze; dans le Gapençais, qui leur fait suite au midi, se trouvent les autres localités classiques du col de Glaise, de Charance et du mont Séuse. On y retrouve encore un grand nombre de types juraniens: *Anemone baldensis, Papaver alpinum, Rhamnus pumila, Laserpitium Siler, Athamantha cretensis, Veronica fruticulosa, Pinus montana, Lasiagrostis, Aspidium rigidum*, etc., et *Crepis pygmæa, Erinus alpinus, Avena setacea, Gentiana angustifolia* (qui s'arrête dans le Gapençais); puis un mélange de plus en plus marqué de formes alpines ou méridionales. Parmi ces plantes intéressantes, nous citerons : à l'Obiou, outre l'*Erysimum ochroleucum*, etc., le *Papaver Burseri;* au mont Aurouze, les plantes spéciales *Carduus aurosicus, Iberis aurosica*, outre les *Ranunculus Seguierii, Heracleum minimum, Potentilla nivalis, Galium megalospermum*, et les *Galium anisophyllum* et *Dianthus subacaulis* qui y finissent ou commencent leur aire de dispersion; au mont Séuse, l'*Agrostis Schleicheri* et les rares *Centaurea seusana, Geum heterocarpum;* les *Lactuca Chaixii*, au Devez-de-Rabou ; *Viola mirabilis*, à Charance ; *Delphinium fissum*, à Gap ; *Plantago argentea*, qui commence à Séuse et *Genista cinerea* à Gap et au mont Ambel, leur dispersion plus méridionale ; enfin, parmi les plantes des Alpes granitiques qui y arrivent, nous citerons *Gentiana brachyphylla* (au mont Aurouze), *Androsace carnea* (à Gap), etc. ; le nombre de ces espèces augmente du reste en se rapprochant des chaînes centrales, comme on le voit à Chabrières, où l'on trouve à la fois les *Gentiana brachyphylla, Androsacea carnea, Bupleurum stellatum* et des types méridio-

naux comme *Lamium longiflorum*, à côté d'espèces juraniennes telles que *Veronica fruticulosa*, etc. Ce mélange
de types juraniens et alpins, mais avec prédominance
de ces derniers, s'observe aussi dans les montagnes
calcaires qui s'étendent parallèlement au Vercors dans
la vallée du Drac, à la base occidentale du massif granitique du Pelvoux ; des espèces méridionales y commencent
aussi leur apparition, notamment *Hypericum byssopifo-
lium, Thalictrum odoratum, Bupleurum gramineum*, dans
les environs de la Salette ; *Geranium argenteum*, dans les
contreforts de Chaillol-le-Vieil et de là jusqu'à Digne, etc.;
à Chaillol s'arrête, par contre, l'*Artemisia Villarsii* qu'on
observe depuis Saint-Sorlin-en-Maurienne.

5° Les *Alpes de Provence*. — Les montagnes de Lure
et du Ventoux, des Alpes vauclusiennes, du Leberon et
des Alpines, de Mourre et Beausoleil, de Sainte-Victoire
et de la Sainte-Baume constituent un district bien distinct
des précédents par l'orientation transversale (E.-W.)
des chaînes et la prédominance des espèces méditerranéennes ; malgré la diminution des éléments juraniens
et alpins, on y observe cependant encore, notamment au
mont Ventoux, d'abord des espèces caractéristiques pour
toute la chaîne du Jura : *Erysimum ochroleucum, Alsine
Baubinorum, Astragalus depressus, Potentilla caulescens,
Laserpitium Siler, Athamantha cretensis, Digitalis lutea,
Androsace villosa, Pinus montana, Lasiagrostis, Avena
montana, A. setacea*, etc.; puis des plantes jurano-delphi-
nales : *Ranunculus Seguierii, Dianthus subacaulis, Heracleum minimum, Galium megalospermum, Campanula
Allionii;* d'autres à caractère alpin plus ou moins marqué :
*Papaver alpinum, Viola cenisia, Crepis pygmæa, Thalic-

trum odoratum, Carex ferruginea, C. sempervirens ; enfin des espèces spéciales, comme *Alyssum flexicaule, Silene vallesia* var. *graminea*. Les types juraniens *Æthionema, Cotoneaster tomentosa, Hieracium Jacquini, Coronilla Emerus* atteignent même le mont Sainte-Victoire. Mais l'introduction de nombreux types méditerranéens, notamment au Ventoux, tels que *Arenaria tetraquetra, Genista aspalathoides, Saxifraga lingulata, Globularia nana, Lamium longiflorum*, etc., donne à la végétation de cette région un caractère tout particulier qui la rattache, avec celle des Alpes maritimes, au domaine méditerranéen, sur lequel nous reviendrons plus loin.

II. ALPES GRANITIQUES CENTRALES. — *(Cf.* PERR. et SONG., Alpes centrales médianes ENGL. pr. p.). — Les limites de cette zone sont à l'ouest : la Romanche, Revel, Arvillars, Aiguebelle, Albertville, Ugines, les Contamines, Servoz et Evionnaz ; au sud-est : Allemont, la Chambre, le col de la Madeleine, Petit-Cœur, Naves, Roselein, le col du Bonhomme, le col la Seigne, le mont Fréty, col Ferret et Martigny. Elle comprend les massifs cristallins du mont Blanc et des Aiguilles-Rouges (Buet, Brevent en partie), du mont Mirantin et du Grand-Arc, des Sept-Laux et de Belledonne ; elle se continue au sud par Taillefer et la partie centrale du Pelvoux ; on peut la suivre, au nord, jusque dans l'Oberland bernois (Christ).

La flore, très différente de celle de la zone précédente, présente ce caractère particulier d'être formée de plantes exclusivement silicicoles, hygrophiles, et d'être surtout riche en cryptogames ; son ensemble est pauvre comparativement aux zones voisines, surtout dans les régions subalpines et cette pauvreté est à peine compensée par une trentaine de plantes spéciales, localisées du reste dans les régions supérieures ; ses autres caractéristiques sont : la *diminution* d'abondance du *Hêtre*, remplacé par l'Epicéa surtout dans les forêts ; la fréquence du *Mélèze* en forêts, accompagné souvent du *Pinus Cembro*, mais à l'état sporadique ; l'abondance des *Sempervivum*, surtout des groupes *montanum* et *arachnoideum*, formant de vastes tapis blanchâtres sur les pentes de la montagne. (*Cf.* Briquet.)

La pauvreté relative de la flore du mont Blanc en espèces subalpines et même alpines est un fait remarquable ; un grand nombre de plantes qui se trouvent non loin de là, dans les Alpes pennines ou valaisannes, au Saint-Bernard ou à Zermatt, par exemple, manquent, en effet, au mont Blanc, pour reparaître plus bas, les unes dès le col de la Seigne, d'autres au mont Iseran ou au mont Cenis, d'autres plus loin encore, au Viso ; telles sont : *Ranunculus rutifolius*, ** *Huguenimia tanacetifolia*, ** *Silene Vallesia*, *Saponaria lutea*, *Lychnis alpina*, ** *Oxytropis fœtida*, ** *O. Halleri*, *Valeriana celtica*, *Potentilla nivea*, * *Achillea tanacetifolia*, * *Phyteuma Halleri*, * *P. pauciflora*, * *Campanula spicata*, * *Eritrichium*, * *Gregoria vitalliana*, ** *Scirpus alpinus*, *Carex microglochin*, * *C. rupestris*, * *C. bicolor*, ** *Juncus arcticus*, etc. ; plusieurs de ces espèces ont une aire de dispersion s'étendant dans la plus grande partie des Alpes occidentales (= *) et ne manquent que dans les A. maritimes (= **).

On a cherché la cause de cette pauvreté dans un abaissement exceptionnel de température produit par le voisinage de grands glaciers; mais la comparaison avec d'autres chaînes analogues par l'étendue des glaciers ayant cependant une riche végétation, le mont Rose par exemple, a montré que cette interprétation devait être rejetée; la pauvreté de la flore du mont Blanc paraît due à l'action combinée : 1° de l'influence du sous-sol siliceux, influence déjà reconnue mais trop exclusivement par Perrier de la Bathie (Briquet); 2° surtout, de la longue persistance des glaces dans les vallées encaissées et de la disposition orographique du massif, les vallées étroites de Cormayeur et de l'Arve, seules voies d'arrivée des plantes dans ces montagnes, opposant des obstacles à leur propagation (de Candolle, Bonnier, Briquet).

Quelques espèces austro-occidentales arrivent cependant dans la zone granitique, par exemple : *Lychnis Flos-Jovis*, à l'Aiguille-à-Bochard; *Trifolium saxatile*, aux sources de l'Arveyron, aux glaciers du Bois et de Tacconay; *Hugueninia* et *Saussurea alpina*, au glacier de Tré-la-Tête; *Colchicum alpinum*, à Nantborant près Chamounix.

Parmi les plantes particulières à la zone granitique, nous citerons : *Draba fladnizensis, Sisymbrium pinnatifidum, Arenaria biflora, Polygala alpina, Saxifraga Cotyledon, Potentilla frigida, Bupleurum stellatum, Rhaponticum scariosum, Achillea moschata, A. nana, Senecio incanus, Hieracium alpinum, Androsace carnea, Gentiana brachyphylla, Pedicularis recutita* (Aime, Girottaz, mont Mirantin), *P. rostrata, Juncus trifidus, J. triglumis, Poa laxa*, etc. Toutes, sauf *Polygala alpina* et *Pedicularis recutita*, se trouvent dans le massif du Mont-Blanc; la plupart dans celui des Aiguilles-Rouges; un grand nombre arrivent : aux Sept-Laux (*Arenaria biflora, Bupleurum stellatum, Rhaponticum, Senecio incanus, Hieracium alpinum, Androsace carnea, Gentiana brachyphylla, Juncus trifidus, Carex atterrina,* etc.); à Belledonne (*Draba fladnizensis, Cardamine Plumieri, Arenaria biflora, Potentilla frigida, Rhaponticum, Saussurea discolor* (des A. pennines), *Achillea nana, Hieracium alpinum, Senecio incanus, Bupleurum stellatum, Pedicularis rostrata, Gentiana brachyphylla, Androsace carnea, Juncus trifidus, Carex aterrima,* etc.); à Taillefer (*Potentilla frigida, Achillea nana, Hieracium alpinum, Androsace carnea, Pedicularis rostrata, Juncus trifidus, Poa laxa,* etc.); au Pelvoux, ou à Chaillol (*Draba fladnizensis, Arenaria biflora, Potentilla frigida, Bupleurum stellatum, Rhaponticum, Achillea nana, Senecio incanus, Hieracium alp., Androsace carnea, Pedicularis rostrata, Gentiana brachyphylla, Salix glauca, Juncus trifidus, J. triglumis,* etc.). Plusieurs de ces plantes se retrouvent même dans les Alpes graies et cottiennes, comme *Silene exscapa, Rhaponticum scariosum, Adenostyles leucophylla, Gentiana brachyphylla, Salix myrsinites, S. helvetica, S. glauca, Juncus trifidus, J. triglumis,* *Poa laxa;* quelques-unes enfin apparaissent ici pour la première fois dans les Alpes : *Achillea moschata, Pedicularis recutita, Saxifraga Cotyledon,* etc.

Notons encore parmi les autres plantes intéressantes de la zone granitique : l'*Eritrichium nanum,* tapissant de ses beaux gazons bleus les sommets des Aiguilles-Rouges, des Sept-Laux, de Belledonne, de Taillefer et du Pelvoux; le *Trientalis europæa,* plante des Alpes autrichiennes arrivant en Suisse à la Furca, et en Savoie à Crest-Voland; l'*Achillea tanacetifolia*, dans la vallée de la Gitaz près du Bonhomme; l'*Agrostis rubra*, espèce spéciale à a Laponie et se retrouvant à Hauteluce, au col de Fenêtre.

III. La zone des ALPES AUSTRO-OCCIDENTALES correspond dans sa plus grande étendue aux Alpes graies et cottiennes des géographes et s'étend par conséquent, en France, du col de la Seigne au mont Viso; mais on doit la prolonger dans la direction du nord-est et y rattacher la flore du Valais, avec laquelle elle est en continuité par le Val de Cognes, l'Allée-Blanche, la vallée d'Aoste et peut-être le Grand-Paradis. Elle s'étend donc, en réalité, du Gothard au Viso et est limitée, à l'W., par la zone granitique (allongée de l'Oberland au Pelvoux), à l'est, par les plaines du Pô.

Sa végétation est caractérisée par l'introduction de nombreux éléments méditerranéens, surtout dans les parties bien exposées du Valais, des vallées d'Aoste, de la Tarentaise, de la Maurienne, de la Romanche, de la Haute-Durance, où l'on voit parvenir la série des plantes *thermophiles* que nous avons déjà citées plus haut, dans les généralités sur la végétation des vallées alpines; rappelons les *Helianthemum salicifolium, Lonicera etrusca, Linosyris, Stipa, Vesicaria utriculata, Podospermum, Trigonella monspeliaca, Salvia Æthiopis, Nepeta lanceolata, Lavandula Spica, Ptychotis, Orlaya, Centaurea leucophœa*, etc. Les limites des forêts et des régions d'altitude s'y relèvent de plus en plus, et les Mélèzes, les Pins Cembro et à crochet y deviennent de plus en plus fréquents; la grande variété du sol (terrains houiller, triasique, nummulitique, éruptif, etc.), le voisinage du Valais, des Alpes maritimes et du Piémont y ont fait développer une *flore alpine* d'une grande variété et d'une très grande richesse.

La végétation *alpine* des Alpes austro-occidentales comprend, en effet, d'abord un grand nombre de plantes qui manquent dans le mont Blanc ou dans la zone granitique et s'observent depuis le Valais jusque dans les Alpes maritimes ou au moins les Basses-Alpes; telles sont, principalement : *Anemone Halleri, Callianthemum rutifolium, Astragalus leontinus, Oxytropis neglecta, O. fœtida, Herniara alpina, Saxifraga diapensoides, Valeriana celtica, Artemisia glacialis, Phyteuma pauciflorum, Ph. Halleri (Eritrichium nanum), Gregoria Vittaliana, Carex bicolor, C. rupestris,* etc. ; la continuité de la flore des Alpes graies et cottiennes avec la flore valaisanne a, du reste, été établie par les recherches de Parlatore, Perroud et Saint-Lager, Briquet, etc.

La végétation des Alpes austro-occidentales est encore caractérisée : 1° par la présence d'autres plantes manquant aux Alpes granitiques, existant aussi dans le Valais et s'arrêtant plus ou moins loin, au Viso *(Scirpus alpinus),* au Lautaret *(Potentilla multifida),* au mont Cenis, au mont Iseran ou dans les parties voisines de la Savoie *(Artemisia nana, Senecio uniflorus, Crepis jubata, Carex microglochin, C. lagopina)* ; 2° par la présence d'espèces plus ou moins spéciales aux Alpes graies et cottiennes, comme *Alyssum alpestre, Alsine recurva, Ononis cenisia, O. fruticósa, Centaurea uniflora, Paronychia polygonifolia, P. serpyllifolia, Artemisia eriantha, Campanula Allionii, Veronica Allionii, Luzula pediformis, Alopecurus*

Gerardi, plantes des Alpes méridionales qu'on retrouve depuis le mont Cenis, le mont Iseran, l'Oisans, jusque dans les Alpes maritimes ; — *Cardamine Plumieri, Silene vallesia*, depuis le Cenis jusqu'au Viso ; — *Viola pinnata*, du mont Genèvre à Guillestre ; — *Erysimum helveticum, Pedicularis cenisia*, de la Savoie à Briançon ; — *Viscaria alpina*, d'Iseran à Taillefer ; — et d'autres encore plus localisées, comme *Saponaria lutea, Isatis alpina, Hierochloa borealis*, etc., que nous indiquerons à chaque localité importante.

Laissant de côté le district *valaisan* qui ne rentre pas dans le cadre que nous nous sommes tracé, voici les principales particularités de la flore des deux autres régions secondaires, les districts *savoisiens* et *dauphinois*.

1° Le district *savoisien* comprend la chaîne centrale qui s'étend du col de la Seigne au mont Cenis (Alpes graies : Petit Saint-Bernard, Riotor, Grand Pareis, la Galise, etc.), les vallées et les massifs montagneux de la Tarentaise (vallée de l'Isère) et de la Maurienne (vallée de l'Arc), notamment le massif de la Vanoise, le mont Iseran et les contrées voisines, val de Tignes et source de l'Arc. Il est caractérisé par la présence des *Potentilla multifida, Saussurea alpina, Artemisia nana, Senecio uniflorus, Sonchus Plumieri, Pedicularis recutita, P. cenisia, Kobria caricina, Carex microglochin, C. lagopina, C. approximata, C. juncifolia*. La chaîne centrale des Alpes graies possède particulièrement : *Saponaria lutea, Meum adonidifolium, Potamogiton marinus*, au mont Cenis ; *Corthusa Matthioli, Valeriana celtica, Kœhleria alpicola, Carex incurva*, au mont Cenis, au mont Iseran, à la source de l'Arc ou à la partie supérieure du val de Tignes ; *Crepis jubata*, *Achillea Herba-Rota* (aussi au mont Viso), *Alsine lanceolata* (Alpes cottiennes méridionales), *Senecio uniflorus*, *Festuca pilosa* (aussi au Viso, Valais) particulièrement au mont Iseran et ses environs. Les parties plus occidentales (Maurienne et Tarentaise, Vanoise) possèdent plus spécialement *Matthiola varia*, *Horminum pyrenaicum*, *Carlina nebrodensis*, *Saussurea alpina*, *Pedicularis recutita*, *Centaurea transalpina*, *C. vallesiaca*, *Gentiana utriculosa*, *Scirpus alpinus*, rares espèces qu'on retrouve, pour la plupart, dans les Alpes centrales et le Piémont.

2° Le district *dauphinois*, qui comprend la chaîne centrale du Cenis au Viso, le Thabor, les montagnes du Briançonnais et du Queyras, et, plus à l'ouest, les chaînes qui s'en détachent (Galibier, Oisans et Grandes-Rousses), est relié aux Alpes granitiques par les contreforts du Pelvoux, aux Alpes occidentales extérieures, notamment le Gapençais, par les montagnes de l'Embrunais. Cette région est surtout caractérisée par l'apparition et la fréquence de plus en plus grande des types alpins méridionaux ; c'est ainsi que *Geranium aconitifolium*, *Plantago brutia*, apparaissent déjà au Lautaret ; *Alyssum alpestre*, au Galibier ; *Carduus carlinifolius*, à la Grave ; *Galium vernum*, au mont Genèvre ; *Sedum alsinifolium*, *Primula marginata*, *Plantago fuscescens*, au mont Viso ; on voit de même l'*Astragalus austriacus* s'étendre de Briançon à Gap ; le *Geranium argenteum*, de Chaillol à Digne ; l'*Astragalus alopecuroides*, du Queyras à Chabrières, où il accompagne une autre plante méridionale, le *Lamium longiflorum*. Cependant, le mont Viso appartient encore certainement aux

Alpes austro-occidentales, un grand nombre de plantes alpines de cette zone l'atteignant sans le dépasser plus au midi ; nous citons notamment : *Sisymbrium pinnatifidum, Hugueninia tanacetifolia, Arabis cœrulea, A. bellidifolia, Cardamine Plumieri, C. alpina, Draba pyrenaica, D. tomentosa, D. fladnizensis, D. frigida, Thlaspi rotundifolium, Viola biflora, Silene vallesia, Arenaria biflora, Saxifraga planifolia, S. valdensis, Laserpitium hirsutum, Lonicera cœrulea, Erigeron uniflorus, Leucanthemum, Hieracium alpinum, Campanula cenisia, Primula longiflora, Gentiana punctata, Pedicularis rosea, Salix lapponum, Orchis alpina, Poa cæsia, Carex ustulata*. Il serait trop long d'énumérer toutes les localités si connues des botanistes, où sont accumulées les richesses de la flore alpine et toutes les plantes intéressantes qu'on y observe ; nous nous bornerons à rappeler au Lautaret : *Draba incana, Cardamine Plumieri, Centaurea axillaris, Artemisia atrata, Betonica alopecuros, Polygonum viviparum, Carex hispidula* ; *Prunus brigantiaca*, se retrouvant depuis le Villars d'Arène, le Briançonnais, le Queyras, et de là dans les Basses-Alpes et les Alpes-Maritimes ; au mont Genèvre : *Alyssum cuneifolium, Astragalus leontinus, Galium vernum* et les *Phaca Gérardi, Gentiana Rostani* atteignant le col de Vars à travers le Briançonnais et le Queyras ; enfin le mont Viso, avec les rares *Isatis alpina, Cardamine Plumieri, Alsine lanceolata, Sedum alsinifolium, Primula marginata, Dracocephalum austriacum, Cerinthe alpinum, Plantago fuscescens, Carex ustulata, Festuca pilosa.*

IV. Les ALPES MARITIMES s'étendent du col de Larche,

leur limite septentrionale, au col de San-Bernardo, limite méridionale les séparant des Apennins de la Ligurie ; outre cette chaîne centrale, ses principaux sommets du Tinibras et de l'Argentière, les cols de la Madalena, de Fenestre, de Tende, les Alpes Maritimes renferment encore la vallée de l'Ubaye, les montagnes qui l'environnent (massifs du Parpaillon et de l'Enchastraye) et les Alpes du Var (mont Pélat, Grand-Cayer, mont Mounier).

Les Alpes Maritimes constituent une province botanique dont la flore est caractérisée par l'abondance des types méridionaux, le relèvement encore plus considérable des limites altitudinales de végétation et l'existence de nombreuses plantes spéciales à cette région, appartenant surtout aux genres Saxifrages, Joubarbes et Potentilles.

Le relèvement des limites de végétation se manifeste non seulement par des changements dans les limites des régions forestières subalpines et alpines, mais aussi dans l'habitat d'un grand nombre de plantes herbacées : c'est ainsi que beaucoup de plantes telles que *Carum Carvi*, *Gentiana cruciata*, *Lilium Martagon*, qui croissent dans les régions basses des Alpes septentrionales et moyennes, deviennent des espèces nettement subalpines et alpines dans les Alpes Maritimes.

Les espèces caractéristiques de cette province comprennent d'abord des plantes ayant déjà commencé leur aire de dispersion dans les districts précédents, telles que *Astragalus alopecuroides*, plante de la vallée de Cognes, localisée dans quelques points des vallées de la Durance (Chabrières, Embrun), du Guil (Villevieille), s'arrêtant dans celle de l'Ubaye (Barcelonnette) ; *Lamium longiflorum*, se retrouvant aussi à Chabrières, dans plusieurs localités des Basses-Alpes (l'Ubaye, etc.) et arrivant dans les Alpes-Maritimes, les Alpes de Provence, au Ventoux, à la Sainte-Baume, etc. ; *Primula marginata, Teucrium lucidum, Oreochloa pedemontana*, du Queyras ou du Viso aux Alpes maritimes; citons encore comme espèces rares, communes aux deux provinces : *Ononis arachnoidea* (vallée de la Romanche, Condamine), *Prunus brigantiaca* (Briançon, Alpes maritimes).

Quelques espèces sont spéciales aux Basses-Alpes, notamment l'*Hieracium picroides* de Colmars (seule station française) et l'*Hierochloa borealis*, plante spéciale à la vallée de l'Ubaye et aux régions voisines (environs de Larche, Barcelonnette, Jonsiers).

D'autres sont des plantes des Alpes maritimes faisant leur apparition dans les Basses-Alpes, telles que *Thalictrum alpinum* (Lauzannier, l'Enchastraye), *Cardamine asarifolia* (Larche, Lauzannier, etc.), *Saxifraga lingulata* (Ribiers, Larche, etc., et les Alpes provençales), *Sempervivum hirtum* (Enchastraye), *S. Allionii* (Colmars), *Sesleria argentea*, etc. ; citons encore le *Sedum cruciatum*, plante de la Corse, remontant à Colmars, au mont Mounier et aussi au mont Saint-Victoire.

Les espèces suivantes sont, au contraire, tout à fait spéciales aux parties les plus méridionales, aux Alpes maritimes proprement dites, notamment aux monts Tinibras, Pouset, Bego, de l'Aiguille, aux cols de Tende, de l'Albisso, de Fenestre, au voisinage des lacs de l'Entrecoulpes, du Mercantourn, etc. :

Cytisus alpestris, C. Ardoini, Potentilla saxifraga, P. valderia, Saxifraga lantoscana, S. cochlearis (du col de Tende au mont Mularé, découvert par de Charpentier),

S. florulenta (rare espèce trouvée d'abord par Molinéri en 1818 et dont on connaît actuellement 17 stations dans les Alpes maritimes, mais dont une seule est française), *S. pedemontana* (plante se retrouvant au Cervin et au mont Rose), *Asperula hexaphylla* (de Tende au Grammont), *Galeopsis Reuteri*, *Artemisia pedemontana*, *Campanula macrorhiza* (de Tende à Menton).

Plusieurs de ces plantes, comme *Saxifraga lingulata*, *Arenaria tetraquetra*, etc., s'étendent dans les Alpes provençales, à la Sainte-Baume, au mont Sainte-Victoire, au Ventoux; enfin, aux espèces méditerranéennes déjà signalées dans notre premier paragraphe pour la région basse, nous ajouterons encore comme particulièrement caractéristiques des collines ou des montagnes peu élevées des Basses-Alpes et des Alpes maritimes, les *Arenaria cinerea*, *Hypericum australe*, *H. Coris*, *Cytisus hirsutus*, *Campanula petræa*, *Stachys heraclea*, *Crocus medius*, etc.

Autres modifications de la flore suivant la latitude. — L'influence de la latitude se fait sentir aussi par le relèvement des limites des régions d'altitude, en allant du nord au sud et de l'est à l'ouest de la chaîne des Alpes; nous en avons déjà donné des exemples plus haut et nous venons de signaler, à propos du caractère de la végétation des Alpes maritimes, quelques-unes des plantes qui, habitant la région basse dans le Jura et les parties septentrionales des Alpes françaises, deviennent franchement alpines dans les Alpes maritimes; ce phénomène est du reste général : en effet, M. Renaud, en comparant la dispersion des Mousses dans le Jura et la chaîne de Lure, a vu que la flore de 1000-1400^m du Jura exige 1500-1700^m dans la chaîne

de Lure. M. G. Bonnier a constaté un relèvement identique, principalement pour les limites supérieures, en
passant des Carpathes aux Alpes centrales et de ces
dernières aux Alpes du Dauphiné, comme le montre le
tableau suivant :

LIMITE SUPÉRIEURE DES :	DANS LES CARPATHES	LES ALPES AUTRICHIENNES	DANS LE DAUPHINÉ
Abies excelsa	1460	1700	1750
Larix europæa	1485	1950	2020
Pinus Cembro	1612	1960	2100
Sorbus aucuparia . . .	1590	1800	1850
Fagus silvatica . . .	1020	1280	1360

Le relèvement des limites inférieures est moins marqué, surtout pour les plantes herbacées.

III. MODIFICATIONS DE LA FLORE DUES A L'EXPOSITION, AU SOL, ETC.

Nous avons déjà signalé à diverses reprises l'influence de l'exposition sur la dispersion des végétaux,
dans les Alpes, notamment sur l'établissement des colonies de plantes thermophiles ou méridionales, à des altitudes assez élevées. Nous nous bornerons à rappeler
quelques exemples pris dans diverses parties des Alpes
françaises, provençales, dauphinoises et savoisiennes.

Au mont Ventoux, par exemple, les limites altitudinales se comportent ainsi, sur les versants méridionaux et septentrionaux, pour les espèces suivantes :

Quercus Ilex .	v. mérid. 549 mètres.	vers. sept. 620 mètres
Buxus	— 1152 —	— 909 —
Hêtre en forêt .	— 1660 —	— 1320 —
Pinus uncinata .	— 1810 —	— 1625. —

Pour les trois dernières plantes, le relèvement sur le versant méridional est très marqué.

Dans les Alpes dauphinoises, on constate des faits analogues en comparant le versant sud et le versant nord des chaînes de Belledonne et des Grandes-Rousses par exemple ; l'étude minutieuse des variations des limites des régions d'altitude a permis de constater que : 1° ces limites présentent leurs minima au fond des vallées et leurs maxima sur les arêtes qui séparent les deux vallées ; 2° les différences absolues entre les maxima et les minima d'une même limite sont plus grandes sur le versant nord que sur le versant sud (Bonnier).

Dans le Bourg-d'Oisans, le relèvement des limites sur les versants méridionaux est aussi très net, notamment pour les cultures ; on voit, en effet, le seigle, qui ne peut être cultivé au-dessus de 970ᵐ sur le versant nord de la montagne de l'Homme, dépasser 1900ᵐ au-dessus d'Huez ; ce relèvement des limites est de *moins en moins accentué* à mesure que l'on considère des régions de *plus en plus élevées*.

Dans la vallée de Chamounix, les limites des régions d'altitude présentent aussi des variations analogues :

	SUR LE VERSANT S. ou S.-E.	SUR LE VERSANT N.-W.
Limite supérieure de la région subalpine . .	1540-2064	1030-1930
Limite supérieure de la région alpine inférieure	2500-2600	2010-2300

INFLUENCE DE LA NATURE DU SOL. — Cette question, encore si controversée, ne saurait être traitée ici avec les développements nécessaires ; sans entrer dans la discussion sur la prépondérance de l'influence de la composition chimique ou de la constitution physique du sol, on rappellera seulement les différences profondes et caractéristiques qui existent entre la végétation des parties *siliceuses* des Alpes et celle des parties *calcaires*.

Ces différences ont été signalées, il y a déjà longtemps, pour nos Alpes françaises, par Mouton-Fontenille, dans un mémoire peu connu sur les Alpes des environs de Grenoble, dont nous avons rappelé, il y a quelques années, l'intérêt historique[1]; elles ont été depuis étudiées particulièrement par Perrier de la Bathie dans son travail sur la géographie botanique des Alpes savoisiennes où il distingue nettement la zone granitique des zones calcaires voisines ; plus tard, Venance-Payot, Saint-Lager et Perroud ont signalé aussi les contrastes de végétation des deux sortes de terrain ; M. Vallot a étudié comparativement la flore des parties *calcaires* et *siliceuses* voisines du Belvédère et du Buet ; enfin M. Bonnier, étendant cette étude comparative à toute la chaîne des Alpes, en a conclu que l'influence du sol n'était pas absolue.

Cependant, pour nos Alpes françaises du moins, on peut facilement établir deux séries de végétaux, l'une comprenant les plantes qu'on observe de préférence, sinon toujours, sur les sols calcaires, l'autre, celles qui paraissent spéciales aux sols siliceux ; nous les donnons d'après les notes obligeamment communiquées par notre ami le Dr Saint-Lager.

---

[1] *Association française*, Grenoble, 1885.

Plantes alpines calcicoles.

Ranunculus Thora, R. montanus, R. Seguieri, Papaver
alp., Erysimum ochroleucum, Matthiola varia, Arabis saxatilis,
A. alp., A. auriculata, A. muralis, Thlaspi montanum,
T. Gaudinianum, Aetheonema, Kernera, Jonthlaspi, Draba
aizoides, Iberis aurosica, Polygala calcareum, P. buxifolium,
Dianthus Seguieri, D. subacaulis, Silene saxifraga, S. quadri-
fida, Gypsophila repens, Alsine glandulosa, Arenaria ciliata,
Hypericum nummularium, Rhamnus alp., R. pumila, Anthyllis montana, Astragalus austriacus, A. vesicarius, Oxytropis
montana, Orobus vernus, Coronilla montana, C. vaginalis,
Potentilla caulescens, Dryas, Eryngium Spina-alba, Athamantha cretensis, Laserpitium Siler, L. gallicum, Seseli montanum, Bupleurum petræum, Galium tenue, G. megalospermum, Valeriana tuberosa, V. montana, Scabiosa graminifolia,
Carduus defloratus, C. aurosicus, Centaurea seusana, Rhaponticum helenifolium, Berarda, Achillea atrata, Senecio
caudatus, Inula bifrons, Artemisia camphorata, Crepis blat-
tarifolia, C. pygmæa, Hieracium saxatile, H. amplexicaule,
H. pulmonarifolium, H. humile, H. pseudocerinthe, H. lanatum, H. rupestre, H. farinulentum, Campanula pusilla, Arbutus alp., Primula Auricula, Androsace villosa, A. lactea,
Gentiana angustifolia, G. Clusii, Cynoglossum montanum,
C. Dioscoridis, Veronica fruticulosa, Globularia nudicaulis,
G. cordifolia, Erinus, Satureia montana, Scutellaria alp.,
Daphne alp., Buxus, Salix grandifolia, Phalangium grandi-
florum, Allium fallax, A. narcissiflorum, Tulipa Celsiana,
Carex tenuis, C. ornithopoda, C. gynobasis, C. alba, Agrostis
filiformis, Stipa pennata, Sesleria cœrulea, Festuca nutans,
Phegopteris calcarea, Aspidium rigidum, Cystopteris mon-
tana.

Plantes alpines silicicoles.

Pulsatilla vernalis, Sisymbrium pinnatifidum, Cardamine

alp., C. resedifolia, Draba fladnizensis, Dianthus silvaticus, Silene rupestris, S. vallesia, Lychnis alp., Alsine recurva, A. biflora, Trifolium thymiflorum, Potentilla frigida, P. nivea, Alchimilla pentaphylla, Herniaria alp., Paronychia polygonifolia, Sedum annuum, S. repens, Saxifraga stellaris, S. aspera, S. bryoidea, S. retusa, S. biflora, S. pyramidalis, Laserpitium hirsutum, Bupleurum stellatum, Meum Mutellina, Rhaponticum scariosum, Saussurea discolor, Arnica montana, Achillea moschata, A. nana, Gnaphalium silvaticum, G. supinum, Artemisia mutellina, A. eriantha, Senecio silvaticus, S. incanus, S. uniflorus, Hieracium piliferum, H. glanduliferum, H. alp., Phyteuma hemisphæricum, Ph. globularifolium, Rhododendrum ferrugineum, Loiseleuria procumbens, Primula viscosa, P. graveolens, P. pedemontana, Androsace carnea, A. tomentosa, A. alpina, Gentiana punctata, G. alpina, G. tenella, Eriotrichium nanum, Pedicularis rostrata, P. recutita, P. rosea, Veronica saxatilis, Salix myrsinites, S. cœsia, S. helvetica, Juncus trifidus, J. atratus, Luzula spadicea, L. lutea, Carex microglochin, C. rupestris, C. approximata, C. incurva, C. fœtida, C. microstyla, C. bicolor, C. hispidula, C. frigida, C. capillaris, C. ustulata, Elyna spicata, Kobresia caricina, Alopecurus capitatus, Agrostis rupestris, Calamagrostis tenella, Nardus, Kœlera brevifolia, Poa laxa, P. cæsia, Festuca alp., F. varia, F. pilosa, Allosorus crispus, Lomaria borealis, Phegopteris polypodioides, P. dryopteris, Woodsia hyperborea, Lycopodium alp., L. clavatum.

Il importe de faire remarquer que plusieurs faits de dispersion cités comme contraires à l'influence chimique s'expliquent par la présence accidentelle de sols siliceux dans une région calcaire : c'est ainsi que l'*Arnica montana*, indiqué à la Grande-Chartreuse, y croît sur les grès verts ;

que les *Juncus squarrosus* du Mont de Lans, *Rhododendrum ferrugineum* de la Chartreuse et du Villars-de-Lans se trouvent sur le même substratum ; que le *Silene vallesia* croît aussi, au Ventoux et au Cramont, sur un grès à silex. Dans la région basse et la moyenne montagne, le terrain *erratique alpin*, qui recouvre parfois de vastes surfaces dans les zones calcaires, se reconnaît à une flore silicicole contrastant nettement, par la présence des Châtaigniers, des Bruyères, etc., avec la végétation calcicole environnante ; les blocs erratiques alpins transportent. même l'*Asplenium septentrionale* et le *Lecidea geographica* au loin, dans l'intérieur des chaînes calcaires jurassiques et dauphinoises.

Les plantes *talcophiles* de Perrier de la Bathie, qui manquent sur le terrain anthraxifère de la Savoie (*Arenaria biflora*, *Viola Thomasiana*, *Alchimilla subsericea*, *Cardamine resedifolia*, etc.), sont ou des végétaux silicicoles ou des espèces indifférentes.

IV. RAPPORT DES ALPES OCCIDENTALES AVEC LES RÉGIONS VOISINES

La végétation de nos Alpes françaises a des rapports évidents de continuité avec la flore des autres parties des Alpes et des rapports plus éloignés avec les autres massifs montagneux, Plateau Central, Pyrénées, montagnes du nord de l'Europe.

1° *Rapports avec les Alpes centrales.* — La continuité des Alpes occidentales, d'un côté avec les Apennins, de l'autre, avec les Alpes centrales et orientales, explique les analogies nombreuses que la végétation de ces diverses parties de la charpente centrale de l'Europe présente dans son ensemble, ainsi qu'on l'a vu, du reste, plus haut, par l'énumération des espèces qui se retrouvent dans toute l'étendue des Alpes. Mais les modifications locales dans les *conditions climatériques* et dans le *substratum géologique*, probablement l'influence de la situation primitive des *centres de végétation* (admise comme prépondérante par plusieurs phytogéographes, Zuccarini, Grisebach), la difficulté que les plantes ont à étendre leur aire de dispersion dans le sens horizontal, comme le montre le caractère *insulaire* de la végétation des pics et des massifs isolés, toutes ces causes déterminent des variations dans la composition du tapis végétal non seulement pour les Alpes occidentales, comme le paragraphe précédent l'a montré, mais aussi entre les trois grandes provinces admises généralement dans l'ensemble des chaînes alpines. A cet égard, Christ a reconnu que, sur les 693 espèces caractéristiques des Alpes, 589 se retrouvent dans les Alpes orientales, 531 dans les Alpes occidentales et 395 dans les Alpes centrales ; Grisebach, tenant compte de leur aire de dispersion, admet 190 plantes endémiques pour la chaîne principale méridionale des Alpes, dont 60 appartiennent à leur portion occidentale, c'est-à-dire à la partie qui s'étend du Dauphiné à la Lombardie ; 11 seraient même propres au Dauphiné. Ces espèces spéciales à nos Alpes occidentales, et manquant aux Alpes centrales, sont :

Brassica Richeri, Diplotaxis repanda, Isatis alp., Dianthus subacaulis, Alsine lanceolata, Genista cinerea, Ononis cenisia, O. fruticosa, Astragalus alopecuroides, Hypericum nummularium, Geranium argenteum, Prunus brigantiaca, Geum heterocarpum, Potentilla nivalis, P. saxifraga, P. valderia, Paronychia serpyllifolia, P. polygonifolia, Saxifraga lingulata, S. lantoscana, S. cochlearis, S. florulenta, S. valdensis, Laserpitium gallicum, Heracleum minimum, Ligusticum ferulaceum, Eryngium Spina-alba, Galium megalospermum, G. argenteum, Asperula hexaphylla, Carduus aurosicus, C. carlinifolius, Cirsium ferox, C. monspessulanum, Centaurea uniflora, Serratula nudicaulis, S. heterophylla, Berardia subacaulis, Carlina acanthifolia, Artemisia eriantha, A. atrata, A. chamæmelifolia, Inula bifrons, Achillea Herba-Rota, Crepis albida, Campanula Allioni, Gentiana Burseri, Cynoglonum Dioscoridis, Primula marginata, Androsace divaricata, Veronica Allionii, Pedicularis cenisia, P. ascendens, Satureia montana, Lavandula latifolia, Plantago fuscescens, P. argentea, Tulipa Celsiana, Fritillaria delphinensis, Asphodelus delphinensis, Luzula pediformis, Alopecurus capitatus, Seslera argentea, Oreochloa pedemontana, Avena setecea, A. sempervirens, A. montana, A. Hostii, Kœlera alpicola, K. brevifolia. (D'après les notes communiquées par le Dr Saint-Lager.)

Cette énumération comprend les plantes spéciales aux Alpes maritimes, ce qui explique que leur nombre s'élève à 70, au lieu des 60 admises par Grisebach.

La flore des Alpes occidentales manque par contre d'un certain nombre de plantes qui, existant dans les Alpes centrales, notamment dans les *Alpes helvétiques,* ne se sont pas étendues plus à l'ouest; telles sont :

Dianthus glacialis, Alsine aretioides, Cytisus nigricans, Astragalus exscapus, A. leontinus, Saxifraga bulbifera, S. cernua, S. Seguieri, Tommasinia verticillata, Peucedanum raiblense, Chærophyllum elegans, Valeriana saxatilis, V. supina, Centaurea rhætica, Artemisia vallesiaca, Achillea Clavenæ, Senecio abrotanifolius, S. carniolicus, Villemetia apargioides, Crepis alpestris, C. hyoseridifolia, C. chondrilloides, Hieracium alpicola, Campanula exscisa, C. alpina, C. Raineri, C. elatine, Rhododendrum hirsutum, Pleurogyne carinthiaca, Androsace chamæjasme, Soldanella pusilla, S. minima, Rumex nivalis, Seslera disticha, Trisetum Gaudinianum, Poa concinna.

Cependant, plusieurs espèces caractéristiques des Alpes centrales se sont établies dans quelques rares localités des Alpes françaises; nous rappellerons :

Ranunculus Seguieri, Matthiola varia, Cardamine asarifolia, Saponaria lutea, Astragalus austriacus, Saxifraga Cotyledon, Linnæa borealis, Valeriana celtica, Centaurea transalpina, C. vallesiaca, Saussurea alpina, Achillea atrata, A. moschata, Senecio uniflorus, S. cordatus, Crepis jubata, Gentiana purpurea, G. utriculosa, Echinospermum deflexum, Cortusa Matthioli, Trientalis europæa, Pedicularis recutita, Horminum pyrenaicum, Polygonum alpinum, Potamogiton marinus, Scirpus alpinus, Carex incurva, Festuca pilosa, Selaginella helvetica. (Saint-Lager.)

La comparaison des flores montre, du reste, que ces espèces spéciales, manquant à certaines régions, peuvent y être représentées par des formes homologues; c'est ainsi que les espèces suivantes se remplacent mutuellement dans les Alpes autrichiennes et dans les Alpes dauphinoises :

ALPES AUTRICHIENNES	ALPES DAUPHINOISES
RÉGION SUBALPINE	
Aconitum variegatum.	*A. Anthora.*
Dentaria enneaphylla.	*D. pinnata*
Senecio sarracenicus.	*S. Jacquinianus.*
S. nemorensis.	*S. Doria.*

ALPES AUTRICHIENNES	ALPES DAUPHINOISES
RÉGION ALPINE INFÉRIEURE	
Arabis ciliata.	*A. alpestris.*
Astragalus leontinus.	*A. hypoglottis.*
Phaca frigida.	*P. Gerardi.*
Aronicum Clusii.	*A. scorpioides.*
Pedicularis asplenifolius.	*P. cenisia.*
P. Jacquinii.	*P. comosa.*
RÉGION ALPINE SUPÉRIEURE	
Dianthus glacialis.	*D. neglectus.*
Ranunculus pygmæus.	*R. parnassifolius.*
Saussurea alpina.	*S. discolor.*
S. pygmæa.	*S. depressa.*
	(G. Bonnier).

Quant aux rapports des Alpes avec le Jura, région que nous considérons à l'exemple de la plupart des géographes et des botanistes, comme une dépendance des Alpes, nous nous bornerons à rappeler les plantes suivantes, qui, manquant dans les Alpes proprement dites, peuvent servir à caractériser le Jura :

Arabis arenosa, Saxifraga Hirculus, S. sponhemica, Heracleum alpinum, H. montanum, Cardamine trifolia, Carex chordorhiza, C. heleonastes, etc.

2° Rapports avec les autres chaînes ou régions éloignées : Plateau Central, Pyrénées, Nord de l'Europe. — Un assez grand nombre de plantes caractéristiques du *Plateau Central* et des Cévennes, c'est-à-dire des régions siliceuses du centre de la France, manquent dans les Alpes françaises, malgré la présence de sols siliceux, notamment dans la région des *Alpes granitiques,* telles sont :

Ranunculus hederaceus, Meconopsis cambrica, Arabis cebennensis, Thlaspi virens, Viola sudetica, Ulex europæus, Sarothamnus purgans, Genista anglica, Sedum hirsutum, S. pruinatum, S. maximum, Umbilicus pendulinus, Saxifraga hypnoides, Angelica pyrenæa, Conopodium denudatum, Bunium verticillatum, Galium saxatile, Centaurea nigra, Carduus vivariensis, Doronicum austriacum, Senecio artemisifolius, S. cacaliaster, Campanula hederacea, Digitalis purpurea, Anarrhinum bellidifolium, Scilla Lilio-hyacinthus.

Cette absence de plusieurs espèces communes et répandues, comme la Digitale pourprée, est encore une des particularités remarquables de la végétation des Alpes.

De même, les Pyrénées possèdent une série de plantes qui n'arrivent pas dans les Alpes; telles sont :

Thalictrum macrocarpum, T. tuberosum, Adonis pyr., Ranunculus amplexicaulis, R. Gouani, Aquilegia pyr., Cardamine latifolia, Alyssum pyr., A. perusianum, Iberis Garrexiana, Viola cornuta, Lychnis pyr., Alsine cerastifolia, Arenaria purpurascens, Cerastium pyr., Geranium cinereum, Vicia Orobus, Oxytropis pyr., Geum pyr., Potentilla alchimilloides, P. splendens, Saxifraga umbrosa, S. hirsuta, S. geranioides, S. pedatifida, S. obscura, S. pentadactylis, S. nervosa, S. ascendens, S. ajugifolia, S. capitata, S. pubescens, S. grœnlandica, S. intricata, S. sedoides, S. longifolia, S. media, S. aretioides, Laserpitium Nestleri, Angelica Razulis, Endressia pyrenaica, Ligusticum pyr., Dethavia tenuifolia, Xatarta scabra, Bupleurum angulosum, Eryngium Bourgati, Lonicera pyr., Galium papillosum, G. Lapeyrousianum, G. pyr., G. cæspitosum, G. cometerrhizum, Valeriana pyr., V. globularifolia, Aster pyr., Senecio leucophyllus, S. Tourneforti, Achillea chamæmelifolia, A. pyr., Carduus carlinoides, Crepis lampsanoides, Jasione humilis, Ramonda pyr., Primula integrifolia, Androsace pyr., Gentiana pyr., Scrofularia alpestris, Veronica Ponæ, Pedicularis pyr., Fritillaria pyr., Carex pyr., C. macrostyla, Festuca eskia. (Notes communiquées par le Dr Saint-Lager.)

On remarquera combien est grande, dans cette énumération, la proportion des fleurs allotropes ou à structure simple, ce qui confirme les observations de M. Mac Leod sur la prépondérance, dans les Pyrénées, des insectes à trompe courte, rappelées plus haut à propos de la coloration des plantes alpines.

Les Pyrénées possèdent cependant un grand nombre d'espèces des Alpes ; on peut donc conclure, de ces deux constatations, que les échanges entre les deux massifs montagneux ont eu lieu surtout des Alpes aux Pyrénées, et plus rarement des Pyrénées aux Alpes : comme exemple de ce dernier ordre de migration, nous citerons le *Potentilla nivalis*, l'*Hypericum nummularium* établi à la Grande-Chartreuse, le *Gentiana Burseri* qui atteint quelques montagnes du Dauphiné, et le *Teucrium pyrenaicum* dont une colonie existe sur les pentes de la Moucherolle entre le Monestier de Clermont et Gresse[1].

---

[1] Dans un travail récent, M. G. Bonnier, étudiant comparativement la végétation des deux chaînes, a appelé l'attention sur l'absence dans les Pyrénées de l'Épicéa et du Mélèze, de beaucoup d'Androsaces, si fréquentes dans les Alpes, mais, par contre, l'abondance des *Pteris aquilina*, *Calluna*, de beaucoup de Saxifrages, dans la zone alpine des Pyrénées ; un certain nombre d'espèces se *correspondent* dans les deux massifs, notamment : *Viola calcarata* et *V. cornuta*, *Gentiana bavarica* et *G. pyrenaica*, *Fritillaria delphinensis* et *F. pyrenaica*, etc. (*Association française*, Pau, 1892).

Un certain nombre de plantes alpines habitent à la fois les Alpes et les régions basses de la Russie d'Europe ; telles sont :

Astragalus Onobrychis, Pulsatilla Halleri, Sedum Anacampseros, Pedicularis comosa, Salvia glutinosa, Swertia perennis, Lonicera cœrulea, Daphne cneorum, Larix, Cembro, Orchis globosa, Veratrum nigrum, etc.

Enfin, beaucoup d'espèces de nos Alpes, le tiers, soit 36 pour 100 des sept cents plantes considérées comme caractéristiques, reparaissent dans les montagnes du Nord et, de là, se répandent partiellement dans les *régions polaires* (Christ), un certain nombre à des niveaux plus bas, comme on le constate dans les Fieldes norvégiens et dans la Laponie ; ce n'est pas le lieu de rappeler les diverses théories émises pour expliquer ces rapports remarquables entre la flore arctique et la végétation de nos Alpes, rapports signalés pour la première fois, en 1739, par L. Bourguet, dans une lettre à Gagnebin ; cette question se rattache à celle de l'origine de la flore alpine qui a été traitée dans une autre partie de cet ouvrage.

CHAPITRE IV.

PALÉONTOLOGIE STRATIGRAPHIQUE; FAUNE ANCIENNE

Par A. FALSAN

Développement régulier et progressif des faunes anciennes des Alpes. — Apparition des Dicotylées et des Vertébrés placentaires. — Rapports des phénomènes glaciaires avec la faune. — Coup d'œil sur les séries paléontologiques. — Roches anciennes. — Terrains houiller et permien. — Terrains triasiques. — Infralias. — Lias. — Terrains jurassiques : Bajocien; Bathonien; Callovien; Oxfordien. — Terrains jurassiques supérieurs: Corallien; Tithonique; Kimméridgien; Portlandien; Purbeck. — Terrains crétacés inférieurs : Néocomien; Urgonien; Aptien; Albien. — Terrains crétacés supérieurs : Cénomanien; Turonien; Sénonien; Danien. — Ébauche de la vallée du Rhône; région alpine; région rhodanienne. — Terrains tertiaires : Éocène; calcaire à Nummulites; Flysch. — Oligocène : Aix. — Miocène: vallée du Rhône. — Pliocène : Meximieux; climat. — Période glaciaire. Terrains quaternaires.

Comme l'a dit M. A. Gaudry [1] : « L'histoire du monde dans son ensemble n'est que l'histoire d'un développement progressif. Où ce développement s'arrêtera-t-il ? » Pour le moment l'avenir nous est caché, et, il faut

---

[1] A. Gaudry, *Les Enchaînements du monde animal; fossiles secondaires*, p. 305.

bien l'avouer, si l'on scrute le passé, trop souvent d'obscurs nuages le voilent à nos regards. Les origines des premiers êtres nous échappent et nous échapperont peut-être toujours, et, lorsque nous cherchons à établir la filiation primitive des êtres, nous ne pouvons en concevoir le mystérieux point de départ; même, en nous attachant aux formes les plus simples, les plus élémentaires, il nous est difficile de les faire toujours rentrer dans telle ou telle grande division du monde organique. Mais, après avoir franchi ces premières indécisions, nous voyons les caractères essentiels se prononcer de plus en plus; si bien qu'il devient possible de tracer enfin les limites des règnes de la nature, et d'en distribuer méthodiquement les richesses.

C'est ainsi que les paléontologistes sont parvenus à suivre le développement des végétaux et des animaux à travers la série immense des âges, et que, pour les uns aussi bien que pour les autres, ils nous ont fait connaître l'existence d'une marche parallèle, aussi *régulière* que *progressive*, tendant toujours à un perfectionnement relatif, c'est-à-dire à un état supérieur à celui qui avait précédé, ou mieux encore à un état dans lequel les fonctions deviennent graduellement plus élevées et plus nombreuses.

Ainsi, d'une façon générale, l'organisme des plantes est toujours allé en se compliquant, depuis les Cryptogames, les Gymnospermes des temps primaires, jusqu'aux Angiospermes et aux Dicotylées des âges actuels. Cette marche progressive est évidente, considérée dans son ensemble, mais elle n'a été ni universelle, ni absolument continue pour chaque groupe considéré en particulier.

Si l'on examine attentivement les grands types du monde végétal ou du monde animal, on voit que plusieurs d'entre eux n'ont pas réussi à parcourir la succession entière des temps géologiques de façon à aboutir par une série d'enchaînements à un développement complet dont nous serions les témoins. Par l'effet de circonstances impossibles à définir ou d'une loi dont la formule nous échappe, des familles rangées au nombre des mieux douées et des plus fécondes, telles que celles des Trilobites (fig. 12), des Ammonites, des Bélemnites (fig. 13), des Rudistes, par exemple, ont disparu de bonne heure au milieu même de leur processus ascendant et au moment le plus brillant de leur existence. D'autres furent au contraire plus favorisées; ainsi les Crinoïdes, les Lamellibranches, les Brachiopodes, les Nautiles, les Poissons, les Reptiles, partis successivement du Silurien, du Dévonien, du Carbonifère, n'ont pas été arrêtés dans leur avancement jusqu'à nous et n'ont subi à travers les âges que de simples modifications de formes. Il en est de même pour les séries végétales. Toutefois il n'y a jamais eu *d'arrêt complet* dans les manifestations de la vie, mais plutôt des sortes de balancements favorables à telle ou telle famille et leur donnant une prépondérance momentanée.

Au milieu du Crétacé, à une époque intermédiaire entre les temps secondaires et tertiaires, il semble qu'il se soit produit une sorte de crise importante dans le développement de la vie végétale et animale. Bien des formes anciennes se sont alors éteintes ou du moins sont tombées en décadence, tandis que l'on voyait apparaître comme l'aurore d'un monde nouveau, enrichi de familles nou-

velles dont les progrès continuent à s'accentuer. Alors,
les formes se sont multipliées, les organismes se sont

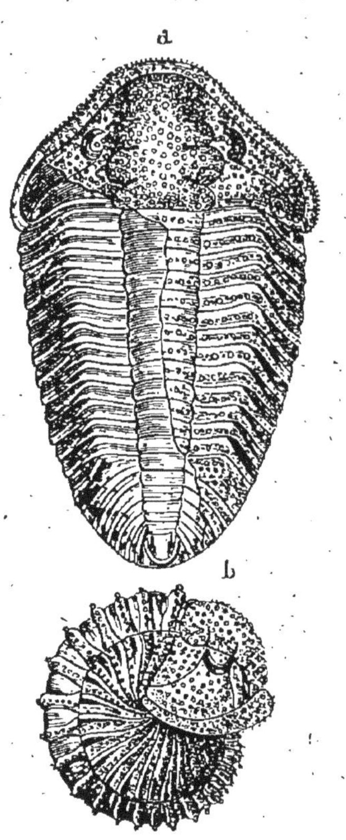

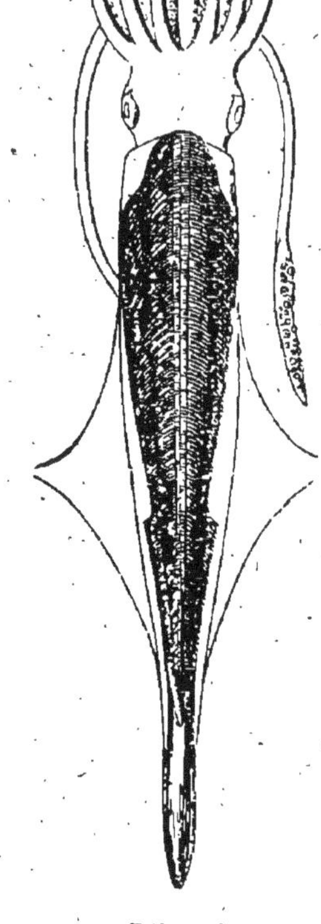

Fig. 12. — *Calymene Blumenbachii.*
Trilobite.

Fig. 13. — Bélemnite restaurée.

compliqués, perfectionnés et la nature entière s'est
embellie.

« La force et la fécondité n'ont pas toujours empêché
la destruction des êtres. L'évolution s'est avancée à travers

les âges, en souveraine que rien ne pouvait arrêter dans sa marche majestueuse. La concurrence vitale, la sélection naturelle, les influences de milieu, les migrations l'ont aidée sans doute. Mais son principe a résidé dans une région supérieure, trop haute pour que nous puissions, dès à présent, le bien saisir [1]. »

Au milieu de tous les faits sur lesquels peut se porter l'attention en se rapprochant de notre époque, quand on embrasse d'un coup d'œil rapide l'histoire des développements organiques, il en est deux qui paraissent avoir une importance capitale. C'est avec l'apparition des Angiospermes vraies, spécialement des Dicotylées, parmi les végétaux, celle des Oiseaux ayant leurs véritables caractères, et venant se joindre aux Vertébrés placentaires, avant la fin du crétacé.

L'apparition d'un pareil ensemble de types nouveaux si caractéristiques a-t-elle pu être rapportée à une date positive? La certitude en est au moins moralement acquise, car depuis bien des années, malgré d'incessantes recherches, aucune observation paléontologique n'est venue infirmer cette conviction.

D'ailleurs M. Gaudry ne croit pas que nos idées sur l'âge relatif de l'apparition des grandes classes d'animaux puissent être modifiées; il pense qu'il restera toujours admis que l'épanouissement du règne des Mammifères et des Oiseaux a succédé à celui des Poissons et des Reptiles.

Déjà, à l'époque jurassique, les Reptiles étaient très

[1] A. Gaudry, *Les Enchaînements du monde animal; fossiles secondaires*, p. 295.

répandus en Europe et jusque dans les temps crétacés, ils donnaient à la faune son principal caractère, soit par leur nombre, soit par leurs formes étranges. Nous ne citerons que les types les plus connus : les Ichthyosaures,

Fig. 14. — Restauration d'un Ptérodactyle.

les Plésiosaures, les Ptérodactyles (fig. 14), et nous dirons simplement que ces derniers avec leurs ailes membraneuses, leurs grands doigts qui rappellent ceux des Cheiroptères, diminuaient notablement l'intervalle qui sépare les Reptiles des Mammifères. A l'époque tertiaire, les Reptiles, après avoir obtenu longtemps la prépondérance, entraient progressivement dans une période de décadence ; par contre les Mammifères, très différents de ceux de nos jours, étaient en pleine évolution ; ils semblent vraiment les tard-venus dans la série des êtres. Il est juste pourtant de rappeler qu'on a exhumé du Trias et des couches jurassiques de la Grande Oolithe des formes élémentaires de Didelphes ou Vertébrés aplacentaires, ainsi que des Oiseaux à dents ou à longues queues, composées de vertèbres décroissantes et garnies de plumes. Nous citerons seulement l'*Archæopteryx lithographica* du Kimméridgien de Solenhofen (Bavière).

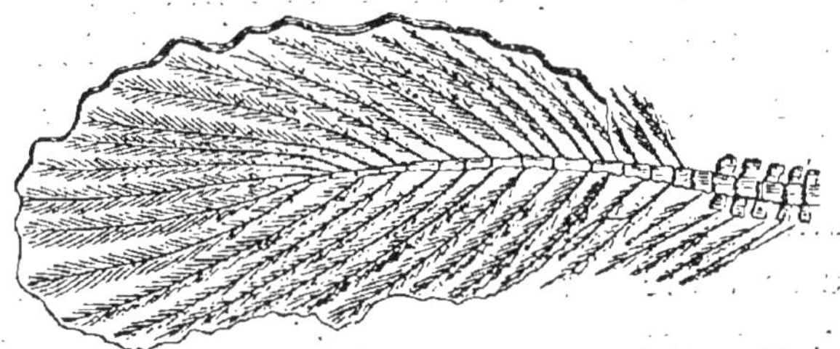

FIG. 15. — Queue d'*Archæopteryx lithographica*.

Mais ce n'étaient là que des ébauches, et il faut remonter jusqu'au Cénomanien et à l'Éocène pour rencontrer des Oiseaux et des Mammifères possédant un organisme aussi complet que perfectionné. Quelle meilleure preuve du phénomène de l'évolution que cette venue tardive des êtres les plus élevés, les plus complexes, n'atteignant que progressivement et par une suite de modifications enchaînées et relatives le degré de perfectionnement auquel ils devaient finalement aboutir.

Qu'on nous permette ici une réflexion : le refoulement graduel des plantes et des animaux vers le sud, s'est opéré dans la mesure de l'altération insensible des climats, et, si l'adaptation lente d'un certain nombre de Vertébrés aux conditions nouvelles n'eût coïncidé avec l'abaissement de la température, les régions polaires seraient devenues forcément d'effrayantes solitudes, entièrement dépeuplées ; leur silence n'aurait jamais été troublé par les cris des Oiseaux et des animaux sauvages. Les Mammouths, les Rhinocéros à grands poils, les Ours blancs, les Rennes, les Chiens, enfin les immenses troupeaux d'Amphibies n'auraient jamais erré dans les mornes parages qui s'étendent vers les mers glacées. Le même silence, la même solitude auraient régné dans les régions montagneuses, supérieures à un certain niveau. L'Europe centrale et la zone tempérée même n'auraient presque pas été plus favorisées ; leur faune aurait été réduite à une grande pauvreté. S'il n'avait pas eu la ressource d'une intelligence supérieure, si, comme les animaux, il n'avait porté en lui un foyer constant de chaleur, l'Homme enfin ne serait jamais parvenu ni à habiter des huttes de neige dans les zones polaires, ni à se plier aux exigences des autres climats, même les plus brûlants. Son empire eût été des plus restreints, des plus strictement localisés.

Après les aperçus généraux et théoriques qui précèdent, nous allons essayer de suivre pratiquement la marche des faunes à travers les âges géologiques, en esquissant rapidement les traits qui marquent la succession des animaux fossiles dont les débris ont été retirés des diverses couches ou terrains qui ont oscillé si souvent avant de se soulever définitivement pour constituer la chaîne des Alpes. Mais, au lieu de nous borner à cette courte revue paléontologique, nous lui donnerons un complément par un coup d'œil jeté sur la faune actuelle des Alpes, en ayant soin d'indiquer quelques-uns des enchaînements qui la relient à la faune ancienne.

Le substratum de tous les dépôts fossilifères des Alpes se compose de roches silicatées, de nature plus ou moins schisteuse ou cristalline, dépourvues en quelque sorte de traces d'organismes. On n'a pas même signalé en France ces échantillons problématiques que certains géologues américains, avec M. Dawson, voulaient considérer, sous le nom d'*Eozoon canadense*, comme les vestiges d'un Foraminifère, mais que d'autres géologues dont l'opinion a prévalu se contentent de regarder comme de simples accidents minéralogiques. Est-ce à dire pour cela que les mers où se sont déposés les termes les plus élevés de la série des roches schisteuses n'aient jamais été le réceptacle d'êtres vivants? Nous ne le pensons pas. Ces roches, après leur dépôt, ont été soumises à un métamorphisme chimique si intense, à un métamorphisme dynamique si énergique, que les vestiges de tout débris organique, s'il en avait existé, auraient dû nécessairement s'effacer. On peut bien croire que la vie ne s'était pas encore manifestée, ou qu'elle ne l'avait fait que d'une manière très incomplète dans les terrains plus anciens, comme les gneiss et les micaschistes inférieurs. Mais, sans qu'on puisse toutefois établir un parallélisme rigoureux entre les divers groupes des roches cristallophylliennes et les formations d'autres régions éloignées, il est permis cependant d'admettre leurs rapports avec les roches paléozoïques du sud de l'Angleterre, Cambrien, Silurien, Dévonien, qui sont tellement développées dans l'Amérique du Nord qu'on a dû y établir de nombreuses divisions nouvelles.

Quoi qu'il en soit de cette absence vraie ou seulement apparente de fossiles dans les anciens schistes alpins, la roche qui sert de support à toutes les roches sédimentaires est un gneiss qui passe à des micaschistes et renferme quelques intercalations de calcaire cipolin, à moins qu'on ne regarde comme la base de tout l'ensemble une roche granitoïde ou granulitique, nommée Protogine. Parfois, cette roche apparaît en bancs parallèles (mont Blanc), et pendant longtemps on a pris ces divisions, ces bancs, pour des indices d'une sédimentation et d'une stratifi-cation grossières ; mais il ne faut y voir que les résultats d'un laminage énergique opéré sous l'influence des efforts énormes qui ont amené cette roche au jour.

Au-dessus des micaschistes apparaissent des roches verdâtres, schisteuses, d'une grande puissance dans la chaîne centrale des Alpes françaises ; ce sont des schistes amphiboliques, des schistes chloriteux, etc.

Dans les environs d'Hyères, dans l'Esterel, dans les Maures, montagnes qui, tout en formant un système à part, se rattachent aux Alpes par leur voisinage, des gneiss qu'on voit à Cannes, à Saint-Tropez, servent de base à des micaschistes. Ces micaschistes, à la Molle, à l'île du Levant, etc., contiennent, à leur partie inférieure, de nombreux minéraux, Disthène, Staurotide, Grenat, Andalousite, Amiante, Fer chromé. Près de Collobrières, le Fer oligiste remplace par ses lamelles le Mica, dans une roche particulière appelée Sidérocriste. A la Verne, dans les Maures, à l'est de Collobrières (Var), on voit au milieu des roches schisteuses de belles Serpentines.

En Provence ces micaschistes ont atteint une puissance énorme.

Enfin apparaissent des schistes à mica verdâtre, des phyllades, des schistes satinés à Séricite qui terminent la série et présentent quelquefois, comme à Hyères, de gros bancs de quartzite. C'est à ce niveau qu'on a placé récemment les schistes lustrés du Queyras et ceux qui apparaissent si souvent le long de l'arête centrale. Toutes ces roches anciennes ont été plissées, dénudées, avant le dépôt des autres couches sédimentaires qui bien souvent les recouvrent, et les fragments, les grains de quartz qui leur ont été enlevés par les érosions, ont fourni leurs principaux éléments constitutifs aux masses de grès permo-carbonifériens et triasiques qu'on trouve au début de chacun de ces groupes, en remontant l'échelle des terrains.

Comme l'écrit M. le professeur W. Kilian [1], c'est par la résistance de puissants lambeaux de l'ancienne chaîne hercynienne et d'une zone d'eaux très peu profondes, au large du rivage formé par le Plateau Central, situé à l'ouest des Alpes françaises, que l'on peut expliquer le facies détritique (quartzites) et lagunaire du Trias dans la plus grande partie des Alpes occidentales, alors qu'à l'est régnait le régime franchement marin.

En effet après les mouvements orogéniques qui ont brisé les couches terrestres, soit en les soulevant, soit en les pressant contre des massifs bien antérieurement consolidés, il est naturel de voir les nouvelles séries de terrains

[1] *Revue générale des sciences pures et appliquées*, no 1, 15 janvier 1891, p. 18.

commencer par des formations détritiques, par des poudingues, comme ceux de Valorsine, au nord du mont Blanc ou par des grès, comme les grès anthracifères ou d'autres grès, ainsi qu'il en existe autour des *Horste* de la Provence dans le Permien et le Trias ou bien encore la brèche triasique de nos Alpes.

Les grès anthracifères renferment dans le Dauphiné, la Savoie, le Valais de nombreuses empreintes de végétaux, et les études qui en ont été faites par O. Heer lui ont permis de paralléliser ces affleurements avec la zone inférieure de l'étage houiller supérieur, soit avec les couches inférieures de Saint-Étienne, soit avec celles de Rive-de-Gier (Loire) ou les anthracites de Ternay et Communay (Isère) près Lyon. Les empreintes végétales apparaissent en une foule de points dans les Alpes françaises et dans les Alpes vaudoises. Parfois les débris de plantes ont été assez nombreux pour pouvoir être transformés en anthracite ou en graphite. A l'entrée du Valais, à Trient, à Salvan, sur la rive gauche du Rhône, ainsi que sur l'autre rive, au pied des Alpes vaudoises, les empreintes végétales couvertes d'une substance talqueuse, satinée (Séricite), se détachent en blanc sur les feuillets d'un schiste noir, à la surface desquels elles sont étalées. (V. *ante*, fig. 4).

Sur les bords occidentaux de la chaîne des Alpes françaises, les terrains houillers paraissent s'être déposés dans de petits bassins ou lagunes, tandis que, à l'est, les grès anthracifères enfermés aujourd'hui entre les failles de la troisième zone alpine ont dû s'amasser dans des dépressions fort vastes et profondes, puisque sur quelques points les couches atteignent plusieurs milliers de mètres d'épaisseur. Mais il importe de dire que toutes ces couches carbonifères dépendaient d'une formation terrestre ou d'eau douce, sans aucun sédiment ni aucun fossile marin. C'était donc une grande île qui s'étendait

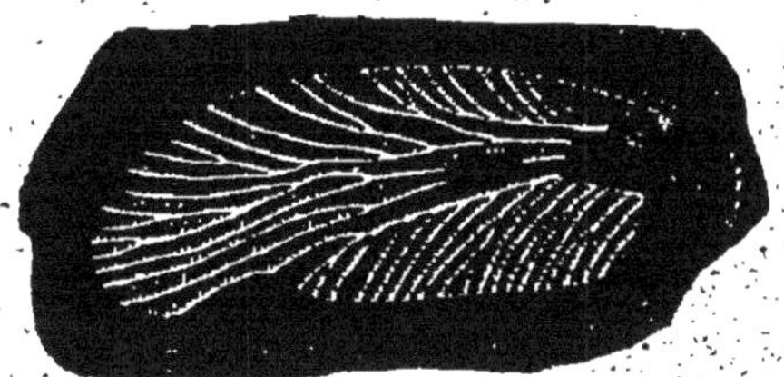

Fig. 16. — Aile de *Blattina*.

au moins depuis le Valais jusque dans les Alpes du Dauphiné, au sud. Dans les schistes d'Arbignon (Valais), on a découvert les restes des premiers animaux terrestres. Ce sont des fragments de deux Insectes : une aile de *Blattina*, orthoptère voisin des *Blattes* (fig. 16), *Prognoblattina belvetica* (Hr.) et des débris de *Chrestotes* [1]?

Cette grande Blatte devait se nourrir de la farine des Cycadoïdes, comme ses descendants le font encore sous les tropiques, recherchant les lieux sombres et ombragés, en souvenir de l'atmosphère tiède et épaisse qu'avaient respirée leurs premiers ancêtres dans les grandes forêts de l'époque houillère.

En Provence, il y a deux petits bassins dans lesquels la houille est exploitée : celui du Plan-de-la-Tour, dans les Maures, au nord-ouest de Saint-Tropez et celui du Reyran dans l'Esterel.

---

[1] Renevier, *Monographie des Hautes-Alpes vaudoises*, p. 68, 1890. — *Matériaux pour la carte géologique de la Suisse*, xvi° livraison.

Des grès et des schistes rougeâtres, comme ceux qui couronnent l'étage houiller du Valais, surmontent les grès anthracifères et se rattachent au Permien. Ces grès permiens enveloppent comme d'une ceinture les massifs anciens de la Provence. Nous y avons recueilli près d'Hyères des empreintes charbonneuses de *Walchia* et divers minerais de cuivre peu abondants. M. de Saporta, près du Muy, a découvert dans ces grès le moule d'une tige de fougère arborescente.

Le Trias se développe dans toutes les Alpes françaises au-dessus du Permien. C'est tout un ensemble de grès, de brèches et de dolomies, de cargneules, de gypses, de marnes irisées avec quelques amas de sel gemme. Sous une influence mal définie, les grès bigarrés sont devenus compacts, et ils sont si résistants que leurs débris roulés, n'ayant pu être entamés par les agents destructeurs et ayant été entraînés au loin par les eaux courantes et les anciens glaciers, constituent en grande partie les alluvions et le terrain erratique du bassin du Rhône, tandis que beaucoup d'autres roches fragmentaires, broyées ou décomposées ont disparu. Avec ces grès triasiques appelés quartzites on voit très fréquemment de gros blocs d'une brèche triasique très dure, qui jalonnent notre terrain glaciaire ancien, depuis les hautes vallées alpestres jusqu'à Lyon même et au delà.

Souvent les calcaires magnésiens ou dolomies ont été fortement métamorphisés ; ils sont devenus blanchâtres, cristallins et se sont remplis de petits cristaux d'albite. Tels sont ceux que nous avons vus près du fort de l'Esseillon, en Maurienne. Le Trias dans les régions occidentales de la chaîne des Alpes est peu fossilifère, et il présente moins d'étendue que dans les zones orientales où les fossiles sont bien plus abondants et ont été décrits avec beaucoup de soin par les géologues autrichiens. Pourtant le Trias alpin occidental a pris plus d'importance depuis qu'on a réuni à cet étage les calcaires compacts dont le type est dans le Briançonnais. A la suite de la découverte de Gyroporelles dans ce terrain, par des géologues italiens, l'ancienne classification a été modifiée, et on a détaché ces calcaires du Jurassique inférieur pour les faire descendre dans le Trias.

Le Trias alpin a donc un facies spécial qui a retardé longtemps sa détermination stratigraphique, mais dans le midi il reprend son aspect normal. Dans les environs de Toulon et d'Hyères nous avons recueilli au-dessus des grès bigarrés, dans un calcaire grossier, les fossiles caractéristiques du Muschelkalk. Des marnes bariolées et des gypses terminent cette formation d'une manière normale. A partir des couches inférieures, ce sont des grès bigarrés, puis le calcaire à *Terebratula vulgaris*, enfin le Keuper avec ses grès, ses argiles, ses marnes.

A l'ouest de Toulon, à Sanary, au-dessus des marnes irisées, M. Dieulafait a signalé l'Infralias ou Rhétien avec ses petites *Plicatula intusstriata*, ses *Avicula contorta*, son Bone-bed. Cette zone se poursuit le long des Alpes jusque vers le bassin de Genève, mais avec des caractères différents; au lieu de rester roux ou jaunâtre, ce calcaire passe au noirâtre tout en gardant les mêmes fossiles.

A une certaine époque (1860-1867), la recherche et l'étude des couches à *Avicula contorta* et à Bone-bed étaient les questions géologiques à la mode; on s'en préoccupait avec ardeur, et nous nous rappelons avec quelle satisfaction A. Favre, l'abbé Vallet, Lory et M. Louis Pillet nous parlaient de leur découverte de l'Infralias, à Matringes, à Taninges, au Pas-du-Roc, au sommet du Perron-des-Encombres (2828 mètres), chaîne de la Vanoise. En même temps, avec MM. Dumortier et Locard, nous reconnaissions pour la première fois des couches analogues, en face des Alpes, dans le Mont-d'Or lyonnais.

L'Infralias est bien développé et même apparaît au complet[1] avec ses trois zones : 1° à *Avicula contorta*, 2° à *Ammonites planorbis*, 3° à *Ammonites angulatus*, près de Digne, dans plusieurs stations et surtout très clairement à Champorcin, au milieu de calcaires et de schistes bruns ou noirâtres.

Deux ans après qu'A. Favre avait découvert, en 1859, le niveau de l'*Avicula contorta* au-dessus des cargneules et des gypses triasiques du nord de la Savoie, Hébert signalait près de Digne l'Infralias à un horizon équivalent.

C'étaient là deux points de repère importants pour la géologie des Alpes. Comme l'a dit le même savant, sur la rive gauche du Rhône jusque dans les Alpes, l'Infralias prend un caractère pélagique qui lui donne une grande uniformité d'aspect et de composition sur de vastes étendues, depuis les Basses-Alpes jusqu'au nord de la Savoie, tandis que, autour du Massif Central, de ses granites, de ses diverses roches siliceuses, il forme

---

[1] *Cf.* Réunion extraordinaire à Digne du 8 au 18 septembre 1872. *Bull. Soc. géol.* 2ᵉ série, t. XXIX, 1872, p. 610 et suiv.

un dépôt littoral très varié, souvent arénacé et détritique.

Au-dessus de l'Infralias de la coupe classique des
environs de Digne, on voit se succéder toute la série des
terrains jurassiques alpins jusqu'au Crétacé.

Le Lias inférieur avec ses Gryphées arquées est recou-
vert par le Lias moyen et ses grandes *Gryphæa cymbium*
qui supportent à leur tour les Schistes noirs à *Ammonites
bifrons* et de nombreuses couches à Fucoïdes, *Chondrites,
Zoophycos, Cancellophycus*, qui affleurent à plusieurs niveaux dans l'ensemble.

Enfin, ce sont des couches noirâtres, appartenant à
l'Oolithe inférieure ou Bajocien et se subdivisant en plusieurs zones, les zones à *Ammonites Humphriesi, Am.
Garanti, Am. Parkinsoni, Am. Murchisonæ*. En voyant
cette succession régulière de couches et la persistance
de certaines espèces, on peut conclure que tout ce bassin qui fut plus tard si tourmenté, a joui longtemps, à
cette époque, d'une parfaite tranquillité.

En continuant à remonter la série de cette superbe
coupe, on retrouverait le Bathonien, l'Oxfordien et
tous les représentants du Jurassique supérieur.

Nous n'avons pas à insister sur les caractères physiques
du Lias alpin. On connaît sa couleur noirâtre, ses couches
laminées en feuillets, en ardoises, se clivant dans un
sens différent de celui des lits de stratification, ses fossiles déformés, étirés par le dynamo-métamorphisme,
ses plissements, les dénudations profondes de ses lambeaux isolés, placardés sur les schistes et autres terrains
anciens des Alpes et parfois soulevés à de très grandes
hauteurs, comme on le voit dans la chaîne de Belledonne,

ou sur les flancs du Taillefer, ou bien encore dans l'Oisans. Nous dirons seulement que, lorsqu'il s'éloigne des chaînes centrales et qu'on l'étudie dans les contreforts des chaînes secondaires, il reprend son aspect normal, le facies qu'il a en dehors des Alpes. Nous citerons pour exemples de stations où le Lias a perdu son caractère alpin, la base du Coudon, les environs de Solliès, au nord de Toulon, la montagne des Oiseaux, près Hyères, etc., où nous avons observé de grandes Gryphées couvertes d'orbicules siliceux, des *Belemnites paxillosus*, des *Pecten æquivalvis*, etc. Ce calcaire est grossier, grisâtre, mais non noirâtre.

Le Toarcien n'est représenté que par une faible couche de calcaire semblable au précédent et renfermant des *Ammonites Walcotii, Ammonites radians*. Inutile de dire qu'on retrouve le Lias avec ses caractères normaux dans le bas Dauphiné, le Bugey et dans les montagnes qui s'étendent, au nord de la Dent-du-Chat et du Colombier de Culoz, dans tout le Jura.

A propos du Jurassique inférieur, on nous permettra une observation. Pas plus pour le Lias des Alpes que pour les autres terrains de cette chaîne, les lois de la succession stratigraphique des êtres n'ont été troublées ni interverties ; les singulières anomalies qu'on avait cru remarquer dans le Lias de Petit-Cœur ont été facilement expliquées au moyen d'un plissement et d'un renversement de couches. C'est également par une exagération de mouvements orogéniques, par la présence de plis renversés et même par un cheminement horizontal des terrains couchés sur le sol, puis ensuite, profondément et largement dénudés, que M. Marcel Bertrand a rendu compte de la disposition étrange des couches fossilifères des buttes triasiques du Beausset[1]. A l'exemple de ce savant, MM. Zurcher, Collot et Kilian viennent de signaler de nombreux plis renversés dans la région relativement peu tourmentée de la Provence. Dans les Alpes de la Savoie ces plis sont énormément plus accentués, et pourtant on finit par retrouver partout la succession régulière des fossiles, même, lorsqu'au premier abord elle paraît voilée par de fausses apparences produites par des accidents de terrains plus ou moins considérables, par des plissements assez prononcés pour modifier les dispositions relatives des couches fossilifères et faire croire à des récurrences anormales de fossiles.

Au nord d'Hyères, au pied du Coudon, à Solliès et sur une foule d'autres points, nous avons recueilli, avec M. Dumortier, de grands *Pecten personatus*, caractéristiques du Bajocien. Des empreintes d'Algues, de *Cancellophycus scoparius*, très abondantes, apparaissent à plusieurs niveaux et même remontent dans le Bathonien qui est étalé au-dessus.

Près de Toulon et de Draguignan, le Bathonien se termine par des dolomies et des calcaires à Polypiers. Dans les Basses-Alpes, des amas de gypse ont été déposés dans les calcaires marneux du Bathonien. Les couches à Fucoïdes, en remontant vers le nord, au pied des Alpes, deviennent noirâtres ; nous venons de le dire à propos de la coupe des terrains affleurant près de Digne, et de la coupe de Champorcin.

---

[1] *Cf.* Réunion extraordinaire de la Société géologique en Provence, *Bull. Soc. géol.*, 3ᵉ série, t. XIX, 1891.

Depuis longtemps, M. Ébray a rattaché au Bajocien et au Bathonien des couches noirâtres, dures, peu fossilifères qui affleurent à Corenc, près de Grenoble, et qui pourraient servir de traits d'union entre les formations méditerranéennes du midi et les formations jurassiques du nord. Ainsi à la base de la chaîne de la Dent-du-Chat, à Chanaz, à Lucey, sur les bords du Rhône, on voit déjà les calcaires jaunâtres du Bajocien et les calcaires blanchâtres de la Grande Oolithe (Bathonien) apparaître avec les caractères qu'ils ont dans le Jura. Il y a donc là, mieux que vers Grenoble, un lien qui unit les chaînes subalpines aux types des terrains jurassiques.

Dans le Dauphiné, près de Crémieu, de la Balme, d'Amblagnieux, etc., c'est-à-dire vers les premiers contre-forts des Alpes, le Bajocien (calcaire à Entroques) et le Bathonien (Choin de Villebois) se dressent en falaises escarpées et fournissent de précieux matériaux de construction à Lyon et à toute la contrée. Le facies alpin n'a pas encore commencé à paraître; c'est toujours le type jurassien.

Quand il n'y a pas eu de dénudation, l'Oolithe ferrugineuse callovienne recouvre le Bathonien. Elle est très peu épaisse et fort riche en fossiles : *Ammonites anceps*, *A. macrocephalus*, etc. M. L. Pillet a décrit[1] depuis longtemps le Callovien de Chanaz, entre le Rhône et le lac du Bourget. Cette station sert d'intermédiaire entre le Callovien du Bugey et du Jura, qui garde son caractère habituel, et celui de la partie méridionale du bassin du

[1] L. Pillet, Mémoire géologique sur la commune de Chanaz (*Mém. de l'Acad. roy. de Savoie*, 2ᵉ série, t. II.)

Rhône et des Alpes, où il revêt un aspect différent. Ainsi, dans les Basses-Alpes, il se compose de masses puissantes de schistes noirs, avec *Posidonomya Dalmasi* et lentilles de gypse. Au delà de Digne, ce sont des calcaires marneux noirâtres, fossilifères, avec *Ammonites macrocephalus*.

Au-dessus du Callovien, se développent largement les calcaires marneux grisâtres de l'Oxfordien, qui constituent d'énormes talus en bas des escarpements formés par les calcaires corallien, kimméridgien et portlandien ou par les groupes qui leur correspondent. Dans le bas ce sont des calcaires à Scyphies, à Spongiaires, puis des marnes à *Ammonites cordatus*, *A. plicatilis*. L'Oxfordien est très développé dans le Jura et le Bugey, en Savoie, en Dauphiné, ainsi que dans tout le midi du bassin du Rhône. Il forme une puissante écharpe au pied ou plutôt en face des grandes Alpes. Près de Rians, dans les environs de Brignoles, comme à Meylan, près Grenoble, l'Oxfordien inférieur contient de belles géodes avec cristaux de quartz bi-pyramidés, appelées autrefois *Géodes du mont Carmel*. Plus près de nous, c'est l'Oxfordien qui forme les grands talus et les escarpements du premier gradin qui s'étend souvent au pied des principaux massifs calcaires de la Savoie, du Dauphiné et de la Provence, comme on le voit en dessous du Nivolet et au pied du massif de la Grande-Chartreuse, sur le flanc droit de la vallée du Graisivaudan, depuis le mont Granier jusqu'à Grenoble. On peut le suivre bien au delà dans le midi.

A Grenoble, la classification des zones situées au-dessus de ce puissant ensemble a donné lieu à de vives et longues discussions. Avec celles de l'âge des empreintes de Petit-Cœur et de la délimitation de l'Infralias, la question du classement des terrains jurassiques supérieurs ou de leurs représentants est une de celles qui ont le plus préoccupé les géologues. Au-dessus des calcaires à *Ammonites cordatus* et *Am. transversarius*, qui appartiennent à l'Oxfordien, apparaissent dans le bas, à d'assez grands intervalles les uns des autres, les calcaires

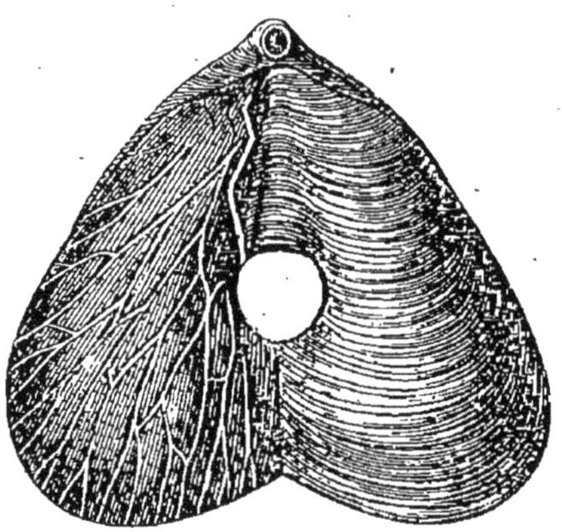

FIG. 17. — *Terebratula diphyoides.*

de la Porte-de-France à *Ammonites geron*, *A. Fallauxi*, autrefois appelés aussi calcaires à *Terebratula janitor*, lorsqu'on croyait que ce fossile cantonné à ce niveau ne remontait pas dans les couches supérieures; plus haut affleurent les couches à ciment à *Terebratula diphyoides* (fig. 17), dont les affinités stratigraphiques étaient aussi mal définies. Quelques géologues avec Oppel voulaient en faire un étage à part, le *Tithonique*. D'autres les laissaient dans le Jurassique supérieur; enfin quelques-uns voulaient les réunir au Crétacé inférieur. Mais on finit

par les regarder comme des facies particuliers du Jurassique supérieur représentant dans certaines régions le Kimméridgien en partie, le Portlandien, ainsi que le Purbeck.

Dans le sud-est de la France, ce sont les couches
tithoniques qui terminent la série des terrains jurassiques. M. le professeur Kilian [1], de Grenoble, et M. le commandant Toucas les ont étudiées avec soin, l'un dans la
région delphino-provençale, l'autre dans l'Ardèche. Pour
ces deux géologues tous ces terrains peuvent se diviser
en trois groupes principaux ; la partie inférieure de ce
double ensemble se compose de calcaires marneux, alternant avec des bancs bréchiformes. La faune est celle
du Tithonique inférieur qui correspond à celle du Di-
phyakalk du Tyrol méridional et à celle du Klippenkalk
de Rogoznik, en Galicie. C'est le niveau des couches de
Grenoble, anciennement nommées à *Terebratula janitor*.
Les différences entre les deux coupes ne se manifestent
qu'au-dessus du Tithonique inférieur. M. Kilian considère la faune des calcaires à grain fin qui le recouvrent
comme analogue à celle de Stramberg, dans les Karpa-
thes, et il la sépare de celle qui lui est supérieure ou
faune de Berrias. Cette dernière se relie aux couches à
ciment et à *Terebratula diphyoides* de la Porte-de-France,
à Grenoble et à celles des environs de Chambéry. Déjà
cette faune présente de nombreuses affinités avec les
espèces crétacées.

M. Toucas [2] n'a pas reconnu cette disposition sur la

---

[1] *Cf*. Kilian, Communication sur le Jurassique supérieur (*Bull.
Soc. géol.* 3ᵉ série, t. XVIII, 1890, p. 300.)

[2] *Cf*. A. Toucas, Études sur la faune des couches tithoniques de
l'Ardèche (*Bull. Soc. géol.*, 3ᵉ série, t. XVIII, 1890, p. 560.)

rive droite du Rhône ; des calcaires blancs lithographiques à grain fin ou des calcaires très puissants avec bancs bréchiformes y constituent le Tithonique moyen. M. Toucas en a fait un étage à part, l'*Ardescien*. Cet étage renferme de nombreux *Aptychus*, et quelques fossiles berriasiens, *Ammonites Calisto*, *Am. privasensis* y apparaissent déjà et remontent dans le Tithonique supérieur.

Dans les calcaires marneux ou bréchiformes du Tithonique supérieur, le *Berriasien* de Pictet, M. Toucas a vu les faunes de Berrias, de Chomérac, de Voguë, se mélanger avec celle de Stramberg au lieu d'en rester distinctes, comme elles le seraient dans la région delphino-provençale, d'après M. Kilian. C'est par là que ces deux coupes diffèrent le plus l'une de l'autre. Partout les couches valenginiennes à petites Ammonites ferrugineuses, *Ammonites neocomiensis*, à *Belemnites latus*, etc., recouvrent le Tithonique supérieur, sur les deux rives du Rhône.

Au point de vue général, M. Toucas en se basant sur l'étude de l'ensemble des caractères de ces faunes tithoniques, détache ces groupes des formations crétacées pour les placer dans le haut des terrains jurassiques dont ils termineraient les séries dans certaines régions.

Quelle que puisse être la solution détaillée et vraiment définitive de ces problèmes stratigraphiques, le Kimméridgien apparaît avec ses caractères classiques et ses *Ostrea virgula* (fig. 18), dans les plateaux du bas Dauphiné, à Morestel, à Creys. Les schistes bitumineux d'Armaille et d'Orbagnoux, comme les calcaires lithographiques de Cerin, dans les montagnes du Bugey, en dépendent également. Toutes ces couches, malgré la diversité de leur composition, de leur aspect extérieur, renferment de magnifiques empreintes de Reptiles, de Poissons, de Cycadées, de Conifères, etc., qui enrichissent les galeries du Muséum de Lyon.

Il n'est pas douteux que les calcaires lithographiques, les schistes bitumineux ne soient les représentants des célèbres gisements de Solenhofen, en Bavière, classés dans le Kimméridgien et tout aussi remarquables par la beauté de leurs fossiles.

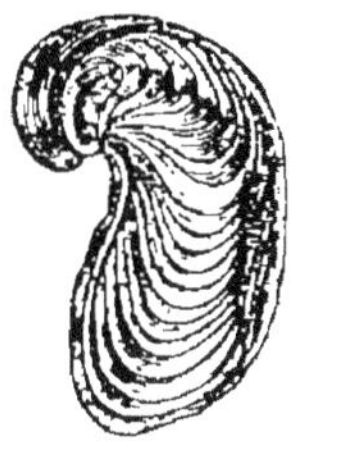

FIG. 18. — *Ostrea virgula.*

Non loin d'Armaille, on voit affleurer des calcaires blancs coralligènes à *Diceras,* et les bancs à Nérinées du Portlandien.

Dans le midi, le Jurassique supérieur est souvent représenté par des calcaires coralliens blancs à *Terebratula moravica,* qui remontent au nord jusqu'aux carrières de l'Échaillon, près de Grenoble, et se prolongent même jusqu'en Bugey et au Salève, en Savoie. Au sud-est, il y a des alternances de calcaires blancs moins fossilifères et de dolomies. Cette longue bande de récifs coralligènes à *Terebratula moravica* et à *Diceras arietina,* a été remplacée plus tard par celle du calcaire urgonien à Requienies.

En prenant encore pour point de départ le prolongement de la coupe que nous avons suivie à travers les Alpes, nous allons passer en revue le Crétacé inférieur ou Valenginien et les marnes néocomiennes, puis l'Urgonien, l'Aptien et l'Albien.

Le couvent de la Grande-Chartreuse est bâti sur les marnes néocomiennes inférieures à petites Ammonites ferrugineuses, qui commencent la série infracrétacée et qui reposent elles-mêmes sur les plus hautes assises des terrains jurassiques, les couches à ciment et à *Terebratula diphyoides* ou zone de Berrias. Ces marnes, dont l'humidité entretient les belles prairies du monastère, sont recouvertes par des assises alternées de calcaires peu épais et de marnes grises puissantes. Tout cet ensemble ne mesure pas moins de 500 mètres d'épaisseur et remplace, dans le nord du Dauphiné, les calcaires grossiers jaunâtres du Néocomien inférieur, ou Valenginien, qui sont si bien caractérisés dans le Bugey et dans tout le Jura. C'est donc un facies particulier régional; on le regarde comme un des types alpins. Au-dessus des marnes supérieures à Spatangues s'étalent les assises bastionnées de l'Urgonien blanc à *Requienia ammonia*, qui couronnent toutes les hauteurs de leurs remparts escarpés. Leur développement vertical est d'environ 500 mètres, comme celui des marnes.

Ces épaisses et vastes assises de calcaire dur et cassant ont garanti les calcaires marneux qu'elles recouvrent, contre la puissance érosive des agents atmosphériques. Sans cette action protectrice, la plupart des grands massifs calcaires de la Savoie, du Dauphiné et de la Provence auraient été profondément dénudés, et leurs profils auraient perdu leurs caractères accentués, si pittoresques.

Dans le Graisivaudan, l'alternance de ces énormes séries de marnes et de calcaires compacts a formé les deux grands talus et gradins qui surmontent les terrains jurassiques et dont les dernières assises s'élèvent à 1800 mètres au-dessus de l'Isère, sur le flanc droit de la vallée, depuis le mont Granier jusqu'au Petit-Som ou Dent-de-Crolles, au sud.

Dans le Dauphiné méridional, le Néocomien avait, pour Ch. Lory, un faciès particulier, un faciès vaseux, pélagique, qui diffère encore de celui du groupe de la Chartreuse, dans lequel sont enchevêtrées les assises du type jurassien et du type provençal, et qui par conséquent sert de lien entre ces deux systèmes. Ce serait plutôt là que commencerait le type alpin. Bientôt nous dirons quelques mots du Néocomien de la Provence, mais voici ce qu'on observe déjà dans le sud du Dauphiné. Dans le bas, ce sont des marnes bleuâtres à *Belemnites latus* (fig. 19) et à petites Ammonites ferrugineuses, *Am. neocomiensis; Am. Grasi;* puis des marnes et des calcaires marneux à *Ammonites Astieri*, à *Belemnites pistilliformis;* enfin, dans le haut, une puissante formation de calcaires argileux à Céphalopodes déroulés, *Ancyloceras, Scaphites, Crioceras,*

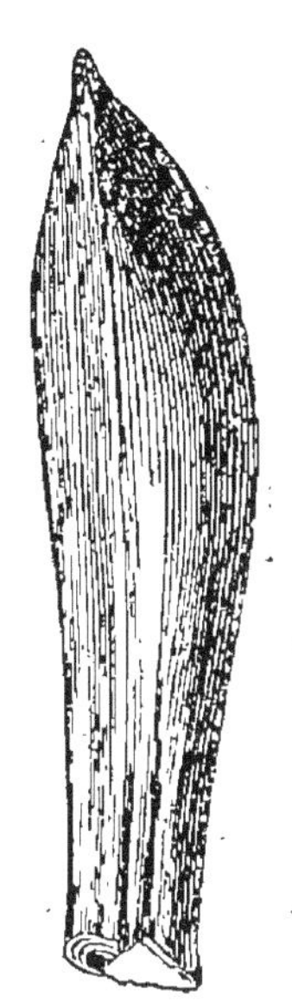

Fig. 19. — *Belemnites latus.*

qui équivaut aux calcaires hydrauliques si développés de l'autre côté du Rhône, aux calcaires à *Ammonites recticostatus*, de Cruas, du Teil et de Lafarge.

Ch. Lory a constaté que le calcaire urgonien dur à *Requienia ammonia* manquait, et que les marnes aptiennes reposaient directement sur les couches à *Crioceras*. Ces marnes peuvent mesurer 500 mètres d'épaisseur. L'Urgonien fait également défaut dans les Basses-Alpes, à Barrême, par exemple, mais dans la basse vallée de la

Durance, à Orgon, ce terrain est tellement remarquable qu'on lui a donné un nom emprunté à cette localité intéressante. Dans le bassin du Beausset, il forme une large ceinture qui enveloppe les autres terrains.

On admet aujourd'hui que ces masses de calcaires blancs à *Requienia ammonia*, tout aussi bien que les calcaires blancs à *Diceras arietina* du Jurassique supérieur, formaient, presque sur les mêmes emplacements, des récifs coralligènes qui s'échelonnaient en ceinture et successivement le long des reliefs à peine ébauchés des Alpes. Dans les mers plus profondes se déposaient en même temps des marnes à grands céphalopodes déroulés. Au même niveau stratigraphique, on ne peut donc trouver ni les mêmes fossiles, ni les mêmes roches, en vertu de ces différentes conditions physiques et biologiques.

Des lumachelles pétries d'*Orbiculina lenticularis*, *Orb. conoidea* et de nombreux Échinides, dont M. Renevier[1] a voulu faire un étage particulier, le Rhodanien, sont subordonnées dans le Dauphiné aux couches supérieures de l'Urgonien à *Requienia ammonia*, ainsi qu'on peut le voir dans le massif de la Grande-Chartreuse et dans le Vercors, près du Villars-de-Lans. Des couches coralligènes alternant avec des bancs à Échinides et à Orbiculines représentent dans cette région les étages Urgonien et Aptien de d'Orbigny.

D'après Ch. Lory[2], par suite de mouvements du sol, la série des terrains crétacés n'est pas complète dans les environs de Grenoble. L'Aptien manque ou bien est très

---

[1] Renevier, *Matériaux pour la carte géol. de la Suisse*, p. 297, 1890.
[2] Lory, *Description géologique du Dauphiné*, p. 309-312-338.

peu représenté dans le nord du Dauphiné ; mais au contraire[1] des calcaires siliceux en plaquettes, constituant de grands abrupts, le représentent et offrent une grande puissance dans le midi, dans la Drôme, le Dévoluy, à la Croix-Haute, etc.

Le Gault, Grès vert, ou Albien se comporte d'une manière opposée et ne se montre que là où les marnes aptiennes font lacune. Ainsi dans le massif de la Chartreuse, immédiatement au-dessus de l'Urgonien supérieur, on voit apparaître, en couches peu épaisses, le Grès vert, ou Gault avec ses fossiles caractéristiques : *Ammonites mammillatus, Natica gaulliana, Discoidea conica*, etc. Il en est de même dans toutes les grandes montagnes crétacées de l'Isère, du Vercors, du Royans.

Le Cénomanien, si puissant dans le Midi, n'est pas représenté dans le massif de la Chartreuse ; mais c'est là que MM. Favre, Lory, Pillet et Vallet ont découvert, en 1850, la Craie blanche ou Sénonien, pincée dans un pli de l'Urgonien et du Gault, au sommet du Grand-Som.

En dehors du Dauphiné, voici comment M. Marcel Bertrand expose[2] ses vues d'ensemble sur le bassin du Rhône à l'époque qui nous occupe : « La mer crétacée a couvert probablement toute la région comprise entre les Cévennes et les premiers chaînons des Alpes jusqu'aux Maures et à l'Esterel, avec des alternatives d'avancée et de recul du côté du rivage formé par la chaîne montagneuse

[1] P. Lory, Coup d'œil sur la structure géologique du Dévoluy (*Bull. Soc. de statistique du département de l'Isère*, 1892).

[2] Marcel Bertrand, *Exposition Universelle Internationale de 1889. Carte géographique détaillée de la France*, p. 99. — Ministère des travaux publics, 1889.

de la rive droite du Rhône et le Plateau Central. Peut-être y avait-il aussi un massif émergé au nord de Saint-Martin-de-Lantosque? De plus, un large promontoire semble, dès l'époque du Gault, avoir réuni le Pelvoux avec les Maures. Ce promontoire est sans doute resté longtemps à l'état de plateau sous-marin, car, jusqu'au Crétacé supérieur, il ne semble pas avoir joué un rôle dans l'apport sédimentaire des terrains. Mais, en tout cas, il n'a pas reçu de dépôt, et il a établi, pendant toute la période, une séparation très nette entre deux régions distinctes; celle de l'Est ou région alpine et celle de l'Ouest ou région rhodanienne. C'est donc à ce moment qu'on voit se dessiner pour la première fois la vallée du Rhône. Aux époques suivantes la barrière orientale s'élève et la vallée s'accentue en se rétrécissant et en subissant l'alternative d'émersions et de submersions répétées, mais la direction première reste la même. »

A l'est de la chaîne sous-marine dont parle M. Marcel Bertrand, le Néocomien est assez puissant et se compose dans les Basses-Alpes, dans les Alpes-Maritimes, de calcaires noirâtres à *Crioceras*, de marnes grises à Ammonites pyriteuses, mais au sud-est, vers Nice et Menton, ce n'est plus qu'une couche de calcaire ferrugineux et de glauconie. En se rapprochant de Vintimille, ce calcaire passe même à un marbre noir.

L'Aptien ne s'étend pas au sud de Castellane. A Colmars, à Barrême, un puissant dépôt de marnes noires à *Belemnites semicanaliculatus*, de calcaires noirs à *Ancyloceras Matheroni* (fig. 20) représente cet étage.

Dans les Basses-Alpes, les Alpes-Maritimes, le Var, l'Albien, composé d'argiles noires, renferme quelques

Ostrea vesiculosa, près d'Escragnoles ; ce n'est que vers le sud qu'on aperçoit des couches minces de Grès vert et des rognons phosphatés.

A l'est, vers Vence et Monaco, le Cénomanien déborde au delà du Crétacé inférieur et repose directement sur le Jurassique supérieur. Cet étage est constitué par des calcaires marneux et des marnes noires, renfermant des *Amm. varians,* des *Holaster subglobosus.* Près de Castellane, des grès à *Ostrea columba* recouvrent cet ensemble et atteignent 200 mètres de puissance.

Les auteurs de la carte géologique de la France ne citent qu'un petit nombre d'affleurements de Turonien ; ce sont des calcaires siliceux avec spongiaires, et des calcaires à *Inoceramus labiatus.* C'est l'observation de *Micraster cortestudinarium,* d'*Ananchites* et d'un certain nombre d'autres

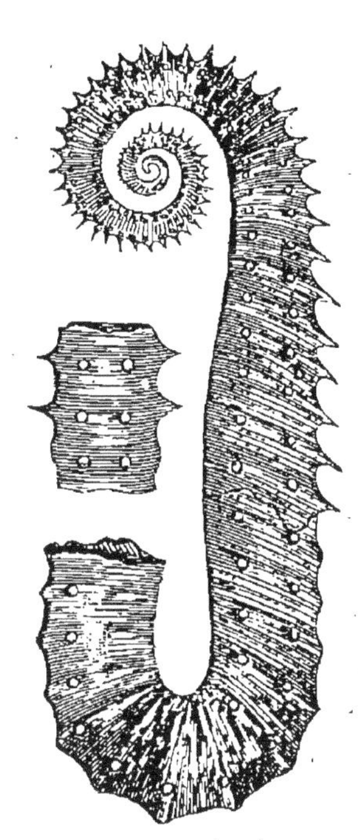

Fig. 20. — *Ancyloceras Matheroni.*

fossiles caractéristiques, qui a permis, dans l'est de la Provence, de rattacher au Sénonien, à la craie blanche, des séries de grès, de couches glauconieuses, de calcaires bleuâtres, malgré leur différence avec le type primitif et normal. Ces terrains forment de puissants dépôts autour de la vallée du Verdon, mais ils s'amincissent du côté de Digne.

En résumé, tous les terrains déposés au pied et sur le pourtour des Alpes conservent toujours le caractère alpin ; ce sont des dépôts vaseux, des calcaires marneux foncés, des marnes toujours teintées en noir ou en gris. Cette coloration est le véritable facies des formations alpines. Pour les terrains jurassiques, comme pour les terrains crétacés, proviendrait-elle de ce que ces terrains auraient été formés de sédiments dérivés en partie du Lias noir des Alpes, ou bien faudrait-il faire intervenir la même cause encore mal définie, peut-être la présence de débris d'algues, qui auraient coloré le Lias et teinté aussi les autres terrains qui lui ont succédé ?

Tous les étages de cette région présentent des épaisseurs variées d'un point à un autre. Sans doute ce sont les oscillations du sol, fréquentes dans le voisinage de la grande chaîne en voie de formation, qui ont motivé ces irrégularités dans la sédimentation.

A l'ouest de la même chaîne sous-marine en question, dans la région que M. Bertrand nomme rhodanienne, les formations géologiques reprennent leurs caractères habituels ; le facies alpin disparaît, et les épaisseurs des étages restent plus constantes par suite d'une moindre mobilité du sol qui tend plutôt à se relever lentement, d'une manière régulière. Mais, avant d'entrer dans quelques détails, nous devons faire encore un nouvel emprunt au savant géologue[1] que nous avons déjà cité si souvent, et nous le laisserons résumer lui-même ses nombreuses études sur les terrains de la Provence et de la vallée du Rhône : « Les dénominations de bassins

---

[1] Marcel Bertrand, *op. cit*, p. 99.

(bassins de Dieulefit, d'Uchaux, du Beausset) appliquées aux différents groupes d'affleurements de cette région, ne sont évidemment qu'une fiction. Tous ces bassins communiquaient largement ensemble ; ils faisaient partie, pendant le Crétacé inférieur, d'un même bras de mer, qui reliait la Méditerranée au Jura et aux Alpes suisses, et, pendant le Crétacé supérieur, d'un même golfe qui allait se fermer vers Grenoble ou même dans le Jura. Les sédiments dans ce golfe sont naturellement plus différenciés qu'à l'est ; le peu de profondeur des eaux s'y traduit par l'abondance des dépôts réciformes (Urgonien, calcaire à Caprines, calcaire à Hippurites), absents dans la région alpine. La tendance à l'émersion s'accuse dès le Cénomanien et le Turonien, par l'existence de dépôts saumâtres.

« Enfin l'émersion devient définitive vers l'époque Danienne, où le grand bassin de Fuveau est comblé lentement jusqu'à la fin de l'Éocène par des dépôts lacustres, puis franchement terrestres.

« Il faut remarquer l'analogie complète de cette histoire avec celle de la période miocène ; c'est aux deux époques, dans le bassin du Rhône, la même succession de faits : bras de mer entre la Méditerranée et la plaine suisse, golfes, lacs ou lagunes et émersions. »

Reprenons la série des terrains.

Le Faron et le Coudon qui dominent la rade de Toulon, ainsi que les montagnes blanches qui se prolongent à l'ouest jusque près de Marseille et au delà, ne sont qu'une suite de masses néocomiennes et urgoniennes, dans lesquelles on peut retrouver les principales zones fossilifères qui apparaissent en Dauphiné. Par la basse vallée de la Durance et le mont Ventoux, cette suite de récifs va se relier à ceux des massifs secondaires de Grenoble et de la Savoie. Ce sont bien là les anneaux de la même chaîne.

Les marnes aptiennes à Ammonites pyriteuses, *Amm. Nisus*, *Belemnites semicanaliculatus*, ainsi que les calcaires marneux à *Ancyloceras Matheroni*, ont leurs types à Gargas, près Apt, mais on les retrouve aussi à la Bédoule, dans le bassin du Beausset.

Le Gault, Albien ou Craie chloritée, est généralement peu développé en épaisseur ; il est transgressif sur les terrains inférieurs, par suite des oscillations du sol, mais sur certains points, il prend, comme vers le tunnel de la Nerthe, une puissance exceptionnelle. C'est tout un ensemble de grès verts, de marnes chloritées, de rognons de phosphate de chaux, couronné par des grès à *Ammonites inflatus*.

M. Marcel Bertrand suppose qu'un rameau se détachait de la chaîne sous-marine partant du Pelvoux, et s'avançait à l'ouest vers Tarascon. Il séparait à l'époque cénomanienne les calcaires à Caprines, les grès à *Ammonites varians* et les grès ou les marnes à Ostracées du bassin de Marseille d'avec les calcaires gréseux à *Ostrea Columba*, les grès de Mondragon, les calcaires glauconieux à *Am. varians* du bassin d'Uchaux et de la vallée de la Durance.

Près de Toulon, il y a un petit dépôt d'eau saumâtre (Gardonien) qui indique la tendance du sol à se relever et à se couvrir de lagunes, tendance qui ne fera que s'accentuer de plus en plus.

A l'étage suivant, Turonien, les oscillations du sol

continuent et diversifient les dépôts. Dans le bassin du Beausset nous avons vu, entre Cassis et la Ciotat, les superbes affleurements du calcaire compact à *Hippurites petrocoriensis, Hip. resectus* et *Biradiolites cornupastoris,* disposés au-dessus d'une centaine de mètres de Marnes à *Periaster Verneuili.*

A l'issue des gorges d'Ollioules nous avons souvent admiré les formes bizarres des beaux grès de Sainte-Anne, qui s'intercalent au milieu du calcaire à Hippurites. Dans le bassin d'Uchaux, il n'y a qu'un ensemble très épais de grès calcaires, riches en fossiles.

Le relèvement du sol s'accuse de plus en plus par la présence de couches saumâtres, vers les Martigues et à Allauch, et de formations lignitifères, près de Courac.

Vers Nyons, dans le bassin de Dieulefit, le Sénonien est formé d'un calcaire blanc crayeux, parfois glauconieux avec *Micraster cortestudinarium* et *Ananchytes gibba,* qui sont toujours les fossiles les plus caractéristiques de l'étage. Au Beausset, dans le haut de la série des couches sénoniennes, au-dessus des grès à *Micraster brevis* et des calcaires marneux à *Micraster Matheroni, Inoceramus digitatus* et *Ammonites Texanus,* des calcaires à *Hippurites galloprovincialis, Hipp. Toucasi* (fig. 21), *Hipp. dilatatus,* s'intercalent au milieu des marnes et des grès, ainsi que M. Toucas l'a signalé.

Près des rivages de cette mer, à l'ouest, les débris siliceux des Cévennes et du Massif Central ont constitué des grès très abondants dans le bassin d'Uchaux, et les grès de Mornas pourraient servir de types. Le fond du golfe continue à se relever ; les eaux marines se retirent ou deviennent de moins en moins profondes. A Piolenc, à Nyons, il se dépose dans des lagunes, des couches saumâtres et des lignites.

Les formations lacustres et fluviatiles du bassin de Fuveau ont été rapportées au Danien, au moins dans leur partie élevée, et terminent par conséquent la série des terrains crétacés de la Provence. Au-dessus des couches marines à *Ostrea acutirostris* et à grosses Hippurites, qui forment le fond du bassin, commencent la succession des couches saumâtres à Mélanies, à Cassiopées, puis celle des calcaires lacustres à lignites, de Fuveau, du Plan-d'Aups, du Beausset, à *Cyrena galloprovincialis*, à nombreux Cérithes, *Cerithium scalare, C. gar-*

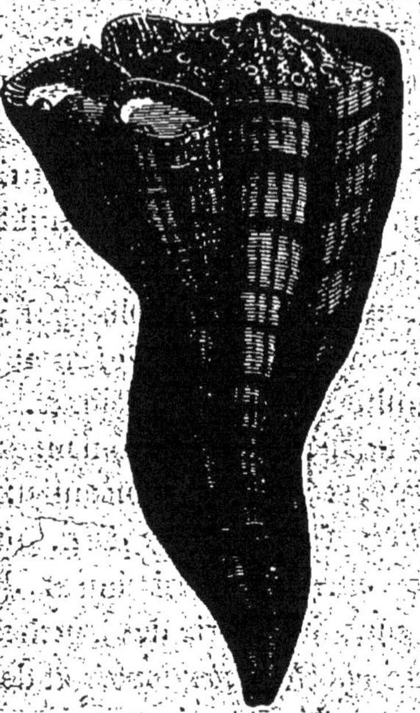

Fig. 21. — *Hippurites Toucasi.*

danense, Unio Saportæ. Le groupe lignitifère de Fuveau et de Gardane n'a pas moins de 400 mètres d'épaisseur, et renferme dix-sept couches charbonneuses de 1 mètre à 1^m,50. D'autres calcaires, lacustres, mais compacts, à *Lychnus*, à *Physa galloprovincialis*, appelés calcaires de Rognac, recouvrent ces dépôts et supportent 200 mètres environ d'argiles rutilantes auxquelles sont subordonnés des poudingues, la brèche du Tholonet, près d'Aix, et plusieurs autres brèches.

Au bassin de Fuveau, M. Marcel Bertrand rattache indirectement la formation de la Bauxite, qui n'en dépasse pas les limites, mais il serait tenté de la synchroniser avec les dépôts aptien et albien dont elle ne serait qu'un équivalent local, pour combler une lacune dans leur sédimentation.

L'épaisseur considérable de l'ensemble de toutes ces couches lacustres ou saumâtres semble indiquer une double tendance dans les mouvements du sol, au lieu d'un simple relèvement, incapable de produire ces effets. Il s'est effectué d'abord un mouvement ascensionnel progressif, qui a chassé la mer du pays et a favorisé, à la même place, l'installation des eaux douces ; puis il s'est opéré un affaissement local, assez prolongé, assez régulier, pour permettre à des couches lacustres, formées à peu de profondeur, de s'accumuler successivement les unes au-dessus des autres, dans un espace peu étendu, et d'atteindre petit à petit une épaisseur énorme de plusieurs centaines de mètres.

Avant la fin des temps crétacés, l'apparition de nouvelles séries animales d'un ordre supérieur apporta de grands changements dans les caractères de la faune de notre bassin. Par suite de ces conditions, les Mammifères tertiaires, en quelque sorte récemment apparus, purent se multiplier rapidement au pied des Alpes, et nous retrouvons les restes de leurs nombreuses dépouilles dans la plupart des terrains qui garnissent le fond de la vallée du Rhône. La douceur de la température, la richesse de la végétation favorisèrent la multiplication des espèces et le développement des formes. Mais les modifications du climat firent aussi sentir leur influence ; des genres furent anéantis, d'autres furent forcés de s'exiler, et la faune tertiaire de notre région se modifia progressivement de façon à aboutir finalement à celle que nous voyons autour de nous. Nous allons essayer de suivre succinctement la marche de ces phénomènes.

En Provence, l'Éocène, auquel on relie les dernières couches de remplissage du bassin de Fuveau, repose partout sur des brèches, des poudingues, formations détritiques qui résultent naturellement de fractures et de mouvements orogéniques du sol. On retrouve encore dans la partie inférieure de ces terrains les deux facies dont nous avons parlé à propos des couches crétacées ; à l'est le facies alpin ; à l'ouest le facies rhodanien.

Le groupe alpin se compose de calcaire à Nummulites, de Flysch ou grès à Fucoïdes, et d'argiles marneuses brunes à *Rotulina spirula* et *Operculina ammonea*. Le calcaire à Nummulites ne se montre qu'à l'est. La mer où il s'est déposé était une dépendance d'un océan peuplé des mêmes espèces et s'étendait depuis l'Espagne, l'Italie, jusqu'en Égypte et en Asie. Cette mer ne pénétrait en France que jusque vers l'Esterel et formait un golfe étendu dans la région où s'élevèrent plus tard les Alpes occidentales. Après tous les plissements, toutes les fractures, toutes les dénudations qui ont modifié le relief de cette chaîne, on trouve encore une zone étroite du calcaire à Nummulites, qui pénètre jusqu'en Maurienne, au pied du Cheval-Noir et qui n'est interrompue dans son développement que par le massif du Pelvoux. Resserré et froissé entre les parois des failles, transporté à de grandes hauteurs, ce calcaire diffère complètement d'aspect avec celui du littoral méditerranéen qui est

resté grossier, au lieu d'être devenu cristallin et compact.
Le type du calcaire normal à Nummulites peut être pris
à la Mortola, à l'est de Menton ; c'est un calcaire gris,
terreux, pétri de Nummulites : *Nummulites perforata,
Num. Puschii, Num. striata*. Il s'étend en transgression
au nord, sur les terrains plus anciens, et se modifie de
plus en plus.

C'est encore sur le pourtour de cette partie des Alpes
qu'apparaît le Flysch, formation détritique parfois très
puissante, contenant quelques empreintes végétales
plus ou moins charbonneuses, des lignites et surtout de
nombreux Fucoïdes. M. de Saporta leur a consacré quelques pages dans un chapitre précédent. La mer éocène
n'a pas pénétré dans la région rhodanienne, et, pendant
qu'elle recouvrait une certaine étendue des Alpes, à
l'ouest de la chaîne, le sol était en partie couvert par de
grands lacs d'eau douce ou saumâtre, dominés par
des escarpements calcaires, et dans lesquels se déposaient
de nouvelles argiles rouges, des brèches, des poudingues, des gypses, des calcaires marneux riches en empreintes de végétaux et d'insectes.

Au-dessus des dernières argiles rutilantes crétacées
qui achevèrent le comblement du grand bassin de
Fuveau, et même, en alternance avec leurs couches les
plus élevées qui appartiennent déjà à l'éocène, apparaît
une série de formations lacustres qui ne sont en définitive que les conséquences des mêmes phénomènes
oscillatoires du sol. C'est d'abord le calcaire de Langesse
avec de nombreuses Physes : *Physa prælonga, Ph. Dra-
parnaudi, Limnæa obliqua*, qui représente l'Éocène inférieur ; puis les calcaires du Montaiguet, de Vitrolles, à

Bulimus Hopei, Limnæa aquensis, Helix Marioni, enfin les argiles et les sables bariolés du Comtat.

Les lignites de la Débruge, près Gargas, dans les environs d'Apt (Vaucluse), avec leurs intéressants débris de Mammifères, de *Palæotherium crassum, P. medium* (fig. 22-23), *Anoplotherium gracile,* etc., sont le dernier terme des terrains éocènes, et les gypses qui leur sont subordonnés se relient déjà aux gypses et aux couches fossilifères du groupe d'Aix, qu'on est convenu de placer à l'extrême sommet de l'Éocène, vers le passage de celui-ci au Tongrien.

La flore d'Aix, étudiée par M. le marquis de Saporta, est la plus riche des flores tertiaires, après celle d'Œningen. Au milieu de nombreux débris de végétaux étalés sur des plaquettes calcaires, alternant avec plusieurs niveaux de gypse, on a recueilli un certain nombre d'espèces de Poissons d'eau douce entre autres des *Lebias cephalotes,* des *Smerdis minutus.* Les Lébias ont laissé par places des empreintes si nombreuses qu'il semble que ces petits Poissons aient dû être asphyxiés en masse par des émanations sulfureuses. Au-dessus des eaux voltigeaient des Papillons, des Libellules, des plumes d'Oiseaux, tandis que des Coléoptères, des Fourmis, des Abeilles, des Mouches, se reposaient sur les plantes des rivages ou bien erraient au pied de leurs touffes, sur un sol humide et fécond [1].

Les marnes de Saint-Zacharie, de Saint-Jean-de-Garguier, les schistes feuilletés de Céreste et les lignites de

[1] *Cf.* de Saporta, *Dernières adjonctions à la flore fossile d'Aix-en-Provence,* etc., 1889.

Manosque complètent et terminent la succession des

FIG. 22. — *Palæotherium*, d'après Cuvier.

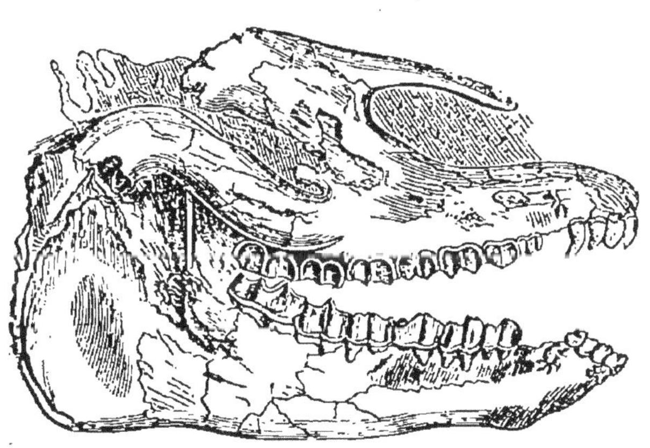

FIG. 23. — Tête de *Palæotherium medium*.

dépôts tongriens ou oligocènes lacustres. Mais à un
niveau supérieur, c'est-à-dire dans l'Aquitanien, on

place également les formations marines des Faluns de Carry.

La présence de ces fossiles marins indique de grands changements orographiques : d'un côté, par une suite de nouveaux efforts, la chaîne des Alpes continue à s'élever; de l'autre, le bassin du Rhône se creuse, et les eaux de la mer reviennent dans des régions qu'elles avaient abandonnées depuis longtemps. L'aspect général est transformé; la vallée du Rhône devient une sorte d'Adriatique ou plutôt un immense fjord resserré entre les Cévennes et les premiers gradins des Alpes.

Après avoir envahi les régions basses du Lyonnais, de la Bresse, du Bugey, du Dauphiné, de la Savoie, cette mer pénètre jusqu'en Suisse pour rejoindre une autre mer plus vaste, étendue au nord-est des Alpes. De toutes parts des fleuves et leurs nombreux affluents viennent déverser dans ce bassin les débris siliceux enlevés aux roches anciennes des Cévennes, du Massif Central, des Vosges et des Alpes, et ces grains de quartz mêlés à plus ou moins de matières terreuses forment des sables et des grès tendres appelés Mollasses. Alors commence le dépôt des terrains miocènes moyens et supérieurs.

Cette mollasse marine sableuse (Helvétien ou miocène moyen, supérieur) recouvre en Suisse et en Savoie une mollasse d'eau douce (Mayencien, miocène moyen, inférieur).

Dans les environs de Lyon, les beaux débris de Mammifères fossiles, extraits des carrières de la Grive-Saint-Alban, près de Bourgoin (Isère), par M. le Dr Jourdan, M. le Dr Lortet, M. E. Chantre et M. le D^r Ch. Depéret, ont appelé l'attention des paléontologistes sur ce niveau [1]. Ce sont des débris osseux de Singes, de grands Carnassiers, de Rongeurs, de Proboscidiens, de Pachydermes, de Ruminants, d'Oiseaux, de Reptiles. Parmi plus de quarante espèces nous ne relevons que quelques noms : *Pliopithecus antiquus*, *Machairodus Jourdani* (*cf.* fig. 24), *Dinocyon Thenardi*. *Lagomys verus*, *Mas-*

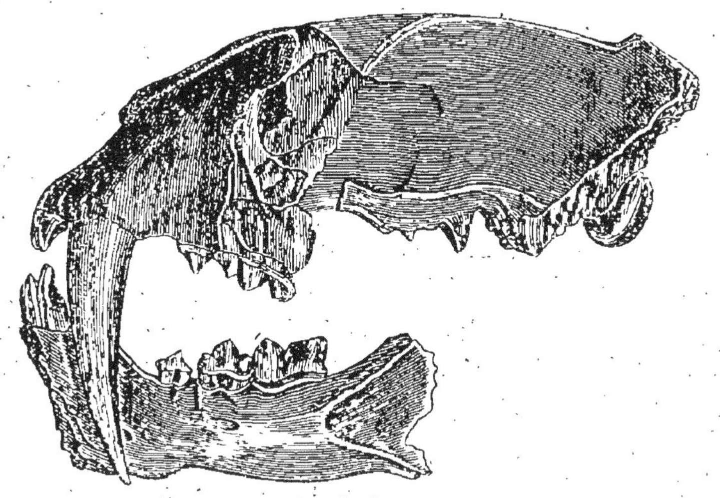

FIG. 24. — *Machairodus cultridens.*

lodon angustidens, *Dinotherium levius*, *Rhinoceros sansaniensis*, *Dremotherium eminens*, *Phasianus altus*, *Testudo antiqua*, etc.

Les sables helvétiens apparaissent à Lyon même, à

[1] Lortet et Chantre, Recherches sur les Mastodontes et les faunes mammalogiques qui les accompagnent (*Archives du Muséum de Lyon*, t. II, 1878, p. 286).

Dr Depéret, Recherches sur la succession des faunes de vertébrés miocènes de la vallée du Rhône (*Archives du Muséum de Lyon*, t. IV, p. 45, 1887).

Fourvière, au Jardin des Plantes, et leurs affleurements sont nombreux dans les départements voisins. Ces sables, déposés souvent autour de récifs de gneiss, de granite, de calcaire, renferment les vestiges d'une faune littorale marine ; ce sont des Crustacés, des dents de Squales, des Échinides, des Polypiers, etc., mais le Dr Jourdan et les géologues lyonnais en ont retiré un certain nombre de dents et d'ossements de Mammifères : *Hipparion gracile*, *Rhinoceros*, *Dinotherium giganteum* (fig. 25), *Dicrocerus elegans*, etc., mêlés à des débris de Cétacés, Tortues, Reptiles, Poissons.

Au-dessus de ces sables miocènes (moyens supérieurs), le Dr Jourdan a découvert, dans le haut de la tranchée du chemin de fer de la Croix-Rousse, une faune Tortonienne (miocène supérieur), c'est-à-dire les débris d'une faune terrestre analogue à celle des limons rougeâtres du mont Léberon (Vaucluse), *Mastodon longirostris*, *Hipparion gracile*, *Dinotherium Cuvieri*, *Rhinoceros Schleiermacheri*, *Gazella deperdita*, etc. Cette faune rappelle celle de Pikermi en Grèce, étudiée par M. Gaudry [1], comme celle du Léberon.

Dans ces mêmes limons rouges, M. le professeur Depéret a découvert une gigantesque tortue terrestre, la plus grande des tortues fossiles et vivantes. Cette magnifique *Testudo Leberonensis* Dep. a été déposée dans les galeries de la Faculté des Sciences de Lyon [2].

Dans le bassin de Visan (Drôme), près Nyons, où M. Fontannes a pris ses types pour le Miocène moyen

---

[1] Gaudry, *Les Ancêtres des Animaux*, Paris, 1886.

[2] Dr Depéret, *Comptes rendus des séances de l'Académie des sciences*, 28 avril 1890.

et le Miocène supérieur, près de Saint-Paul-Trois-Châteaux, on voit se succéder, de bas en haut, un conglomérat, puis toute une série de bancs de mollasse, carac-

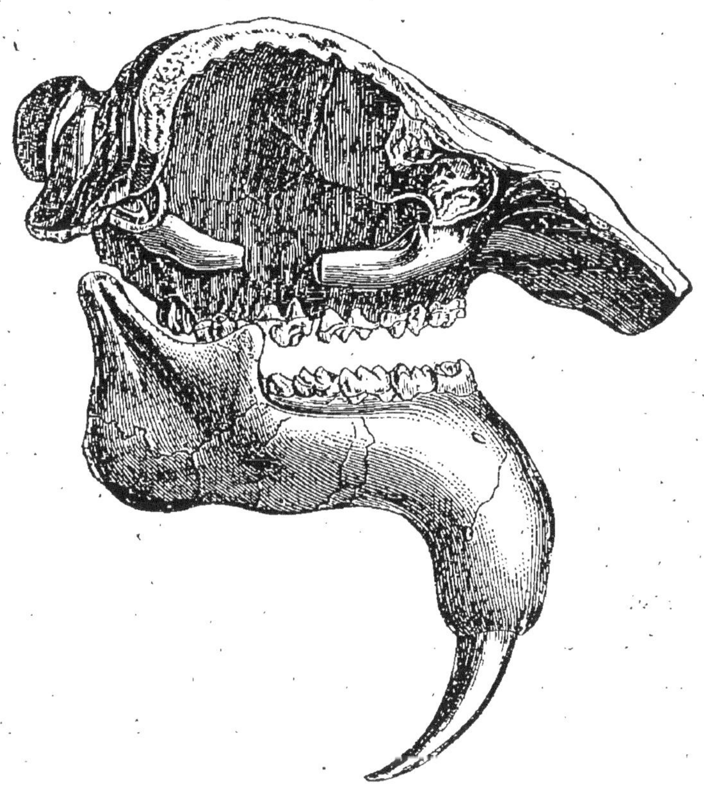

FIG. 25. — Tête du *Dinotherium giganteum* d'Eppelsheim.

térisés, en groupes, par des *Pecten præscabriusculus*, *Ostrea crassissima*, *Pecten Celestini*. Au-dessus du conglomérat, une mollasse marine calcaire, blanche, à *Pecten sub-Holgeri*, est exploitée à Saint-Restitut pour fournir à Lyon de beaux matériaux de construction.

A cette époque, la vallée du Rhône jouissait d'une

température qui devait ressembler à celle de la région des grands lacs africains ; l'étude des Poissons, des Crustacés, des Cirripèdes, des Mollusques et Échinodermes nourris dans cette mer miocène, a révélé à M. A. Locard l'existence d'un climat pour ainsi dire subtropical. D'ailleurs l'examen des débris de Mammifères que nous venons d'énumérer a conduit MM. les docteurs Lortet et Depéret, ainsi que M. Chantre, aux mêmes conclusions.

Cet état de choses, tout en se prolongeant pendant un temps considérable, ne persista pas indéfiniment. Tandis que la chaîne des Alpes achevait de prendre son relief, des mouvements généraux du sol relevèrent le fond de la vallée du Rhône dans sa partie nord ; la mer en fut chassée pour la dernière fois ; mais plus au sud elle garda ses positions et déposa près de Creure, non loin de Hauterives, des marnes à Syndosmyes, qu'on synchronise déjà avec les formations marines pliocènes inférieures à Cérithes et les marnes saumâtres à Potamides et à Congéries du bassin de Saint-Ariès.

Après cette dernière retraite des eaux marines, refoulées par des mouvements localement assez importants du sol, comme on le voit à Théziers, le régime lacustre fut rétabli dans le bassin du Rhône, sur un terrain récemment émergé.

Du reste M. le Dr Depéret s'occupe de modifier les détails de la classification de nos terrains tertiaires pour la faire concorder avec celle des géologues autrichiens.

De nouveaux cours d'eau charriaient des bois, des débris de végétaux, des limons marneux remplis de coquilles terrestres et d'eau douce: *Helix Chaixi, H. Colonjoni, Clausilia Terveri, Planorbis Thiollieri,* etc. Telle a été l'origine des marnes à lignites de Hauterives, des marnes grises et des lignites de Mollon, de Meximieux, de la Bresse, de la vallée de l'Ain. Malgré les différences physiques qui semblaient les en séparer, nous avons rattaché à ces marnes les sables ferrugineux de Trévoux, à *Helix Chaixi, Clausilia Terveri, Mastodon arvernensis,* ainsi que les tufs calcaires de Meximieux, à nombreuses Hélices et à grandes Clausilies de Terver, si remarquables par leurs belles empreintes végétales. Les marnes grises à lignites, les sables ferrugineux, les tufs ne sont donc que trois formations synchroniques[1] du niveau des sables d'Asti, se présentant sous différents aspects, suivant certaines circonstances locales.

Des *Adianthum reniforme,* des *Woodwardia radicans,* des *Apollonias canariensis,* des *Oreodaphne Heeri,* des *Liquidambar europæum,* etc., croissaient près des cascatelles incrustantes de Meximieux, et toutes ces espèces avaient besoin d'une douce température. Les empreintes que nous avons fournies à M. de Saporta[2] ont permis à ce savant de paralléliser l'ancien climat de cette station avec celui des Canaries, de la Sicile, du sud des États-Unis, et de lui attribuer une moyenne annuelle de 17 à 18 degrés centigrades. En comparant cette température à celle de l'époque miocène, on voit qu'elle

---

[1] Falsan, Études sur la position des tufs de Meximieux (*Archives du Muséum d'histoire naturelle de Lyon,* 1875).

[2] *Cf.* de Saporta, Recherches sur les végétaux fossiles de Meximieux (*Archives du Muséum d'histoire naturelle de Lyon,* 1876).

s'était abaissée, et nous allons dire que bientôt après elle devait s'abaisser encore. En effet, ces conditions météorologiques étaient peu stables, et, dans la région alpine, il se passait des faits qui allaient fortement les modifier.

Quoique Meximieux soit déjà un peu éloigné des Alpes, nous avons cru devoir entrer dans ces détails, car seuls ils peuvent donner une idée du climat qui régnait alors au pied de ces montagnes. D'ailleurs, les phénomènes dont cette immense chaîne était le théâtre, devaient faire sentir leur influence dans un rayon bien plus étendu, et, à mesure que les événements se rapprochent de notre époque, ils deviennent d'un plus grand intérêt ; on doit en tenir compte.

Les mouvements généraux du sol qui ont relevé les couches pliocènes dans le sud du bassin du Rhône n'ont été en quelque sorte que le contre-coup des derniers soulèvements alpins. Dans les environs de Lyon, dans la Bresse, le Dauphiné, les couches pliocènes sont restées horizontales. Mais il n'en a pas été de même pour la mollasse miocène. Nous avons déjà dit qu'elle avait participé à tous les mouvements des chaînes secondaires ; on peut le voir dans la coupe prise au travers du massif de la Chartreuse. En outre, au nord du Villard-de-Lans, à Méaudre, la mollasse a été soulevée à plus de 1500 mètres [1] et dans le Jura, à l'ouest du Crêt de Chalam, à la Combe d'Évoaz, près des limites nord du département de l'Ain, elle affleure à plus de 1200 mètres [2]. Ces

---

[1] Ch. Lory, *Description géologique du Dauphiné*, p. 412.

[2] *Cf*. É. Benoît, Esquisse de la carte géologique de l'Ain, etc., (*Bull. Soc. géol.*, 2ᵉ série, t. XV, p. 326, 1858).

exemples qu'on pourrait multiplier suffisent pour faire
ressortir clairement l'âge des derniers soulèvements
alpins. Ils coïncident par conséquent avec l'époque pendant laquelle les Mastodontes, les Rhinocéros, les Éléphants, erraient au milieu des forêts canariennes dont
les feuilles sont restées empreintes sur les travertins de
Meximieux.

Certainement les Alpes avaient fini par être plus
élevées qu'elles ne le sont aujourd'hui, et des vapeurs
d'eau plus abondantes, transportées par les vents, après
s'être refroidies contre les parois de ces hautes montagnes,
s'étaient transformées en névés et en glaciers. Nous
n'avons pas à revenir ici sur la marche de ces divers phénomènes, et il nous suffira de dire que le climat des contrées voisines des Alpes en fut profondément influencé,
sans pourtant l'avoir été autant qu'on s'était plu à le
croire d'abord. Toutefois, par suite de l'abondance des
chutes de neige et des précipitations aqueuses, ainsi que
par l'effet des fontes périodiques des grands glaciers, les
fleuves et tous les cours d'eau enflèrent considérablement leur volume et entraînèrent au loin les débris des
moraines. Il se produisit alors d'immenses inondations
pendant le fonctionnement de l'appareil glaciaire dans
les vallées alpestres.

Les alluvions entraînées au loin par ces masses d'eau
en mouvement envahirent toutes les parties basses de la
région et les comblèrent jusqu'à une certaine hauteur pour
constituer de vastes plateaux. Les belles forêts de Meximieux, de Trévoux, etc., furent ensevelies sous des masses stériles de cailloux roulés et de sable. Les animaux
de la faune pliocène et de la faune de transition entre

A. FALSAN, Les Alpes françaises.   13

le tertiaire et le quaternaire : des Mastodontes, des Éléphants, de grands Carnassiers, des Hyènes, des Ours, des Hippopotames, des Rhinocéros, des Castors, des Tortues, *Mastodon arvernensis*, *Elephas meridionalis*, *Elephas antiquus*, *Machairodus latidens*, *Hyena antiqua*, *Ursus arvernensis*, *Hippopotamus major*, *Rhinoceros megarhinus*, etc., furent chassés de leurs retraites. Ils cherchèrent un refuge sur les montagnes voisines et laissèrent une partie de leurs dépouilles dans les fentes des calcaires du Mont-d'Or lyonnais, où on les retrouve encore.

Pour nous, les parties inférieures des alluvions glaciaires, dans lesquelles nous ne saurions établir des divisions précises, sont dans le bassin moyen du Rhône, tout aussi bien que dans le bassin de la Durance, les derniers membres des formations pliocènes et représentent près de nous les sables du Val d'Arno, ou l'Arnusien, mais les couches supérieures doivent être déjà classées dans les terrains quaternaires. Depuis les beaux travaux d'Élie de Beaumont, les cailloutis et conglomérats de la Bresse, des Dombes et des plateaux du bas Dauphiné sont devenus les types classiques de ces anciennes alluvions que l'on nomme généralement aujourd'hui *alluvions glaciaires*. Une puissante formation terreuse jaunâtre, le Lehm, accompagne les alluvions anciennes et dérive comme elles du terrain erratique. Le Lehm est placardé sur les flancs des vallées ou bien il est étendu en nappes sur les plaines, les plateaux et sur le thalweg des grandes vallées ; il ne dépasse jamais un certain niveau. C'est le produit de la lévigation des anciennes moraines et il s'est déposé en avant d'elles dans des lagunes ou marécages.

Dans les environs de Lyon, le Lehm est très riche en ossements de grands Mammifères, appartenant à la faune quaternaire ; ce sont des Éléphants, des Rhinocéros, des Chevaux, des Rennes, des Bœufs, des Marmottes, etc., *Elephas primigenius, Elephas intermedius, Rhinoceros tichorhinus, Equus caballus, Cervus tarandus, Bos primigenius, Arctomys primigenia*, etc. ; c'est la faune contemporaine de l'extension des anciens glaciers. Au lieu de ne citer que les espèces les plus caractéristiques, si nous en signalions d'autres, nous verrions se multiplier les affinités de cette faune avec celle de notre époque. Le Lehm renferme de nombreuses coquilles terrestres ; les plus communes : *Helix arbustorum, Helix hispida, Helix sylvatica, Pupa muscorum, Succinea oblonga*, indiquent pour notre région un climat froid et humide, ainsi que l'a signalé M. A. Locard [1].

Mais il est un autre terrain qui est placardé à toutes les hauteurs sur les flancs des collines et des montagnes, et qu'on serait tenté de confondre avec le véritable Lehm, le Lehm glaciaire, dont il a l'aspect. Ce faux Lehm n'est pas subordonné à la formation des anciennes moraines et ne peut être synchronisé avec l'extension des grands glaciers alpins. Ce terrain n'est que le produit du ruissellement des eaux sauvages ravinant la surface du sol et entraînant avec elles, même de nos jours, dans les déclivités, les parties de divers terrains, décomposées et ameublies par les agents atmosphériques.

Après le retrait des grands glaciers, les eaux de fonte

---

[1] Locard, *Description de la faune malacologique des terrains quaternaires des environs de Lyon*, p. 172, 1879.

devenues de plus en plus limpides, eurent une grande force érosive pour façonner une dernière fois nos plaines et nos vallées. Toute la région commença à revêtir l'aspect qu'elle a conservé.

Les enchaînements de la vie n'ont jamais été interrompus, les glaces n'ont jamais tout enseveli, et dans le bassin du Rhône, bien mieux qu'elle ne pourrait le faire aujourd'hui au pied des glaciers restreints de la vallée de Chamonix, une faune puissante, a trouvé en face des immenses glaciers quaternaires une flore assez riche pour subvenir à ses besoins, à condition toutefois de se soumettre à des migrations périodiques hivernales, dans des régions plus tièdes.

Nos premiers ancêtres ont donc pu vivre en avant des anciennes moraines. Mais pour le développement de l'humanité, il ne suffisait pas de pouvoir subsister péniblement; des conditions d'existence plus favorables étaient nécessaires à l'épanouissement des forces expansives de la race humaine, et ces conditions ne tardèrent pas à s'offrir. La moyenne du climat qui avait été de 17 à 18 degrés centigrades au milieu des forêts de Meximieux et qui était descendue à 6, à 9 degrés centigrades pendant la période glaciaire, remonta progressivement pour se maintenir à 11°,8 centigrades, température actuelle.

On croit même que, à une époque de transition qui suivit le retrait des glaciers, il dut y avoir une phase qu'on a appelée *Xérothermique* pour indiquer sa double nature sèche et chaude. Ce serait cette élévation momentanée de température qui aurait favorisé la dispersion de quelques plantes méridionales jusque dans le périmètre des anciens glaciers, et, dans certaines stations, grâce à des conditions locales favorables, de rares espèces se sont propagées exceptionnellement jusqu'à nous ; ce sont elles que nous voyons groupées en oasis sur les bords du Léman et du Bourget[1], dans le Valais ou au pied du Colombier, en Bugey, ou bien encore près de Crémieu, en Dauphiné, etc.

Mais nous n'avons pas à entrer ici dans ces détails. Lentement, les plantes et les animaux purent se disperser et se grouper suivant leurs aptitudes à se plier aux conditions climatériques nouvelles et locales.

L'Homme lui-même, affranchi des rigueurs trop pénibles d'une lutte opiniâtre pour la vie, fut heureux d'obéir à l'influence d'un milieu plus clément, et il sut exploiter progressivement toutes les richesses que lui offrait la nature.

---

[1] *Cf.* John Briquet, *Recherches sur la flore du district savoisien*, etc. Leipzig, p. 46, 1890 ; Dr Magnin, *La Végétation de la région lyonnaise*, passim.

CHAPITRE V

ZOOLOGIE (VERTÉBRÉS) OU FAUNE MODERNE

Difficulté d'établir une filiation entre la faune ancienne et la faune
moderne. — Nombreux termes de comparaison dans les terrains des
environs de Lyon et de la vallée du Rhône. — Faune miocène. —
Faune de transition et faune quaternaire. — Faune actuelle. —
Exposé numérique des Vertébrés des Alpes centrales. — Division par
zones. — Diverses migrations. — Faune de la zone élevée et des
neiges ; Mammifères ; Oiseaux ; Reptiles. — Faune des grands lacs ;
Oiseaux ; Poissons.

Conformément à la méthode déjà suivie dans l'étude des
origines et de la marche progressive de la flore, c'est en
interrogeant le passé que l'on peut espérer saisir quelques notions relatives à la raison d'être et à la filiation de
la faune actuelle de la France et des Alpes occidentales.
Il est évident que cette faune ne s'est pas constituée d'un
seul jet comme une statue de bronze. Elle ne saurait
être que la résultante des divers groupements d'animaux
qui se sont successivement développés dans notre région
et ne s'y sont maintenus en partie qu'en vertu des lois de
l'évolution. Ils ont dû se modifier et s'adapter suivant les
circonstances, en subissant l'influence des changements

de milieu ou de toute autre cause. En définitive un certain nombre de genres ont pu se plier aux conditions biologiques nouvelles et se maintenir, avec des modifications partielles, sur le sol primitivement occupé par leurs ancêtres, et cela, malgré de grandes oscillations de température. Mais pour étudier les divers côtés de la question et tenir également compte des chances favorables et des difficultés de la vie, on doit faire une large part à cette faculté de locomotion que possèdent exclusivement les animaux. Grâce à elle, ces groupes d'êtres ont pu fuir le danger et se réfugier dans des stations plus hospitalières pour retourner ensuite à leur point de départ, alors que les conditions de la vie étaient redevenues propices.

Au milieu de la trame si complexe des événements qui se sont déroulés sur notre sol depuis de longues séries de siècles, depuis l'établissement des climats solaires, il serait certainement impossible de reconstituer d'une manière sûre, claire et complète, les liens de filiation, la généalogie des genres et des espèces, et, ce qui complique la solution de ce problème, c'est la difficulté de trouver des termes de comparaison suffisants. En effet, d'un côté on possède sans lacune l'ensemble de la faune actuelle, et de l'autre on ne saurait réunir que des ossements épars, peu nombreux, presque toujours sans liaison les uns avec les autres, le plus souvent fracturés ou tout au moins distribués au hasard dans des alluvions, dans des cavernes, des grottes ou des fentes de carrières.

Comment pourait-on tirer des conclusions rigoureuses, justes et générales, d'observations aussi restreintes et hérissées de tant de difficultés? Et cependant, grâce à de longues et patientes recherches, on a pu exhumer de

13*

certaines stations des débris de squelettes, suffisamment déterminables pour permettre de reconstituer d'intéressantes séries, d'âges divers. Ainsi le Muséum de Paris s'enrichit à chaque moment des trésors que le calcaire grossier, les sables de Beauchamp, les carrières de Montmartre et bien d'autres stations livrent aux recherches des paléontologistes. A une assez faible distance des Alpes, les couches éocènes supérieures de la Débruge (Vaucluse) et les limons rouges miocènes supérieurs du mont Léberon (Vaucluse), si connus depuis les beaux travaux de M. Gaudry[1], peuvent être rangés parmi les stations les plus intéressantes de France.

Mais, près de Lyon, les études du Dr Jourdan, de MM. Lortet et Chantre et de M. le Dr Depéret ont donné une grande notoriété aux argiles sidérolithiques, riches en ossements miocènes moyens inférieurs ou mayenciens qui remplissent les crevasses du bajocien des carrières de la Grive-Saint-Alban. Les galeries du palais Saint-Pierre renferment une belle collection de débris osseux qui proviennent de cette station, ainsi que d'autres localités subalpines de nos environs, moins connues.

En consultant les beaux mémoires que M. le Dr Depéret a publiés sur *les vertébrés miocènes de la vallée du Rhône*[2], et sur *la faune des mammifères miocènes de la Grive-Saint-Alban* on peut reconnaître des affinités entre ces fossiles et plusieurs espèces vivant encore autour de nous ou

---

[1] A. Gaudry, Les Ancêtres de nos animaux (*Bibliothèque scientifique contemporaine*), Paris, 1889, etc., etc.

[2] Dr Depéret, *Archives du Muséum d'histoire naturelle de Lyon*, t. IV, p. 45, 1887, et t. V, fascicule II, p. 1.

dans la région alpine. Ces différentes espèces, de deux âges si éloignés l'un de l'autre, sont loin d'être identiques, mais les caractères qui les distinguent entre elles n'ont qu'une assez faible importance. Il nous suffira de citer quelques exemples : les *Mustela Filholi* (Depéret), *Lutra Lorteti* (Filh.), *Erinaceus Sansaniensis* (Lartet), *Talpa telluris* (Lartet); *Sciurus spermophilinus* (Depéret), *Castor lœgeri* (Kaup), *Myoxus miteloides* (Depéret), *Cricetodon Rhodanicum* (Depéret), *Lagomys verus* (Hensel), *Sus major* (P. Gervais), *Sus Steinheimensis* (Fraas), *Dicrocerus elegans* (Lartet), diffèrent peu, d'après leur taille et les caractères de leurs dents, des espèces analogues actuelles, si bien qu'on a quelques raisons de les regarder comme les ancêtres des espèces ou genres suivants qui vivent encore près de nous : *Fouine*, *Loutre*, *Hérisson d'Europe*, *Taupe d'Europe*, *Écureuil vulgaire*, si répandu dans les grandes forêts des Alpes et autour de la Grande-Chartreuse, *Castor* qui habitait encore, il y a peu d'années, les îles du Rhône, *Muscardin*, *Lérot*, *Hamster*, *Rat noir*, *Lagomys Alpinus*, espèce de Léporidé des grandes forêts de l'est de l'Europe, *Sanglier*, *Porc*, etc. Le *Dicrocerus*, à bois simplement fourchus, ne serait qu'une première ébauche de nos *Cerfs*.

Les Oiseaux mêmes seraient représentés par un *Rapace* voisin de la *Buse vulgaire*, une *Pie*, un *Faisan*, une espèce de *Perdicidé*, une *Grue*, voisine de la *Grue cendrée*, et un oiseau de la taille des *Canards*. Une note publiée par M. le Dr Depéret [1] nous permet de

---

[1] Dr Depéret, Sur la faune d'Oiseaux pliocènes du Roussillon, (*Comptes rendus des séances de l'Académie des Sciences,* 21 mars 1892).

joindre à cette liste d'Oiseaux précurseurs de ceux de l'époque actuelle du bassin du Rhône, un *Corbeau* très voisin du grand *Corbeau*, *Corvus corax* et une espèce de *Grive* ayant certaines affinités avec notre *Grive* des vignes, *Turdus musicus*.

Mais si ces espèces se sont maintenues avec d'assez faibles modifications, beaucoup d'autres, ainsi que des genres et même des ordres entiers, ont disparu, soit définitivement éteints, soit encore réfugiés au loin, pour trouver une température qui, leur étant nécessaire, ne se rencontrait plus au pied des Alpes. C'est ainsi que dans la vallée du Rhône, on chercherait en vain des *Singes*, de grands *Carnassiers* : *Machairodus*, *Hyena*, *Dinocyon*, etc., des *Proboscidiens* : *Mastodon*, *Dinotherium*, des *Pachydermes*, tels que des *Hipparions*, des *Rhinocéros*, des *Ruminants*, appartenant aux genres : *Gazella*, *Tragocerus*, *Dremotherium*, etc., et de grands *Reptiles*.

De la faune de transition entre le tertiaire et le quaternaire, qui comprenait encore des *Hyènes*, des *Machairodus*, de grands *Félidés*, des *Éléphants*, des *Rhinocéros*, des *Hippopotames*, des *Tapirs*, il est resté plus spécialement l'*Ursus spelæus*, peut-être un des prototypes de l'*Ours brun*, des *Cerfs*, des *Bœufs*, des *Chevaux*, des *Castors*, des *Lièvres*, c'est-à-dire des espèces qui ont pu résister à l'abaissement toujours croissant du climat. Cette altération climatérique dut encore s'accentuer; les glaciers s'avancèrent sans donner pourtant à la France un climat sibérien, la végétation resta toujours assez active en avant des moraines terminales pour suffire à l'alimentation de grands troupeaux de *Proboscidiens*, de *Pachydermes*, de *Mammouths*, de *Rhinocéros à grands poils*, qui finirent par disparaître à leur tour, ainsi que l'*Elephas antiquus* qui avait réussi à se maintenir, même sans fourrure, à l'abri du froid, en Provence. Le climat, après des oscillations, tendit à se rapprocher de plus en plus du nôtre. Les débris de vertébrés, découverts dans le lehm et les alluvions quaternaires, dans les grottes et cavernes du même âge, se relient toujours plus intimement aux formes actuelles. En consultant les listes de fossiles dressées par M. le Dr Lortet et M. Ernest Chantre [1], on voit qu'on peut ajouter d'autres espèces aux types ancestraux déjà mentionnés de notre faune actuelle. Tels sont : le *Loup*, le *Chien*, le *Renard*, la *Fouine*, le *Blaireau*, le *Lynx*, le *Chat*, l'*Ours brun*, le *Cheval*, le *Porc*, le *Bœuf*, le *Chevreuil*, la *Chèvre*, le *Bouquetin*, le *Renne* qui s'est retiré dans les régions boréales et que le *Chamois* a remplacé dans les Alpes, la *Taupe*, le *Rat ordinaire*, le *Rat des champs*, le *Castor*, le *Lièvre*, etc. Les Oiseaux sont représentés par l'*Aigle fauve* et le *Tétras lagopède*, par la *Chouette harfang* qui a fui jusque dans les forêts du Nord. Si nous avons répété dans cette liste des noms déjà cités, c'est parce que ces espèces anciennes et modernes, au lieu d'offrir simplement de grandes affinités, sont devenues en quelque sorte identiques par suite de la disparition progressive des caractères différentiels, sous l'influence de causes qui tendaient constamment à rapprocher du nôtre le climat ancien.

---

[1] L. Lortet, et Ernest Chantre, Études paléontologiques dans le bassin du Rhône (période quaternaire). *Archives du Muséum de Lyon*, t. I, p. 59, 1873.

Souvent aux débris de ces espèces, de ces familles, sont encore mêlés d'autres groupes, aujourd'hui éliminés, ou tout au moins exilés dans des régions plus chaudes, mais cette juxtaposition n'a rien qui puisse masquer les rapports de la faune quaternaire avec la faune moderne. Il est seulement naturel d'en conclure que toutes les espèces n'ont pas eu les mêmes facultés d'adaptation aux exigences des milieux ambiants.

Après tant de siècles écoulés, nous ne saurions nous attendre assurément à rencontrer des séries de fossiles assez complètes pour établir entre les faunes des deux âges une filiation rigoureuse. Néanmoins, tout imparfaite qu'elle soit, cette rapide étude conduit à un intéressant résultat. Sans doute, en ajoutant à cette liste de fossiles le résumé des plus récentes découvertes faites dans la région alpine, on l'augmenterait encore, mais la série ne serait jamais complète; le défaut de quelques termes de comparaison ne saurait pourtant infirmer notre conclusion.

Les liens qui rattachent à la faune ancienne, la faune actuelle de la région des Alpes, ayant été ainsi rapidement établis, il nous resterait à exposer les divers éléments de cette dernière; nous nous contenterons de quelques traits.

Pour la faune des vertébrés des Alpes centrales qui se confondent sur leurs frontières avec les nôtres, Tschudi comptait, il y a une vingtaine d'années, près de 500 espèces : 30 pour les *Reptiles*, 50 pour les *Poissons*, 60 pour les *Mammifères* et 330 pour les *Oiseaux*. Comme la Suisse est un pays dont l'histoire naturelle a été étudiée avec soin depuis très longtemps, ces

chiffres ont été sans doute peu modifiés, et ils se trouvent applicables aux Alpes occidentales, surtout dès que
l'on renonce à descendre dans les détails. Nous nous
bornerons d'ailleurs, après ces quelques considérations
générales, à des aperçus relatifs à la faune des hauts
sommets et des lacs.

Si nous avions à embrasser l'ensemble des diverses
séries animales, nous pourrions avec Tschudi et d'autres naturalistes, les grouper par zones d'après l'altitude,
c'est-à-dire d'après la configuration orographique du
sol, et nous aurions : 1° la zone des plaines et des collines; 2° la zone alpine ou des montagnes moyennes;
3° enfin, la zone des hautes régions des neiges et des
glaciers. Diviser une contrée en diverses zones d'après
l'altitude pour en décrire la faune, c'est simplement
appuyer sa classification zoologique sur les éléments
climatériques et surtout sur la température moyenne des
lieux. En définitive, c'est la chaleur qui demeure la
grande régulatrice du groupement des faunes. C'est
toujours pour trouver une température moyenne, favorable à leur développement, que les animaux se dépla-
cent et se cantonnent. Les limites des divisions que nous
venons d'indiquer n'ont pourtant rien d'absolu ; elles
changent suivant les variations de la température. Ainsi,
pendant la période glaciaire, la zone des neiges se confondait avec celle des plaines et des collines, au lieu
d'être confinée vers les hauts sommets.

L'examen que nous venons de faire des fossiles tertiaires et quaternaires ne laisse aucun doute à cet égard,
et, de nos jours encore, chaque année ces limites se
modifient assez pour déplacer les groupes et amener un

certain enchevêtrement des faunes, occasionné par quelques migrations animales qui peuvent rappeler vaguement les déplacements dont nous avons parlé à propos des habitudes des grands animaux au pied des anciens glaciers. Seulement, depuis qu'une faculté trop restreinte d'adaptation a supprimé beaucoup d'espèces, en dehors des migrations d'Oiseaux, c'est l'Homme qui les dirige pour les utiliser et en tirer profit, et c'est l'Homme lui-même qui est en quelque sorte entraîné à la recherche d'un climat plus convenable aux besoins de son activité et de son tempérament.

Les migrations des Oiseaux n'ont rien que de naturel; elles sont la conséquence directe d'une grande loi encore incomplètement étudiée. Chaque année, à l'automne, des bandes nombreuses d'Oiseaux traversent rapidement les Alpes ou suivent la vallée du Rhône, pour aller en Italie ou en Espagne, et surtout, pour aborder en Afrique, après avoir franchi la Méditerranée à tire-d'aile. Ce sont ces migrations qui enrichissent la faune ornithologique de certaines zones des Alpes, et qui permettent d'y constater la présence d'un grand nombre d'Oiseaux de passage, sans parler des Oiseaux sédentaires. Le plus souvent, ce sont des Oiseaux qui descendent périodiquement du nord pour aller hiverner sous des climats plus doux; plus rarement, ce sont des espèces méridionales, emportées par des bourrasques, des tempêtes jusqu'au milieu des Alpes, depuis les contrées africaines. Au point de vue général, ces migrations d'Oiseaux sont analogues à celles qui se passent dans les pays voisins, et elles ne peuvent en différer que par quelques détails, conséquences d'accidents topographiques locaux, car la configuration de ces hautes montagnes doit exercer sur elles une réelle influence.

Mais il est une autre classe de migrations plus spéciale aux Alpes françaises, et qui a une grande importance, tout en prouvant une fois de plus l'action de la chaleur sur le groupement des animaux et sur un certain mélange des faunes ; mais alors tout se passe sous la direction immédiate de l'Homme qui a su utiliser à son avantage les tendances naturelles d'une classe nombreuse d'animaux domestiques. Il s'agit des migrations des troupeaux de Moutons de la Provence, qui chaque année, remontent au nombre de plusieurs milliers jusque dans les hauts pâturages du Dauphiné. Ils ont besoin de fuir l'ardeur d'un soleil brûlant qui dessèche les plaines, pour trouver dans les Alpes une température qui devient graduellement moins chaude à mesure qu'on s'élève, et des pâturages plus nourrissants. Il y aurait là une étude de mœurs pastorales intéressante à faire, car la *transhumance* se maintient depuis des siècles reculés.

Nous ne l'envisageons ici que sous le rapport de la mise en mouvement, à de grandes distances et d'une manière périodique, d'un nombre considérable de troupeaux, mais dans un des chapitres suivants, on reviendra sur ce sujet, et nous confierons la rédaction de ces pages à des auteurs plus compétents que nous.

Voilà donc des déplacements, à distances considérables, opérés dans les Alpes sous l'action plus ou moins directe de la chaleur. Sous la même influence, il se produit chaque année des déplacements zoologiques assez importants et rapides en hauteur ; ce sont encore de nouveaux mélanges de faune.

En Suisse, où la vie pastorale a fait de grands progrès, on attend que le soleil et le fœhn aient fait fondre les neiges, et, dès l'approche de la belle saison, on fait monter les troupeaux dans les hauts pâturages pour ne les en faire redescendre que lorsque le froid les chasse. Ainsi donc, au lieu de faucher ces prairies à herbes courtes et de rapporter près des étables, avec des peines inouïes, une maigre provision de fourrage, ce sont les Vaches qui vont paître sur les hautes montagnes des plantes fraîches et succulentes pour les transformer immédiatement en ce lait excellent auquel l'industrie fait subir de nombreuses préparations dans les chalets et les fruitières.

Malheureusement cette sage méthode n'a pas été suivie dans les Hautes-Alpes, et il en est résulté de graves inconvénients pour l'agriculture, si bien que pour vaincre des résistances basées sur la routine et l'ignorance, on a fait de nombreuses tentatives. On a même appelé de la Suisse des hommes pratiques [1] pour donner des conférences aux habitants, et pour leur enseigner les meilleures manières de tirer parti de leurs domaines et de leurs prairies de montagnes. En même temps que l'Administration forestière s'occupe du reboisement et du gazonnement des pentes, on fait de grands efforts pour utiliser le système des migrations périodiques sur les montagnes élevées.

Mais l'Homme lui-même, subissant l'influence des saisons, n'échappe pas complètement à cette loi de dépla-

---

[1] *Cf.* F. Briot, Étude sur l'économie pastorale des Hautes-Alpes (*Revue des Eaux et Forêts*, novembre 1880 à mars 1881.)

cements réguliers; il fuit chaque année des régions appauvries par la rigueur des frimas; quelquefois même il s'expatrie au loin pour rapporter dans son pays l'aisance ou la santé et souvent la fortune. On connaît les migrations périodiques des montagnards de la Savoie, de l'Oisans, du Queyras, de Barcelonnette, mais ces migrations ne sont pas spéciales aux Alpes; elles rappellent celles de l'Auvergne, du Limousin et de la Marche.

Les hautes montagnes avec leurs sommets couverts de neige, de glaciers, et les grands lacs, voilà ce qui caractérise essentiellement les Alpes françaises. Il est donc naturel de rencontrer, dans ces zones élevées, comme dans ces eaux profondes et sur leurs bords, quelques espèces particulières, distinctes de celles des contrées voisines. Nous ne nous occuperons, et encore très brièvement, que de ces formes typiques, car décrire la faune des zones inférieures reviendrait à passer en revue celle de la France presque entière. D'ailleurs comme la température s'abaisse à mesure que les montagnes s'élèvent, et que la chaleur est nécessaire à l'épanouissement de la vie, les espèces se raréfient de plus en plus dès qu'elles abordent les niveaux supérieurs, car il n'y en a qu'un petit nombre capable de résister à des conditions si différentes de celles qui s'offrent à la plupart des êtres. Les hauts sommets sont donc des puissances ennemies de la vie, et peu d'espèces végétales ou animales ont pu vaincre leur influence défavorable et rester victorieuses sur le champ de bataille.

Nous allons énumérer rapidement les Mammifères qui ont pu se plier aux exigences de ces climats rigoureux.

Toutefois nous avons cru devoir donner des notes plus détaillées sur les mœurs des Chamois et des Bouquetins, ruminants qui ornent les hautes cimes, et sur celles de quelques rongeurs, Marmottes, Lièvres variables, Campagnols des neiges, etc., dont les habitudes offrent d'étranges particularités. Après nous être occupé des espèces acclimatées à ces régions inhospitalières, nous citerons celles qui n'y font que de courtes et rares incursions.

Le Lièvre des Alpes, Lièvre variable *(Lepus variabilis* Pall.) (fig. 26) est un des types les plus curieux de cette étrange faune. On le trouve dans les contrées septentrionales et dans toute la chaîne des Alpes, en Savoie, en Dauphiné, en Suisse, dans le Tyrol, etc. Il existe aussi dans d'autres grandes chaînes, les Pyrénées, le Caucase.

L'été il se cantonne dans les zones intermédiaires, entre les forêts de Sapins et les neiges permanentes, dans le voisinage des Marmottes et des Tétras lagopèdes, mais il peut s'élever jusqu'à 3200 mètres et même plus haut; par contre, il ne descend jamais au-dessous de 1000 mètres. On ne l'a donc jamais vu dans la chaîne du Jura.

Dans les montagnes du Dauphiné, le Lièvre variable ou Lièvre des Alpes s'appelle le Lièvre blanc. La couleur de son pelage qui devient blanc l'hiver lui a mérité ce nom. Il est aussi commun que le lièvre ordinaire, quoiqu'il soit moins abondant sur les marchés de Grenoble et des autres villes, où sa chair est peu appréciée.

C'est dans un site un peu rocailleux, entouré par places de terre meuble et de buissons, que le Lièvre variable établit son gîte et broute joyeusement l'herbe qui

Fig. 26. — Lièvre des Alpes.

croît près de ses terriers. Il ne pourrait donc prospérer

dans des districts complètement déboisés, où il n'y aurait que des rochers et de grosses pierres. L'été, sa fourrure est fauve et ressemble à celle du Lièvre commun ; mais, dès que la terre se couvre de frimas, son pelage s'harmonise avec la nature et semble se couvrir progressivement de flocons de neige ; puis cette teinte blanche s'étale de plus en plus sur tout l'animal qui ne garde une coloration foncée qu'au bout des oreilles. Sa livrée devient alors la même que celle de la Perdrix des neiges ou Tétras lagopède. Ne pouvant lutter contre l'envahissement de la neige et des frimas, il descend sur les pentes boisées inférieures pour y passer l'hiver et y trouver une nourriture qui lui manquerait dans les régions plus élevées. Durant cette saison, son existence est des plus misérables ; au lieu de rester, comme la Marmotte, enseveli de longs mois dans un sommeil léthargique, il cède au besoin de la faim et va chercher, jusque sous la neige, des racines, des écorces, des herbes sèches.

Pendant la belle saison, le calme de son existence est souvent troublé, même dans les hautes solitudes. Les grands Rapaces, les Corneilles des Alpes, les Corbeaux, l'Hermine et les rares Carnassiers qui font de rapides fugues dans ces régions élevées sont ses plus dangereux ennemis, sans parler des chasseurs. Toutefois depuis de longues séries de siècles, ce lièvre a pu résister à toutes les chances de destruction, puisque M. A. Favre[1] a signalé la présence de ses ossements dans la station préhistorique de Veirier, près de Genève.

[1] *Archiv. phy. nat.*, 15 mars 1868.

Un autre rongeur beaucoup plus petit, le Campagnol

Fig. 27. — Campagnols des neiges.

des neiges (*Arvicola nivalis* Mart.) (fig. 27) découvert

par Ch. Martins au Faulhorn[1], vit également dans ces froides solitudes et partage un peu les mœurs de son voisin. Il se creuse des terriers jusque près des neiges. Mais comme dans toute la chaîne il peut vivre à des altitudes très diverses, on le voit aussi bien dans les zones neigeuses des Alpes françaises que dans les cabanes des bergers, où il remplace les souris ; on le trouve encore dans le massif de la Grande-Chartreuse.

Quoiqu'elles soient cantonnées loin des glaciers, on nous permettra de citer encore comme espèces rares et curieuses des Alpes françaises, la Musaraigne des Alpes (*Sorex alpinus* Schinz), qui a été indiquée dans les forêts et près des torrents de la Grande-Chartreuse et le *Myodes bicolor* (Fatio) qui est une variété plus forte de l'*Arvicola glareolus* (Schreber), Campagnol roussâtre des prés. Le *Myodes bicolor* se rencontre aussi dans les forêts de la Grande-Chartreuse[2].

Mais le Rongeur le plus intéressant de la chaîne des Alpes est la Marmotte (*Arctomys marmotta* Gml.) (fig. 28).

Même, dans quelques grandes villes, on voyait souvent, il y a peu d'années, ce petit animal inoffensif, apporté l'hiver par quelque jeune enfant que le froid et la misère chassaient loin de ses montagnes, de sa famille et de sa demeure. Ces deux exilés se prêtaient un mutuel secours : l'un réchauffait, sous sa veste de laine grossière, son

---

[1] Ch. Martins, *Du Spitzberg au Sahara. Étapes d'un naturaliste au Spitzberg, en Laponie, en Écosse, en Suisse, etc.* Paris, 1886.

[2] *Cf.* Locard, *Catalogue raisonné des Mammifères du département du Rhône et des régions avoisinantes*, p. 26, 47, 68.

Fig. 128. — Marmottes.

compagnon et ranimait son existence; l'autre attirait la curiosité des passants par ses danses et ses gambades pour faire tomber dans la main de son ami quelques menues pièces de monnaie. Mais le séjour habituel des Marmottes est voisin de celui des Chamois et des Bouquetins.

Les saisons exercent sur ces Rongeurs une assez grande influence pour modifier complètement leurs mœurs et leurs habitudes. L'été leur vie se passe au grand air, à brouter le gazon et les touffes d'herbes qui végètent non loin des neiges, sur les pentes rocailleuses, abritées par une pointe de rocher ou chaudement exposées aux rayons du soleil. Les Marmottes choisissent les stations les plus favorables et s'y groupent en familles. Elles jouent; elles se reposent longuement; elles lissent leur fourrure, sans s'abandonner trop imprudemment à ces joyeux exercices. Elles songent toujours à leur sécurité, et les vieux individus ne cessent de se tenir en vedette. Grâce à leur vue perçante, ils fouillent avec soin tout l'horizon. A la moindre alerte, ils poussent un cri aigu qui donne l'éveil à toutes les Marmottes du canton. Si la menace du danger persiste, elles fuient vers les galeries de leurs terriers. Ces galeries leur servent de refuges contre leurs principaux ennemis, les chasseurs, les grands Oiseaux de proie et les rigueurs du climat.

L'hiver, l'instinct leur impose une existence souterraine bien différente de celle des beaux jours. Dès que la température extérieure n'est plus supportable, les Marmottes s'enferment dans une sorte de chambre, garnie de fourrage et creusée au fond de leurs longues galeries. Elles y restent six à huit mois, roulées sur elles-mêmes ; leurs fonctions vitales en se ralentissant les font tomber dans un engourdissement profond qu'on a nommé avec raison une *léthargie conservatrice*.

La chaleur du printemps les réveille ; petit à petit les Marmottes reprennent leur activité et leur existence au soleil.

La chasse aux Marmottes, quoique bien moins périlleuse que celle des Chamois et des Bouquetins, offre néanmoins un grand attrait aux montagnards des Alpes ; ce n'est pas la chair de ces Rongeurs qu'ils apprécient, mais leur graisse et surtout leur fourrure épaisse et durable. Partout les chasseurs les ont refoulés jusque vers les zones les plus élevées et les ont même fait disparaître de plusieurs contrées, telles que le Salzbourg.

Dans les Alpes françaises il n'en est pas ainsi ; partout les Marmottes se sont maintenues en grand nombre. Il est donc inutile de citer plusieurs stations pour exemples, et nous choisissons dans l'Oisans, les hautes montagnes de la région de Vallouise (fig. 29), où les Marmottes sont si nombreuses qu'il suffit de se dissimuler quelques instants derrière un rocher pour les voir détaler en foule ; on les attrape même à la course[1].

Avant que d'intrépides alpinistes aient commencé leurs explorations scientifiques dans les districts les plus déserts et les plus désolés des Alpes, les chasseurs de Chamois *(Capra rupicapra* Lin.) étaient les seuls maîtres de ces vastes régions, et trop souvent ls se laissaient en-

[1] *Cf. Annuaire du C. A. F.*, p. 55, 1879.

traîner par leur passion et par l'attrait d'une chasse périlleuse. Tschudi raconte même que l'illustre Colani avait tué dans le massif du Bernina plus de deux mille sept cents Chamois! Pas un autre chasseur, il est vrai, n'a jamais atteint ce chiffre. Néanmoins, de toutes parts, une guerre acharnée est faite sans relâche à ces gracieux Ruminants qui animent et embellissent les solitudes voisines des neiges et des glaciers.

En face de cette hostilité tenace et cruelle, leur timidité est devenue excessive; le moindre bruit les effraye; ils ne pensent plus qu'à fuir vers les retraites les plus inaccessibles où le danger va cependant les poursuivre encore. Ce sont précisément leur agilité à la course et les ruses de leur défense qui stimulent l'ardeur des chasseurs et en font pour leurs balles un but glorieux à atteindre.

Les Chamois sont dispersés dans toute la grande chaîne des Alpes, et l'area qu'ils occupent n'est pas menacé de se restreindre promptement comme celui que les Bouquetins ont pu se réserver. Leur frugalité, la souplesse de leurs muscles, leur résistance à la fatigue et aux intempéries, qui égalent celles des Rennes, expliquent facilement le maintien de leur espèce dans tous les lieux où ils sont cantonnés et leur permettent de vivre dans des régions presque stériles, où ils peuvent se contenter de rares touffes d'herbes et d'arbustes que pas un autre animal ne saurait leur disputer dans des sites aussi dangereux.

Après les beaux jours de l'été, d'abondantes chutes de neige les chassent successivement des lieux qu'ils avaient choisis pour séjours et qui sont devenus im-

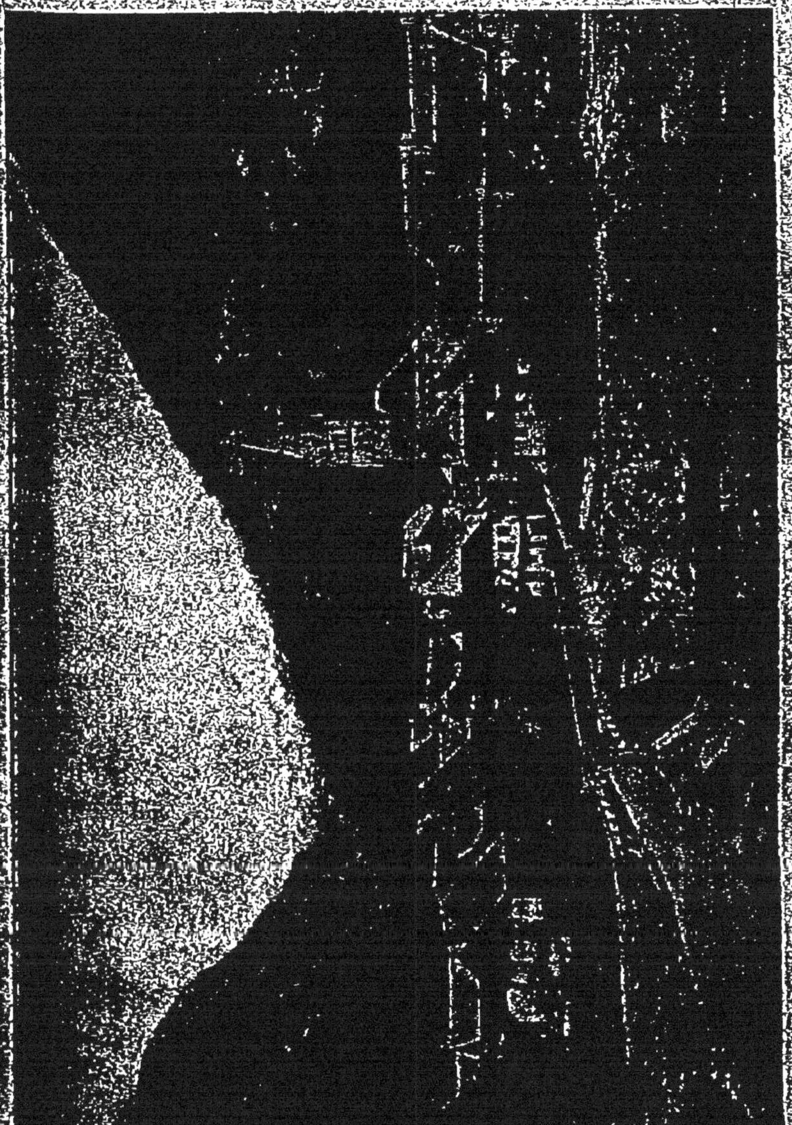

praticables. A mesure qu'ils descendent à des niveaux moins élevés, ils n'ont plus à redouter les poursuites des chasseurs tenus éloignés par les rigueurs de l'hiver, et la montagne redevient leur souverain domaine. Mais les herbes et les feuillages des petits arbrisseaux ont disparu sous les neiges envahissantes, et les Chamois n'ont pour nourriture que des touffes desséchées, des écorces d'arbres et les lichens suspendus aux branches des sapins (fig. 30).

Leur amaigrissement périodique n'est que la conséquence des privations qu'ils supportent.

Lorsque les Chamois, en traversant les glaciers, tombent et meurent dans des crevasses qu'ils ont voulu franchir ou au pied des rochers qu'ils ont essayé d'escalader, leurs cadavres sous l'influence de l'air froid se dessèchent et se conservent. Dans ces conditions, les montagnards les recherchent et les recueillent avec soin ; ils les emportent près de leurs habitations pour en faire la nourriture de leurs chiens pendant l'hiver. Nous nous souvenons d'en avoir vu, avec des dépouilles de Chiens et de Chèvres, suspendus contre les murs de plusieurs maisons du pauvre hameau de la Bérarde ; singulier tableau, peu agréable à l'œil.

Près des cimes élevées qu'ils habitent, les Chamois mettent tant de soin à dissimuler leur présence que, au premier abord, on croirait volontiers leur espèce disparue de nos Alpes. Pourtant chaque année les chasseurs en abattent un certain nombre, et dans les stations minérales du Dauphiné, Allevard, Uriage, ainsi qu'à Grenoble, on voit figurer sur les tables les produits de ces chasses.

Fig. 301. — Chamois.

Toutefois, il en reste encore de nombreux individus dans les Alpes occidentales. Les montagnes des Rousses, des Sept-Laux [1], de la Vanoise, des hautes vallées de l'Isère et de l'Arc, de l'Oisans, et le massif du Viso, etc., leur servent d'asiles.

Les rencontres de ces gracieux animaux sont bien souvent citées dans les *Annuaires du Club Alpin Français* ; on nous permettra d'en rappeler quelques-unes.

Ainsi, en se rendant à Ville-Vallouise, par le col des Écrins, des Alpinistes ont vu l'intéressant spectacle de trente Chamois couchés sur la moraine supérieure du Glacier Noir, en Oisans.[2]

Une autre fois, à la base du glacier du Triangle, près du mont Viso, cinq Chamois bondissent au-dessus de plusieurs touristes, et leur révèlent une issue qu'ils cherchaient [3]. Enfin, une troupe de vingt-deux Chamois se laisse surprendre au-dessous du glacier de Sée, dans les Alpes graies méridionales [4].

Ailleurs, au bas du Dôme de Chasseforêt [5] ou au pied de la pointe de Gontière [6], ce sont des bandes de six à huit Chamois qui passent en bondissant devant plusieurs touristes ou escaladent rapidement des pentes glacées.

Il serait facile de multiplier des citations analogues, mais celles-ci peuvent suffire pour prouver que les Chamois n'ont pas encore été anéantis dans les Alpes

---

[1] *Annuaire du C. A. F.*, p. 134, 1890.
[2] *An. C. A. F.*, p. 140, 1878.
[3] *An. C. A. F.*, p. 226, 1877.
[4] *An. C. A. F.*, p. 150, 1879.
[5] *An. C. A. F.*, p. 147, 1877.
[6] *An. C. A. F.*, p. 187, 1877.

françaises et que leur espèce s'y maintient toujours vaillante et féconde.

Après avoir consacré quelques pages aux Chamois encore si nombreux dans les Alpes, nous ne pouvons laisser dans l'oubli le Bouquetin *(Capra ibex* Lin.), qui menace de disparaître de ces hautes montagnes, après en avoir été un des plus curieux ornements, et qui offre d'assez grandes différences avec son rival des Pyrénées.

Plusieurs naturalistes pensent avec Tschudi que le Bouquetin avait été organisé plutôt pour vivre dans les régions inférieures des Alpes, où il aurait trouvé une nourriture abondante, que près des cimes les plus élevées, les plus sauvages, où il a fini par être refoulé. En effet, là, son peu de fécondité, son excès de courage, sa témérité, le perfectionnement des armes à feu, s'opposent si bien à sa multiplication, que l'espèce tend d'année en année à disparaître des massifs alpins. Cependant elle y est acclimatée depuis bien des siècles, car on a recueilli de ses débris osseux dans les palafittes du lac de Zurich.

Mais les cantons sauvages et déserts, qui lui servent de refuges, lui offrent aussi bien des dangers, et des avalanches ou des chutes de pierres font, chaque hiver, de nombreuses victimes.

Les Bouquetins s'apprivoisent facilement ; autrefois dans le Valais, on conduisait dans les hauts pâturages, avec des troupeaux de Chèvres, de jeunes Bouquetins apprivoisés qui aimaient mieux redescendre avec elles que d'aller se mêler aux bandes de Chamois dont ils redoutaient l'approche.

Leur agilité, la souplesse de leurs membres solides n'ont pu les soustraire aux poursuites cruelles des chasseurs qui leur font une guerre d'extermination, sans se soucier des ordonnances les plus sévères.

Depuis des siècles, on les a anéantis dans la Haute-Engadine, le Tyrol, le Salzbourg, le canton de Glaris, le Valais, où le dernier Bouquetin aurait été tué en 1809.

Ces paisibles Ruminants furent donc réduits à chercher un asile dans les puissants massifs du mont Rose et du mont Blanc. De là, ils pénétrèrent dans le Faucigny et dans les hautes montagnes qui séparent le Piémont d'avec la France.

En Piémont, grâce à une protection énergique, les Bouquetins ont pu se maintenir et former de nouveaux groupes ou petites familles. Parfois quelques individus franchissent la chaîne frontière et font de courtes incursions sur le territoire français. Ainsi, il y a quelques années on chassait encore le Bouquetin dans les hautes montagnes qui s'élèvent au-dessus de Bonneval, près des sources de l'Arc. En 1877, M. Henri Ferrand[1] pendant son ascension au pic occidental de la Levanna a eu la bonne fortune de voir un de ces intéressants animaux sur un col que venait de lui faire découvrir le passage d'une bande de huit Chamois dévalant du côté du Piémont. Voici comment ce savant alpiniste résume ses impressions :

« Nous sommes aux trois quarts de la montée et la pente est si raide que l'on grimpe des mains aussi bien que des pieds, comme à une échelle. Tout à coup, le

[1] Henri Ferrand, Ascension du pic occidental de la Levanna et premier passage du col du Bouquetin *(Annuaire du C. A. F.,* p. 187 et suivantes, 1877).

guide Blanc-Greffier s'arrête et m'invite à voix basse à regarder en haut. Au-dessus de la paroi de glace, au sommet du col, deux longues cornes se détachent en noir sur l'azur du ciel, puis un visage barbu, puis une haute stature : on dirait le démon de la montagne venant défendre ce nouveau passage contre nos efforts. C'est un Bouquetin ; surpris, il nous regarde curieusement, puis détale comme une flèche, remontant vers la pointe 3482. Nous étions au-dessus des territoires de chasse du roi Victor-Emmanuel, où les Bouquetins, devenus rares, sont conservés avec soin. La présence de l'un de ces animaux n'avait donc rien d'étonnant, mais cette apparition subite me frappa, et je résolus de donner au nouveau col le nom du Bouquetin, en souvenir de l'animal que j'y avais rencontré[1]. »

L'Hermine ou Belette des neiges (*Mustela nivalis* Lin.) ne fait que de courtes apparitions dans les régions neigeuses des Alpes. C'est le carnassier qui s'élève aux plus hautes altitudes en poursuivant les Campagnols des neiges.

L'Ours brun (*Ursus arctos* Lin.) qu'on a décrit si souvent, tout en devenant de plus en plus rare, se maintient dans les grandes forêts des montagnes du Vercors et dans la forêt de Saint-Hugon, près Allevard, ainsi que dans les districts les plus montagneux et les plus boisés de la Savoie. Il ne s'aventure presque jamais dans les

---

[1] Le col du Bouquetin est un col triple ou plutôt c'est exactement le point de suture, où la chaîne de l'Iseran et de la Vanoise vient se rattacher à la chaîne frontière. Il conduit en Maurienne, en Tarentaise et en Piémont. Henri Ferrand, La Cime d'Oin (*Annuaire du C. A. F.*, p. 90, 1888).

hauts pâturages, près des neiges et des glaces. Durant les hivers rigoureux, le froid et la faim le font descendre dans les basses vallées, jusque près des habitations.

Le Loup *(Canis lupus* Lin.) et le Renard *(Canis vulpes* Lin.) font aussi de rapides incursions dans les zones qui s'étendent au-dessus des forêts, lorsqu'ils sont entraînés par l'ardeur de la chasse.

Il y a quelques dizaines d'années, on aurait pu joindre à cette liste le Lynx (fig. 31), ou Loup-Cervier *(Felis Lynx* Lin.), dont l'existence dans nos Alpes est plus que problématique de nos jours. D'après V. Fatio, le Lynx était encore assez commun en Suisse, aux xviie et xviiie siècles, dans plusieurs cantons situés entre les Grisons et le Valais. Puis ce carnassier est devenu de plus en plus rare, et l'on citait ses captures comme des faits extraordinaires. Ainsi le musée de Genève possède le crâne d'un Lynx, tué en 1820, au Salève ; un autre individu aurait été pris en 1827, dans les environs d'Annecy. Enfin, Tschudi prétend que le dernier Lynx aurait été tué en 1867, dans le val d'Hérens, en Valais.

Le Lynx a complètement disparu des montagnes du Dauphiné, et de mémoire de chasseur *vivant* on n'en a jamais vu. On raconte pourtant dans les montagnes de la Grande-Chartreuse que le dernier Lynx connu a été tué en 1835, dans la forêt de Malissard, assez grande forêt reculée qui se trouve dans un repli sauvage, entre les sources du Guiers-Mort et celles du Guiers-Vif. Mais les chasseurs qu'on interroge n'ont jamais vu ce carnassier.

M. H. Ferrand a bien voulu nous transmettre ces renseignements, et nous sommes heureux de le remer-

cier de tous les nombreux et intéressants détails qu'il a eu
l'obligeance de nous communiquer sur la faune des
hautes montagnes du Dauphiné.

Le Lynx faisait autrefois de grands ravages dans les

Fig. 31. — Lynx.

troupeaux de chèvres et de moutons. Il tuait pour le
plaisir de tuer et pour boire avidement le sang chaud de
ses victimes. Aussi ses mœurs cruelles ont-elles servi de
thème à d'effrayantes légendes. Les Marmottes, les Lièvres blancs, les Tétras étaient ses proies habituelles; il
attaquait même les Chamois qui le plus souvent parve-
naient à lui échapper.

Quant à la faune ornithologique des Alpes françaises,
nous ne dirons un mot que des espèces les plus communes, les plus caractéristiques des zones froides et des
régions voisines des grands lacs, c'est-à-dire de celles
qui se distinguent le plus des espèces habitant les régions
basses et tempérées de la France en général.

Au-dessus des pics les plus hardis, le Vautour des
Alpes (*Gypaetus barbatus* Cuv.) et l'Aigle royal (*Aquila
fulva* Cuv.) aiment à planer à de grandes altitudes.

Le Vautour des Alpes ou Gypaète barbu, qu'on appelle
Lœmmergeier dans les Alpes suisses, est assez audacieux,
assez fort pour attaquer les Chamois; il finit quelquefois
par en triompher. Mais ceux-ci, au lieu de fuir le danger,
résistent courageusement; leurs cornes, très dures et très
aiguës à l'extrémité, deviennent des armes redoutables.
Aussi, à moins qu'ils n'aient été blessés avant le combat (fig. 32), ils sortent souvent victorieux de la lutte.
Il y a cinquante ans, le Gypaète barbu était déjà rare
dans les montagnes du Dauphiné, et il se plaisait surtout
dans les hautes montagnes qui séparent l'Oisans de la
Maurienne[1]. Il en nichait quelques paires dans les rochers
du mont Thabor[2].

D'après Bailly, le Vautour griffon (*Vultur fulvus*
Lin.) et le Vautour arrian (*Vultur cinereus* Lin.) ne font
dans les Alpes de la Savoie que de rares apparitions, à
l'approche du printemps et après des hivers rigoureux.
On en a tué au-dessus des grandes forêts de la Drôme;
mais ils aiment mieux les solitudes plus élevées.

---

[1] Bouteille, *Ornithologie du Dauphiné*.
[2] Bailly, *Observations sur les mœurs et les habitudes des oiseaux
de la Savoie.*

Fig. 32. — Gypaète barbu attaquant un chamois blessé.

De nos jours, les Gypaètes et les Vautours semblent avoir disparu des Alpes de la Savoie et du Dauphiné, tout comme des montagnes du versant italien. Ainsi, pendant le cours de ses nombreuses ascensions sur les crêtes qui nous servent de frontières, M. H. Ferrand n'en a jamais vu, et les renseignements fournis par les guides, tous plus ou moins chasseurs ou braconniers, sont aussi affirmatifs.

Mais, dans les Alpes savoyardes et dauphinoises, les Aigles sont sédentaires et assez communs[1]. Ils nichent ordinairement dans les grands escarpements de rochers; par conséquent, ils préfèrent les grands massifs calcaires presque toujours limités par d'immenses parois verticales, abruptes, de plusieurs centaines de mètres de hauteur. On peut même voir des Aigles dans les environs de Grenoble, au Moucherotte, appelé jadis le Pic-de-l'Aigle. Les pics de la Chartreuse, du Vercors, du Royans, etc., servent souvent de retraites à des Aigles. Ces grands rapaces habitent aussi les hautes montagnes cristallines de la chaîne de partage et celles du massif de l'Oisans. On en voit dans les gorges granitiques de Saint-Christophe-en-Oisans et dans la vallée de la Romanche, pour ne citer que ces deux stations, mais ils y sont moins abondants qu'au sein des vastes montagnes calcaires qui s'élèvent à l'ouest du Drac et de l'Isère.

Les autres oiseaux de proie, les Cathartes alimoches, les Faucons, certains Aigles, les Autours, les Milans, les Buses, les Busards, etc., habitent au-dessous des zones froides qui nous occupent. Nous n'avons donc même pas à en

---

[1] *Cf.* Bouteille, *Ornithologie du Dauphiné*, p. 76.

citer ici les espèces. Ces Rapaces ne pourraient trouver

FIG. 33. — Accenteur des Alpes.

une nourriture assez abondante au pied des grandes

cimes couvertes de neige ; ils préfèrent les vastes massifs de montagnes boisées et même les cantons cultivés où il leur est plus facile de faire de nombreuses victimes.

Dans les zones inférieures, ces oiseaux de proie partagent leur domaine avec des Rapaces nocturnes, la Chouette hulotte *(Strix aluco* Meyer), la Chouette Tengmalm *(Strix Tengmalmi* Lin.) etc., qui se plaisent aussi dans les contrées du nord. Mais le Hibou Grand-Duc *(Strix bubo* Lin.), très rare en France, vit encore plus retiré, plus solitaire dans les grandes forêts du Dauphiné et de la Savoie, où il est sédentaire.

Les hautes sommités des Alpes et même les champs de neige sont égayés par les ébats de quelques petits oiseaux ; Bailly cite l'Accenteur des Alpes *(Accentor Alpinus* Bechst.) (fig. 33), le Bruant montain *(Emberiza calcarata* Tem.), le Bruant des neiges *(Emberiza nivalis,* Lin.), le Gros-bec niverolle *(Fringilla nivalis* Lin.), la Bergeronnette jaune *(Motacilla boarula* Lin.), qu'on retrouve jusque près du pôle arctique, et quelques autres petites espèces, parmi lesquelles le Venturon *(Fringilla citrinella* Lin.), joli petit oiseau d'un jaune verdâtre, un peu foncé, qui niche à la limite des bois de sapins, dans les hautes montagnes.

Un des plus beaux oiseaux des Alpes est le Tichodrome échelette *(Tichodroma phœnicoptera,* Tem.). Les couvertures de ses ailes teintées en rouge cramoisi se détachent élégamment sur la nuance grise, tachée de noir et de blanc, qui forme sa livrée. Avec son bec mince et recourbé, il cherche à saisir des insectes qu'il poursuit en grimpant, les ailés à moitié ouvertes, le long des murailles et des rochers. Il ne se perche jamais sur les arbres. De Saussure l'a observé au milieu des glaces du col du Géant, à 3362 mètres, mais le Tichodrome habite également les vallées basses et les plaines.

Au milieu de ce petit monde emplumé, le Ptarmigan ou Tétras lagopède *(Tetrao lagopus* Lin.) se distingue par sa taille et par les variations singulières de son plumage qui passe d'un brun clair, tacheté de noir pendant l'été (fig. 34), au blanc pur pendant l'hiver, lorsque la terre est couverte de neige (fig. 35). Dans les montagnes du Dauphiné ce Tétras s'appelle la Jalabre, et les paysans lui donnent simplement le nom de Poule, quand ils le rencontrent dans leurs hautes montagnes.

C'est dans les grandes forêts de sapins, à un niveau assez inférieur, que vivent les autres Tétras; l'Auerhan *(Tetrao urogallus* Lin.), Grand Tétras ou Grand Coq de Bruyères, devenu de plus en plus rare, s'il n'a pas disparu des hautes montagnes de la Maurienne, de la Tarentaise et du Dauphiné ; puis le Tétras Birkau *(T. tetrix* Lin.) appelé aussi Petit Coq de Bruyères ; le Faisan *(Phasianus colchicus* Lin.), la Gélinotte *(T. bonasia* Lin.) (fig. 36). Ces gallinacés ornent les belles forêts des Alpes de la Savoie et du Dauphiné et sont l'objet des convoitises des chasseurs.

A un niveau plus élevé, on voit tourbillonner en foule, autour des plus hauts sommets et des noirs rochers parsemés de blanches plaques de neige, les Corneilles des Alpes ou Choquards à bec jaune et à pieds rouges *(Pyrrhocorax pyrrhocorax* Cuv.) (fig. 37). Ces oiseaux habitent toutes les Alpes qu'ils ne quittent pour ainsi dire jamais ; ils vivent et nichent en société et s'élèvent à plus de 3000 mètres. Nous les avons vus plusieurs

fois voler par bandes autour des rochers escarpés,
noirâtres et couverts de taches de neige du Grand-Char-

Fig. 34. — Tétras lagopède en plumage d'été.

nier, au-dessus d'Allevard. Souvent ils ont pour com-
pagnons les Craves d'Europe, Corneilles à bec rouge ou

Pyrrhocorax coracias (*Pyrrhocorax graculus* Tem.)

FIG. 35. — Tétras lagopède en plumage d'hiver.

(fig. 38), qui n'émigrent pas de la Savoie pendant l'hiver,
mais qui se contentent d'abandonner les hauts sommets

à l'approche de la neige. L'été, ils sont très abondants

FIG. 36. — Tétras gélinotte.

dans les Alpes de la Maurienne et du mont Cenis.

Parfoisles Corbeaux noirs*(Corvus corax* Lin.), pendant les chauds étés, atteignent les régions les plus élevées, en recherchant des cadavres de Chamois, de Marmottes, etc. ; ils font aussi la chasse aux petits rongeurs.

Les Martinets à ventre blanc *(Cypselus alpinus* Tem.),

FIG. 37. — Corneille de sAlpes ou Choquard à bec jaune [1].

au retour de leurs longues émigrations d'hiver, habitent les hautes montagnes couronnées de grands rochers taillés à pic, autour desquels ils voltigent en cercles avec une vitesse prodigieuse.

Nous dirons encore un mot de certaines espèces d'oiseaux qui vivent près des grands lacs ou sur leurs nappes.

[1] Nous devons à l'obligeance de M. Gautier la communication de cette figure empruntée à Lemaout, *les Oiseaux*. (Les éditeurs).

Les grands lacs forment un monde à part, et, dans

Fig. 38. — Crave d'Europe.

toute la France, la région des Alpes seule peut offrir des

masses d'eau, si limpides, si profondes, entourées d'une ceinture de rochers escarpés et de hautes montagnes. Ces caractères hydrographiques, si nettement déterminés, ont dû imprimer une physionomie particulière à la faune qui anime les solitudes environnantes. Essayons d'en tracer une rapide esquisse en prenant pour type le lac du Bourget.

L'Aigle criard *(Aquila nœvia* Cuv.) et l'Aigle Jean-le-Blanc *(A. brachydactyla* Cuv.) (fig. 39) aiment les vastes nappes d'eau et se plaisent sur les bords des lacs du Bourget, d'Annecy et des autres grands lacs. En Savoie, ils habitent de préférence les hauteurs escarpées qui longent le lac du Bourget depuis le château de Bordeau jusqu'à l'abbaye de Hautecombe. Ils battent les bois et enlèvent les petits des Perdrix et des Tétras ; mais quand les vivres leur manquent, ils se livrent à la chasse des Reptiles et des Oiseaux aquatiques ou même à la pêche des Poissons dans les eaux des lacs.

Le Milan royal *(Milvus regalis* Lin.), et plus rarement le Milan noir *(M. ater* Lin.) partagent leurs mœurs et leurs habitudes. Ils fréquentent aussi les rochers de Bordeau, et souvent on les voit tomber d'une hauteur prodigieuse sur leur proie, à la surface de l'eau, et l'emporter au loin dans leurs serres.

Les Aigles pêcheurs aiment aussi à explorer les bords des rivières. Pendant de longues années un couple d'Aigles pêcheurs était logé dans les anfractuosités du Néron, aux environs de Grenoble. Tous les soirs, on les voyait planer au-dessus de l'Isère pour se livrer ensuite à la pêche.

L'Aigle pygargue *(Aquila albicilla* Cuv.) et l'Aigle balbusard *(A. haliaetus* Cuv.) sont encore des Aigles pêcheurs ; ils habitent les forêts et les montagnes voisines

Fig. 39. — Aigle Jean-le-Blanc.

des mers du Nord, mais l'hiver ils descendent jusque

dans nos parages. Ils suivent alors le Rhône et les grands

FIG. 40. — Faucon pèlerin.

lacs pour se nourrir de poissons et d'oiseaux d'eau.

Au-dessus de la Dent-du-Chat, qui domine le lac du Bourget et des rochers solitaires qui l'avoisinent, on voit souvent voler le Cathartes alimoche *(Cathartes percnopterus* Cuv.), ce petit Vautour au plumage blanchâtre, qui se repaît de cadavres et qu'on appelle aussi Aigle Blanc dans le pays. Ailleurs, il se retire dans les crevasses des rochers du Salève et des hautes montagnes de la Savoie. En Dauphiné, il établit ses quartiers sur les hauts plateaux du Vercors et dans les anfractuosités des escarpements au pied desquels coulent le Drac et l'Isère.

Non loin du Bourget, sur les rives du Rhône ou dans les rochers de la Balme et de Pierre-Châtel, le Faucon pèlerin *(Falco peregrinus* Lin.) se livre à la poursuite des Hirondelles. Ce Faucon (fig. 40), un des oiseaux de proie les mieux organisés pour la chasse, se plaît aussi dans les rochers et les hautes montagnes de la Savoie et du Dauphiné.

D'autres Oiseaux que les Rapaces se nourrissent abondamment dans les eaux des grands lacs alpins.

De nombreuses Mouettes rieuses *(Larus ridibundus* Leisler) aiment à voltiger sur le lac de Genève (fig. 41) ; non seulement elles pêchent un assez grand nombre de Poissons, mais encore elles débarrassent les eaux de leurs immondices.

Chaque année, à l'automne, et même pendant les plus fortes gelées, on voit arriver de petites bandes d'Oies rieuses *(Anser albifrons* Tem.), d'Oies bernaches *(A. leucopsis* Tem.), d'Oies cravants *(A. bernicla* Tem.), etc., mêlées à des Harles, à des Canards, à des Grèbes, à des Plongeons, à des Cormorans, à des Cygnes, à des Hérons, et autres Échassiers. Tous ces oiseaux, communs dans

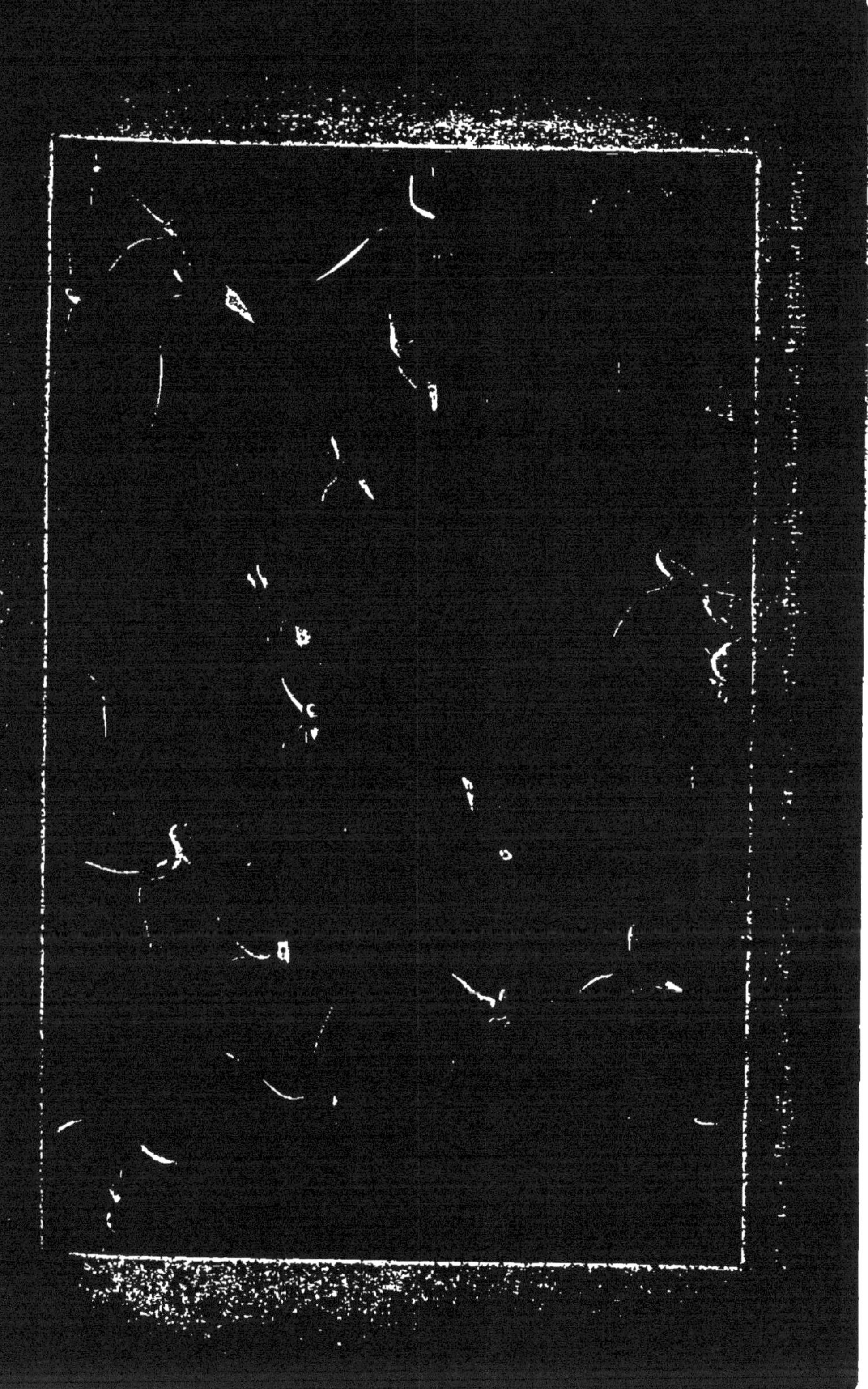

beaucoup d'autres régions, accourent sur les eaux du Bourget, du lac d'Annecy, du Léman, et se livrent à la poursuite et à la pêche du Poisson. On peut voir aussi parfois la femelle du Grèbe huppé *(Podiceps cristatus* Lath) errer gracieusement sur leurs eaux tranquilles, en portant ses petits accrochés sur son dos (fig. 42), et n'est-ce pas avec plaisir qu'on se souvient des ébats de ces beaux Cygnes qui, à Genève même, se jouent sur les eaux du lac?

Si les reptiles aiment la chaleur et se multiplient le plus abondamment dans les régions chaudes du globe, ils doivent par contre être rares dans les zones froides des Alpes.

D'après Tschudi, les Lézards sont représentés par le Lézard vivipare *(Lacerta vivipara* Jacquin) ; de tous les Lézards d'Europe, c'est celui qui peut vivre aux plus hautes altitudes, c'est-à-dire depuis mille mètres jusqu'à la limites des neiges, tandis que les autres Lézards et les Couleuvres ne quittent pas les régions plus basses et plus chaudes.

L'inoffensif Orvet *(Anguis fragilis)*, qui habite les plaines basses, peut se propager aussi jusqu'à de grandes altitudes. On le trouve au Saint-Bernard, au-dessus de la limite des bois, et dans beaucoup d'autres stations.

La Salamandre noire *(Salamandra atra)* et le Triton alpestre *(Triton alpestris* Schneider) (fig. 43) peuvent vivre jusqu'à 2000, 2500 mètres et plus. La Salamandre noire habite la Suisse, la Savoie, etc. Elle est très abondante en Dauphiné ; elle peuple le petit lac Robert, près de Chanrousse, creusé, à 2000 mètres environ, dans la chaîne de Belledonne.

Dans les mêmes conditions se rencontre le Cra-

FIG. 42. — Grèbe huppé.

paud commun (*Rana bufo* Lin.), qui est capable de

résister aux froids des hivers, en s'enterrant plus ou

FIG. 43. — Triton alpestre.

moins profondément et en supportant aisément de longs jeûnes.

Fig. 44. — Grenouille rousse (grandeur naturelle).

La faculté de résistance de la Grenouille rousse *(Rana temporaria)* (fig. 44) est plus grande encore. Ses œufs et ses larves protégés par une abondante sécrétion muqueuse peuvent hiberner pendant de longs mois sous la neige et même dans la glace. Brehm et Tschudi nous apprennent que, dès le mois de février, lorsque la température est moins rude et que les lacs dégèlent le jour, ce batracien va déposer son frai dans l'eau. Cette Grenouille s'est multipliée dans les lacs élevés des Alpes centrales, ceux du Saint-Gothard, du Grimsel, par exemple et dans d'autres jusqu'à plus de 2000 mètres. Il en est de même pour les petits lacs élevés des Alpes françaises qui offrent des conditions biologiques analogues. Cependant plusieurs de ces petits lac s ne renferment aucun être vivant et sont appelés *lacs morts*.

Dans les lacs des Sept-Laux (2182 mètres) qui renferment des Poissons, des Truites, on fait d'abondantes pêches de Grenouilles[1].

A ce propos, on est amené à se demander quelle a été l'origine de ces Poissons, de ces Grenouilles qui se propagent facilement dans ces lacs solitaires, perdus à de si grandes altitudes. On pourrait, à la rigueur, faire intervenir l'action de quelques oiseaux voyageurs, égarés et transportant à leurs pattes des œufs fécondés qu'ils auraient abandonnés dans ces lacs. Mais n'est-ce pas plus simple de croire qu'autrefois des pêcheurs ont essayé d'utiliser ces eaux à leur profit, en y déposant des

---

[1] H. Dulong de Rosnay, La chaîne des Sept-Laux *(Ann. du C. A. F., p. 119, 1890)*.

Truites et qu'une petite faune aquatique n'a pas tardé à s'y développer. D'ailleurs, c'est ce qui est arrivé, à une date récente, pour le lac de Lauvitel (1800 mètres environ), en Oisans, dans lequel, en 1780, un curé de Venosc, nommé Garden, fit jeter des Truites saumonées qui s'y multiplièrent et devinrent excellentes. Auparavant les eaux de ce lac n'avaient jamais nourri de Poissons.

Pour terminer ces notes sur la faune aquatique, nous allons passer une revue rapide des Poissons qui habitent les lacs, ou qu'on peut pêcher dans les cours d'eau descendant des hautes montagnes. Souvent ces Poissons y acquièrent des qualités qui les font rechercher ou même des caractères spécifiques intéressants.

Le Brochet (*Esox lucius* Lin.), et la Truite des lacs ou Truite saumonée, Truite de Genève (*Trutta lacustris* Lin.) sont les meilleurs et les plus grands Poissons de la région alpine.

Le Brochet qui se plaît dans les lacs de la Suisse, de la Savoie et du nord de l'Italie se pêche également dans les cours d'eau échappés de la chaîne des Alpes, tels que le Rhône, l'Isère, la Durance, le Var, etc. Les plus forts individus peuvent peser 15, 20 et même 25 kilogrammes, avec une longueur de 1 mètre à $1^m,50$.

Le développement de la Truite des lacs dépasse de beaucoup celui de la Truite de rivière, et cette grande taille, avec quelques variations de coloris, est la principale différence entre ces deux espèces. On a pêché dans le Léman des Truites saumonées qui mesuraient $1^m,20$

---

[1] *Cf.* A. Locard, *La Pêche et les Poissons* (*Bibliothèque des connaissances utiles*, J.B. Baillière et fils, Paris, 1891).

à 1,^m35 de longueur, et pesaient jusqu'à 25 et même 30 kilogrammes, mais leur poids moyen varie de 1 à 5 kilogrammes. Ce Poisson aime les eaux profondes ; on en a vu à plus de 100 mètres en dessous de la surface.

La Truite de rivière, ou Truite commune *(Trutta Pario* Lin.)(fig. 45), même lorsqu'elle ne dépasse pas le poids de 1 kilogramme est un excellent poisson. Au maximum

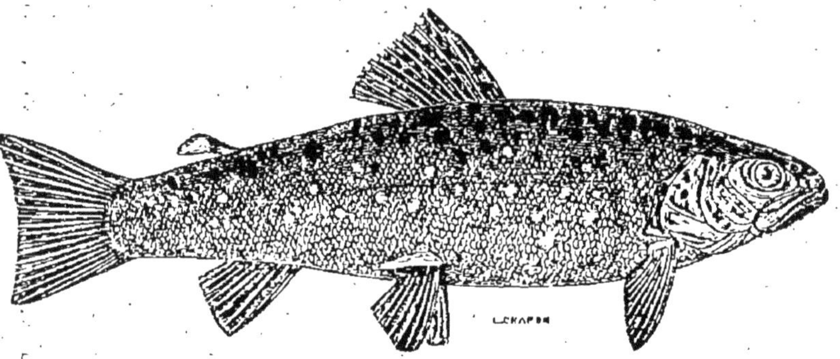

FIG. 45. — Truite commune.

elle peut peser de 7 à 8 kilogrammes et mesurer de 50 à 60 centimètres de longueur. Dans des cas exceptionnels on a pris des Truites de 80 centimètres et même de 1^m,20 de longueur. La plupart des Truites des Alpes sont ornées de taches noires ou rouges, et les pêcheurs montagnards leur donnent différents noms d'après les variétés de leur coloration. Cette espèce n'est pas exclusivement cantonnée dans les Alpes, on la trouve aussi dans les eaux courantes et pures des autres contrées montagneuses de la France.

Après ces trois espèces, nous citerons quelques Salmonides, qui habitent de préférence les grands lacs alpins, l'Ombre-Chevalier *(Salmo salvelinus* Lin.) (fig. 46), l'Ombre commune *(Thymalus vexillifer* Agas.), la Féra

Fig. 46. — L'Ombre-Chevalier.

(*Coregonus fera* Jurine), le Lavaret (*Cor. Lavarelus* Lin.*) (fig. 47), la Gravenche (*Cor. byemalis* Jurine), la Bezoule (*Cor. Bezola* V. Fatio).

L'Ombre-Chevalier, un des plus beaux Poissons de cette faune, fréquente aussi le Rhône et quelques-uns de ses affluents. Le Lavaret et la Féra sont plus connus; ils abondent dans les lacs de Genève, du Bourget et d'Annecy; leur chair délicate est très estimée.

Malheureusement ces Salmonides, tout aussi bien que les Truites, renferment souvent des germes de Ténias de Cyathocéphales, Bothriocéphales, etc. Ainsi à Genève où ces divers poissons fournissent une abondante alimentation, les maladies parasitaires sont-elles fréquentes chez l'Homme; le nombre en diminue proportionnellement au changement qui s'opère dans le mode de nourriture, à mesure qu'on descend le Rhône, et qu'on s'éloigne du lac. A Lyon, elles sont relativement rares.

La Perche de rivière (*Perca fluviatilis* Lin.) (fig. 48) atteint parfois le poids de 2 à 3 kilogrammes; elle est très abondante dans le lac du Bourget et les lacs voisins, elle en est un des Poissons les plus estimés.

A sa suite, citons l'Apron ou Sorcier (*Aspro vulgaris* Lin.) (Rhône, Isère), le Chabot (*Cottus gobio*, Lin.). Sur les bords du lac de Genève et des ruisseaux, les enfants se plaisent à pêcher, avec une fourchette, sous les gros cailloux, ce petit Poisson à grosse tête, à peau visqueuse.

M. Émile Blanchard a découvert dans un petit affluent du Bourget une espèce particulière de Blennie qu'il a nommée Blennie alpestre (*Blennius alpestris* Blanchard) (fig. 49) pour la différencier de la Blennie cagnette, ou Blennie commune (*Blennius sujefianus* Risso.).

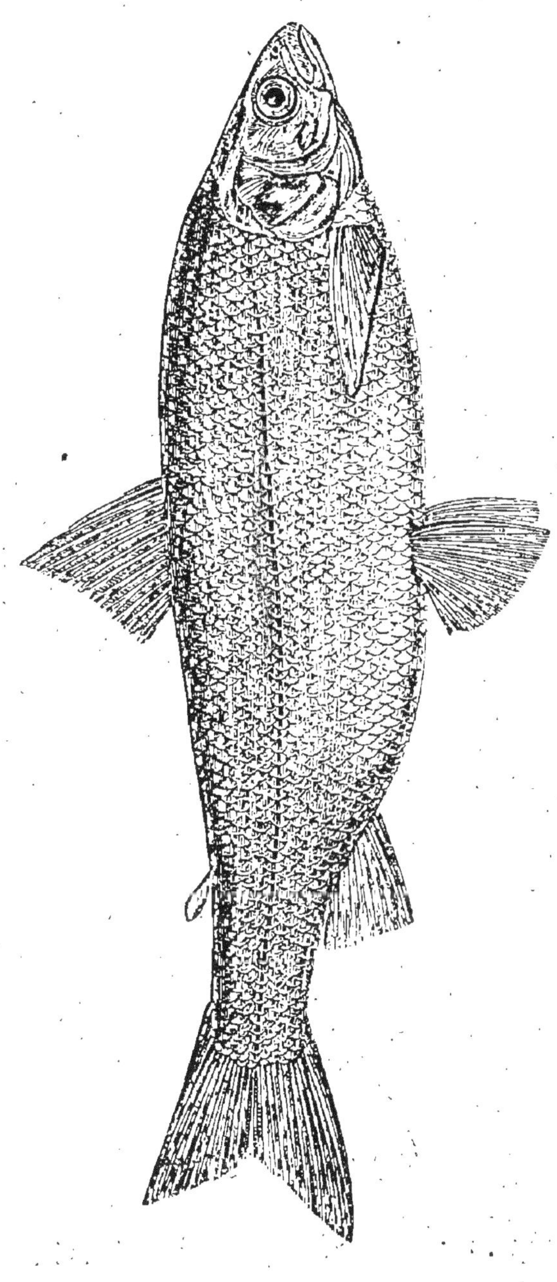

Fig. 47. — Le Lavaret.

La Lote (*Lota vulgaris* Cuv.) (fig. 50), assez commune

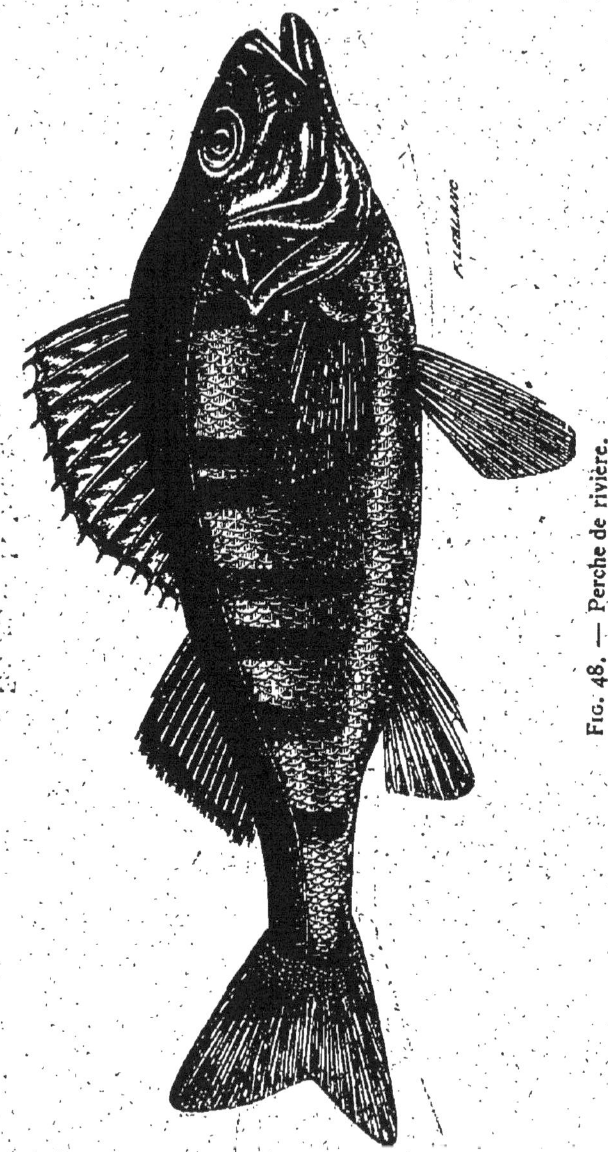

Fig. 48. — Perche de rivière.

dans le Rhône, se rencontre assez souvent dans les grands

lacs, notamment dans celui du Bourget. Elle se tient habi-
tuellement au fond de l'eau, mais au moment du frai
elle va déposer ses œufs sur les graviers, à peu de distance du rivage, ainsi que le représente la figure 50.

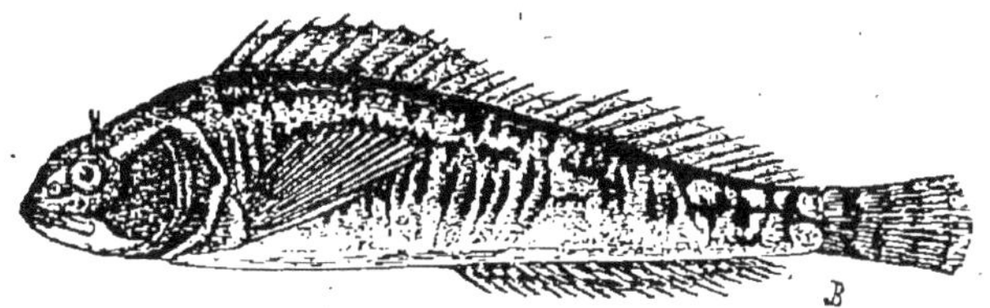

FIG. 49. — La Blennie alpestre.

De nombreux Poissons appartenant à la famille des
Cyprinides se tiennent dans les eaux des lacs ou des tor-
rents et rivières qui découlent des Alpes. Voici les plus
communs : la Carpe *(Cyprinus carpio* Lin.), la Tanche
(Tinca vulgaris Cuvier), le Goujon *(Gobio fluviatilis*
Valenciennes), l'Ablette mirandelle *(Alburnus mirandella*
Blanchard), l'Ablette spirline *(A. bipunctatus* Bloch), le
Gardon commun *(Leuciscus rutilus* Lin.), le Gardon pâle
(L. pallens Blanchard), le Vairon commun *(Phoxinus lævis*
Selys), etc. Ces poissons, il est vrai, se pêchent en France
dans un grand nombre de rivières et de ruisseaux, mais
ils forment néanmoins une partie notable de la faune
aquatique des Alpes. Pour clore la liste, nous nom-
merons le Chondrostome du Rhône *(Chondrostoma
rhodanensis)*, que M. E. Blanchard a distingué de plusieurs formes voisines et qu'on prend dans le Rhône,
la Drôme, la Durance et autres affluents de ce fleuve.

Enfin n'oublions pas l'Alose commune *(Alosa vulgaris*
Cuvier), qui remonte de la Méditerranée ou de l'Océan
dans beaucoup de rivières de France, au moment du

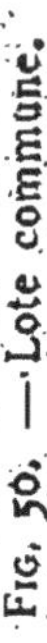

Fig. 50. — Lote commune.

frai, et qui par le grand fleuve alpin peut pénétrer jusqu'en Savoie et près de Genève, pour retourner à la mer en automne.

L'Anguille commune *(Anguilla vulgaris* Varell.), par le Rhône, suit chaque année le même itinéraire depuis la Méditerranée ; mais le Saumon *(Salmo solar* Lin.) qui de l'Atlantique remonte la Loire et les autres fleuves de l'ouest de la France, est exclu des lacs de Genève, de la Savoie, de l'Italie, qui appartiennent à d'autres bassins' que celui de l'Océan. C'est ainsi que le Saumon, qui est le type des Salmonidés, ne peut se joindre aux Poissons de la même famille, Truites, Ombres, Féras, Lavarets, etc., qui peuplent ces beaux lacs dont ils sont la richesse.

CHAPITRE VI

ZOOLOGIE (suite). INSECTES ET MOLLUSQUES

Par MM. C. REY, C. CHANTRE, FALSAN et LOCARD

Coléoptères : familles vivant sur les hauts sommets ou près des glaciers. — Hémiptères, Cicadides, Hyménoptères, etc., des régions élevées des Alpes. — Lépidoptères alpins : Papillons de jour ; Papillons de nuit. Aptères : *Dssoria glacialis*. — Mollusques terrestres et Mollusques d'eau douce des Alpes françaises.

Nous n'avons jamais pensé, même avec le concours de nos amis, à jeter un coup d'œil, quelque rapide qu'il fût, sur les divers ordres qui composent la grande classe des Insectes dans la faune des Alpes françaises. Pour la plupart ils attirent peu la curiosité des touristes et des voyageurs. Nous les passerons donc presque tous sous silence ne faisant exception que pour les *Coléoptères* et les *Lépidoptères* dont les brillantes couleurs et les habitudes diverses frappent autant les regards qu'elles captivent l'attention. De nombreux naturalistes et des alpinistes simplement attentifs les admirent ou les recherchent avec autant de zèle que les botanistes en mettent à remplir leurs herbiers des spécimens de la flore de chaque région, notant comme eux, pour chaque espèce, les altitudes, les expositions, les conditions biologiques, les influences du sol et des milieux.

Nous avons fait part de notre désir à M. C. Rey, le savant collaborateur de Mulsant pour la description des *Coléoptères de France*, et il s'est empressé de nous donner une simple note sur les espèces des hautes régions des Alpes, regrettant que le manque d'espace l'obligeât à ne pas lui adjoindre tous les développements intéressants qu'il lui aurait été si facile d'y mettre.

M. César Chantre, en visitant, pour nous obliger, sa belle collection de *Lépidoptères*, s'est rappelé ses courses et ses chasses dans les Alpes, et il a eu la bonté de nous donner le récit d'une excursion fantaisiste dans laquelle il a réuni bien des souvenirs qui se rattachaient à des poursuites de Papillons, aussi nombreuses que faites avec soin.

Enfin, nous avons voulu rappeler un intéressant petit *Aptère*, une Podurelle qui vit sur les neiges permanentes, sur les glaciers, et qui porte le nom de *Desoria glacialis*.

Mais, pour rendre ces notes plus complètes, nous avons pensé à les terminer par quelques considérations sur les Mollusques terrestres et d'eau douce des Alpes occidentales, car le goût des études malacologiques se vulgarise de jour en jour. Nous n'avons eu qu'à indiquer ce désir à M. A. Locard, pour que notre parent et ami s'empressât de le réaliser avec son talent habituel.

I

COLÉOPTÈRES, HÉMIPTÈRES

Par C. Rey

Malgré le manteau blanc qui recouvre le front altier de leurs montagnes, les régions alpestres ne laissent pas que de fournir à la faune entomologique un contingent intéressant et varié. Ainsi que l'on voit certaines fleurs attendre la fonte des neiges pour venir épanouir au soleil leur coupe embaumée, de même l'on aperçoit certains Insectes sortir de dessous le bord des glaciers pour aller s'ébattre au grand jour.

Dans les régions élevées comme dans la plaine, les Insectes, quant à leurs mœurs et habitudes, peuvent se partager en deux catégories principales suivant la mission à laquelle ils sont appelés ici-bas. En effet, un grand nombre, tout en satisfaisant leurs goûts voraces, accomplissent une loi d'équilibre universel en décimant certains Insectes ou Mollusques dont la trop grande multiplicité pourrait nous devenir préjudiciable. A d'autres est dévolue la mission d'expurger le sol des immondices qui y sont déposées, et de pratiquer ainsi une loi de salubrité atmosphérique, tout en assurant leur conservation personnelle et le soin de leur progéniture.

A la tête des Insectes carnassiers se placent les *Cicindélides*, les vrais Tigres des Coléoptères et qui saisissent leur proie à la course. L'espèce qui établit son séjour le plus près des glaciers est le *Cicindela gallica*, à robe d'un vert mat avec des taches et lunules d'un blanc vif sur les élytres.

A la suite viennent les *Carabides* aux formes si variées et qui nous rendent un véritable service en détruisant les Vers blancs, Hélices, Limaces, Lombrics et autres êtres nuisibles. Parmi les grandes espèces fréquentant le voisinage des neiges, on doit citer le *Carabus glabratus*, d'un noir bleuâtre ; les *C. hortensis* (fig. 51), *sylvestris*, *alpestris*, *alpinus*, *Linnei* et *depressus* à fond plus ou moins bronzé avec des fossettes vertes ou dorées aux élytres. L'*au-ronitens*, qui se plaît à des altitudes moins éle-vées, est digne de men-

Fig. 51. — *Carabus hortensis*.

tion par son corsage d'un rouge de feu et sa jupe d'un vert éclatant. Les autres espèces de Carabides sont moins intéressantes et de taille moindre : telles sont *Nebria Gyllenhali* et *laticollis*, etc.; *Aptinus alpinus* ; *Cymindis punctata*, etc. ; *Patrobus septentrionis*, etc. ; *Pterostichus alpestris*, *P. vagepunctatus* et *truncatus* à robe noire ; *bicolor*, *multipunctatus* et *rutilans*, etc., de couleur métallique ; *Amara Quenseli*, etc. ; *Harpalus fuliginosus*, *Trechus rubens*, etc., *Bembidium tricolor* et *bisignatum*, etc.

Les Dytiscides, ainsi que les grands Hydrophiles, sont les pirates des mares, faisant la chasse aux Planorbes, Physes, Limnées et autres Mollusques aquatiques. Les espèces des régions alpestres sont : *Hydaticus zonatus*, *Agabus affinis*, *Hydroporus septentrionalis*, *nivalis*, *Davisi* et *ferrugineus*, etc. Parmi les petits Hydrophilides, plutôt herbivores que carnassiers, on remarque *Helophorus nivalis*, et *glacialis*, etc.

Les Insectes de la famille des Staphylinides se distinguent par leurs étuis courts et tronqués, laissant l'abdomen plus ou moins à découvert. Les espèces alpines en sont nombreuses, en voici les principales : *Staphylinus erythropterus, alpestris* et *minax; Philonthus nimbicola, montivagus* et *frigidus; Quedius pediculus, dubius* et *alpestris; Lathrobium elongatum; Stenus fossulatus, glacialis* et *montivagus; Trigonurus Mellyi, Anthophagus alpinus* et *œmulus, Lesteva monticola, Olophrum alpinum, Deliphrum tectum, Anthobium alpinum, Tachinus pallipes, Bolitobius speciosus, Aleochara rufitarsis, Homalota currax, Leptusa globulicollis*, etc., etc., toutes espèces plus ou moins carnassières, cherchant leur proie sous les pierres, les mousses, les détritus, dans les champignons et les fourmilières.

La famille des Clavicornes de Latreille, si nombreuse et si variée, a été démembrée en plusieurs familles. En tête se trouvent les Nécrophores ou Croque-morts qui accomplissent ici-bas, comme les Hyènes, les Chacals et les Vautours, une véritable mission de salubrité atmosphérique, en enfouissant les petits cadavres de mammifères ou autres vertébrés, déposés sur le sol. L'espèce la plus alpestre est le *Necrophorus mortuorum*, grand et bel insecte noir avec deux bandes orangées aux élytres. Les autres espèces moins carnivores sont : *Silpha thoracica* (fig. 52), noire, rugueuse, à corselet rouge, et *nigrita*, noire ou ferrugineuse. Les autres espèces alpines ou subalpines sont sans intérêt, de petite taille et de mœurs variées; on y compte les *Ptomaphagus*

*picipes, Liodes glaber, Agathidium nigripenne, Phloeos-
tichus denticollis, Dendrophilus crenatus, Atomaria alpina,
Dacne rufifrons, Mycetina cruciata, Dryops pilosella, Elmis
Germari, Lareynia Maugeti* et *Hister succicola,* etc.

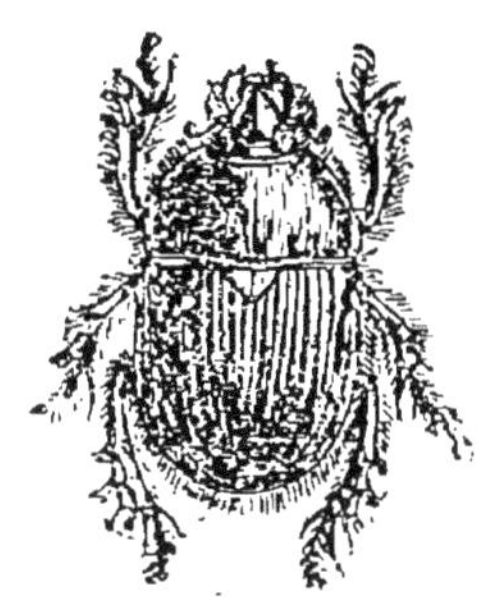

Fig. 52. — *Silpha thoracica.* Fig. 53. — *Geotrypes stercorarius.*

Les Coprides sont des insectes des plus intéressants
en ce qu'ils accomplissent une mission de sulubrité
atmosphérique en dispersant les déjections animales,
dont ils font une pilule qu'ils enterrent pour nourrir
leur progéniture. Ils préfèrent la plaine ; toutefois quelques-uns se rapprochent des glaciers, tels que *Aphodius
piceus* et *alpinus,* etc. ; *Geotrypes stercorarius* (fig. 53),
et *hypocrita.*

Les Mélolonthides, au contraire, sont très nuisibles,
soit à l'état de vers (Ver blanc), en rongeant les racines
des arbres et des plantes, soit à l'état parfait en dévorant
les feuilles. Très peu s'approchent des glaciers, si ce
n'est : *Rhizotrogus assimilis, Hoplia farinosa,* d'un vert
ou jaune farineux, et *Trichius fasciatus* (fig. 54).

Les Lucanides, dont les larves perforent les arbres,
renferment le plus grand insecte de France (Cerf-Volant).
Peu fréquentent les régions alpestres, ce sont : *Platyce-*

rus caraboides, Ceruchus tarandus et *Sinodendron cylindricum* (fig. 55).

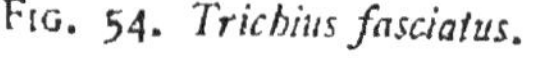

Fig. 54. *Trichius fasciatus.*

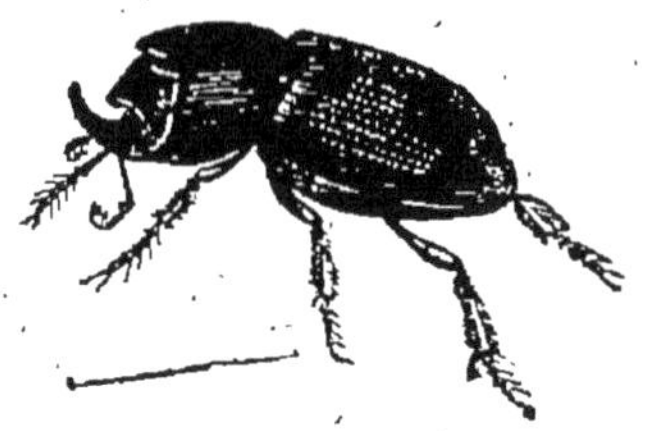

Fig. 55. — *Sinodendron cylindricum.*

Les Buprestides sont les bijoux de l'entomologie par l'éclat métallique ou doré de leur robe, aussi ont-ils reçu le nom vulgaire de *Richards*. Les Alpes en fournissent peu, entre autres : *Buprestis rustica* passant du vert au bleu métallique et *Chrysobothrys chrysostigma* d'un noir bronzé avec quatre fossettes dorées aux élytres.

Les Élatérides, surnommés Marteaux à cause de leur faculté de sauter pour se redresser quand ils sont à la renverse, présentent un plus grand nombre d'espèces alpestres, telles que : *Adelocera fasciata, Elater melanurus, Athous alpinus, Corymbites pectinicornis, cruciatus* et *rugosus, Sericus subæneus* et *Campylus rubens,* etc.

Les Malacodermes, aujourd'hui partagés en plusieurs familles, offrent plusieurs espèces alpines ou subalpines, telles que *Eros aurora* d'un rouge écarlate ; *Podabrus alpinus, Telephorus abdominalis, Ragonycha pilosa, Pygidia distinguenda, Malthodes alpinus, alpicola* et *trifurcatus,* etc., à larves plus ou moins parasites des Lombrics, Tipules et même des Chenilles ; *Henicopus armatus, Dasytes alpigradus* et *montanus, Hoplocnemus alpestris* et *Danacaea montivaga,* etc., à mœurs parasites ou carnivores.

Les Térédiles, également subdivisés aujourd'hui, rongeurs de bois ou de champignons desséchés, fournissent comme espèces des lieux élevés les *Hylecoetus dermestoides, Anobium pertinax, Xestobium declive, Ernobius abietinus, Abietis, densicornis* et *Ptilinus pectinicornis* (fig. 56), etc., ces derniers inféodés aux Pins ou Sapins; *Cis quadridens, dentatus* et *bidentatus*, amis des substances cryptogamiques.

Fig. 56. *Ptilinus pectinicornis.*

Les Hétéromères de Geoffroy répondent à plusieurs familles actuelles: les Ténébrionides, lucifuges et vivant de substances organiques desséchées, tels que *Asida Jurinei, Bolitophagus reticulatus*, etc.; les Cistélides qui comptent *Isomira hypocrita* et *Omophlus amerinae*, etc.; les Mélandryides qui offrent *Tetratoma aurora, Melandrya canaliculata* et *Serropalpus striatus*, etc.; les Pyrochroïdes, dont la plus belle espèce alpine est la *Pyrochra coccinea*, de couleur écarlate avec la tête noire (fig. 57); les Mordellides qui se jettent de côté quand on veut les saisir, et qui présentent, entre autres espèces alpines, la *Mordella maculosa*; les Vésicants, insectes à métamorphoses des plus intéressantes, dont la seule espèce alpestre est le *Mylabris Fuesslini*, à robe noire avec quatre bandes jaunes (fig. 58); les Œdémérides de forme élégante, à cuisses postérieures des mâles souvent renflées, et parmi lesquels on compte comme alpestres les *Calopus serraticornis, Anoncodes*

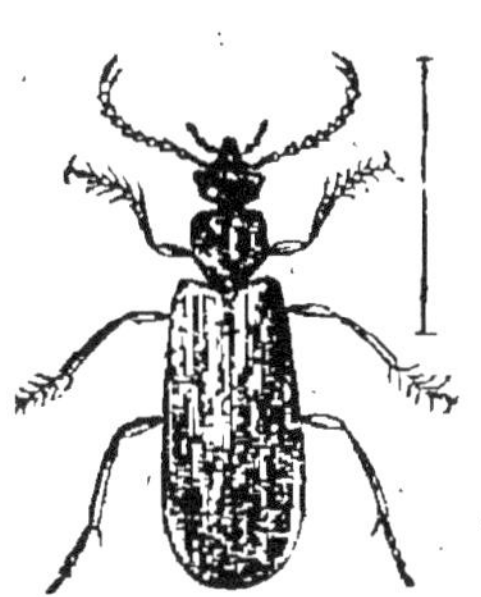

Fig. 57. — *Pyrochroa coccinea.*

fulvicollis, *Xanthochroa carniolica*, *Œdemera tristis* et *Crysanthia viridis*, etc.

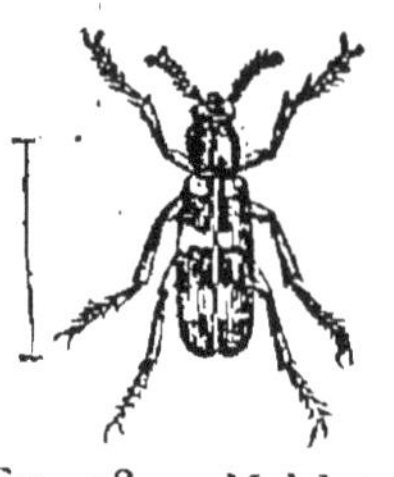

Fig. 58.— *Mylabris Fuesslini.*

Les Curculionides, si nuisibles sous tous les rapports, à l'état de larves comme à l'état parfait, fournissent un contingent considérable à la faune alpestre. Il suffira d'énumérer les plus remarquables, savoir : *Brachytarsus varius*, chasseur de Pucerons ; *Rhynchites cupreus*, *Metallites mollis*, *Barynotus margaritaceus* et *maculatus*, *Hylobius abietis* (fig. 59) et *Pissodes pini* (fig. 60); *Molytes germanus*,

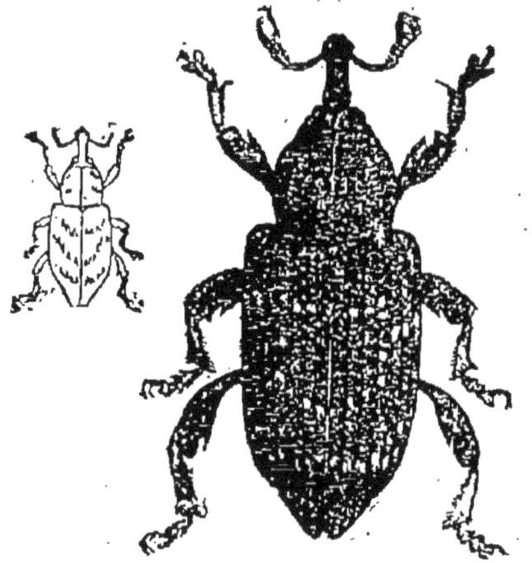

Fig. 59. — *Hylobius abietis.*

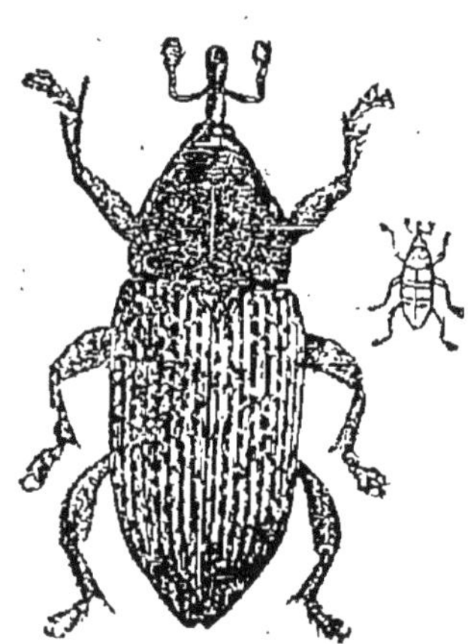

Fig. 60. — *Pissodes pini.*

grand, noir, moucheté de jaune; *Otiorhynchus griseopunctatus*, *niger* (fig. 61), *alpicola* et *chrysocomus*, *Larinus senilis*, *Pissodes Hercyniæ* et *Colaster uncipes*, etc.

J'aborde la famille des Tomicides, trop célèbres par les dégâts qu'ils occasionnent aux arbres de nos forêts et de nos jardins, au point que, dans le siècle dernier, on fut obligé, dans la forêt de Hartz, d'incendier plusieurs milliers d'hectares de bois pour arrêter le fléau (fig. 62).

Si les Céram-bycides ont pour partage la beauté et la variété des dessins, leurs lar-ves occasionnent de grands dégâts aux arbres de nos forêts et de nos jardins. Ils se distinguent par la longueur sou-vent démesurée de

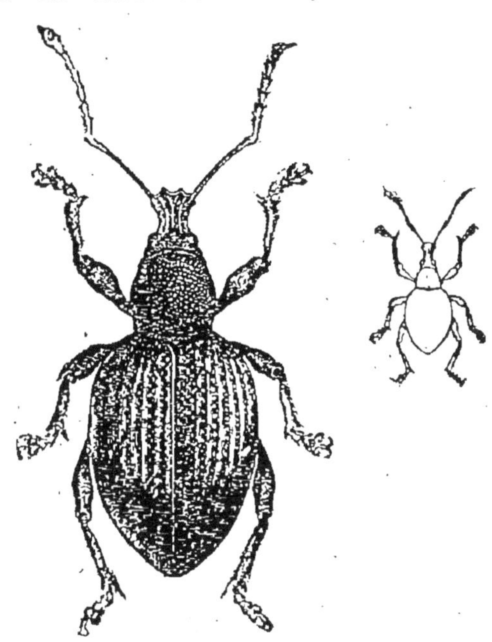

Fig. 61. — *Otiorhynchus niger*.

leurs antennes. Les espèces alpestres les plus remarqua-bles sont : *Spondylis bu-prestoides* (fig. 63), *Trago-soma depsarium*, grand, brun, roussâtre; *Rosalia alpina* (fig. 64), gris bleuâ-tre, à taches d'un noir ve-louté; *Rhopalus hungari-cus, Callidium dilatatum*, d'un vert métallique chan-geant, *Callidium viola-ceum*, d'un beau bleu violet

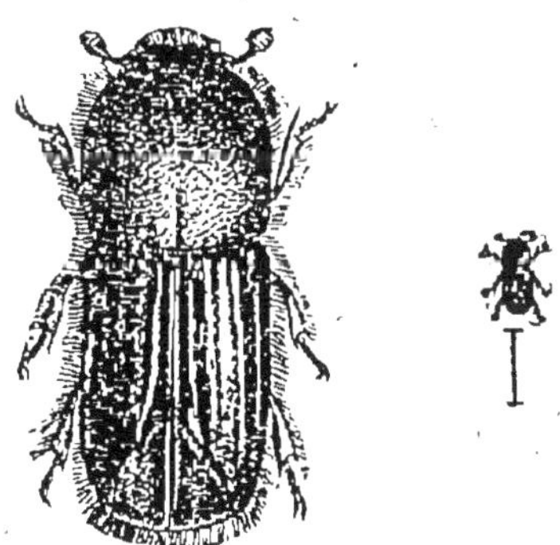

Fig. 62. — *Tomicus typographus*.

(fig. 65); *Clyptus Verbasci, Molorchus minor, Monocham-*

mus sartor et *sutor, Toxotus quercûs; Pachyta Lamed, interrogationis* et *smaragdula; Leptura virens* et *simplonica,* etc.

FIG. 63. — *Spondylis buprestoides.*

FIG. 64. — *Rosalia alpina.*

Les Chrysomélides, par leur éclat métallique, le disputent souvent avec les plus beaux Buprestides. Leurs

FIG. 65. — *Callidium violaceum.*

larves sont très nuisibles, principalement aux végétaux herbacés ou aux feuilles des arbres. On signale comme alpestres les *Crioceris brunnea, Timarcha globosa, Chrysomela violacea,* d'un bleu violâtre; *Orina speciosissima, Genei, speciosa, gloriosa,* etc., toutes espèces brillant du plus bel éclat métallique, avec souvent des bandes d'un rouge de feu; *Lina aenea* et *lapponica, Phytodecta affinis* et *nivosa,* etc.

Les Coccinellides sont de jolis insectes hémisphériques, ordinairement rouges avec des taches noires, et qui nous rendent un grand service d'équilibre universel, car leurs larves font une guerre acharnée aux pucerons. L'on sait que ceux-ci s'établissent par colonies d'au moins une centaine d'individus, qui se reproduisent d'eux-mêmes jusqu'à vingt générations. Eh bien ! en supposant les colonies seulement de vingt sujets ne pouvant se reproduire que dix fois, on arrive au chiffre énorme de trente billions d'individus, c'est-à-dire de quoi couvrir tout un pays. Mais heureusement les larves de Coccinelles, concurremment avec celles des Hémérobes et de certains Diptères sont envoyées pour les décimer. Les plus connues des Coccinellides alpestres sont : *Adalia obliterata, bothnica, rufocincta, alpina* et *notata*.

Les Hémiptères diffèrent des Coléoptères par leur trompe suceuse et leurs étuis en partie membraneux. Les uns sucent le suc des plantes, les autres sont carnassiers. Ils renferment plusieurs familles dont les principaux représentants alpestres sont : *Carpocoris melanocerus, Nysius Jacobeæ, Aradus corticalis, Orthostira musci, Gerris Costae, Salda scotica, Calocoris alpestris, Acompocoris alpinus, Capsus annulipes* et *Pycnopterna annulata*, grand allongé, rouge, à raies longitudinales brunes, etc.

Parmi les Cicadides ou Hémiptères-Homoptères, on peut citer comme alpestres les *Cicadetta montana*, grande cigale à ailes transparentes; *Cixius Heydeni, Ulopa reticulata, Acocephalus bifasciatus* et *serratulæ*, espèces sauteuses, vulgairement nommées Cicadelles.

L'ordre des Hyménoptères dont un grand nombre d'espèces font la guerre aux larves de toutes sortes et surtout à celles qui rongent les végétaux ligneux, fournit aussi son contingent d'espèces alpestres, telles que, par exemple, certains grands Ichneumons et les Bracons, etc.

On peut en dire autant des autres ordres d'Insectes,

tels que : Orthoptères, Névroptères, Lépidoptères, Diptères, Aptères, etc., également plus ou moins représentés dans la Faune alpine ou subalpine.

II

LÉPIDOPTÈRES, PAPILLONS DE JOUR ET DE NUIT

par César Chantre

Les Insectes Coléoptères qui offrent dans les montagnes un si grand attrait aux entomologistes, passent à peu près inaperçus du touriste dont l'œil n'est que rarement frappé par quelque rubis ou émeraude brillant au soleil sur une ombelle ou par quelque Cicindèle agile voletant sur le sentier devant ses pas : il ne voit pas tout ce monde qui s'agite autour de lui, dans les buissons, et depuis les racines des herbes jusqu'au sommet des grands arbres. Il en est tout autrement des Insectes *Lépidoptères*, de ces *Papillons* qui au moindre rayon du premier soleil de printemps attirent et charment les regards du promeneur, même indifférent, depuis les champs de la plaine jusqu'à des hauteurs qui dépassent même les neiges éternelles. Quelle vie donnent au paysage ces merveilleux Insectes dont le Créateur s'est plu à orner les ailes des plus belles couleurs de l'arc-en-ciel, et quel est celui qui n'a pas, dans une excursion alpestre, oublié la fatigue ou le temps qui le pressait pour s'élancer un instant à la poursuite d'un brillant Papillon, heureux s'il a pu le capturer ou désappointé si le malin convoité a franchi un buisson ou est descendu légèrement le long d'un rocher à pic! Ces charmants Insectes obligent en quelque sorte le voyageur distrait à les regarder, à s'occuper d'eux, à suivre avec intérêt leurs jeux, leurs gambades et même leurs effronteries. Quel est le touriste qui, gravissant une pente mi-ombragée, n'a pas maintes fois secoué de dessus sa manche un *Satyrus Hermione* qui y revenait avec persistance? Quel est celui qui, sur un rocher de 1500 à 2000 mètres et plus, goûtant un repos bien gagné, ne s'est pas vu assiégé par le gracieux *Erebia mnestra* ou son cousin *E. Goante* qui viennent effrontément partager avec lui son frugal repas? Pour le promeneur et le naturaliste, comme pour l'enfant, le Papillon est un ami. Sa présence donne un attrait aux courses de montagnes, et inspire à beaucoup le désir de l'étudier : de là à le collectionner il n'y a pas loin.

Quel vaste champ d'étude offrent nos belles Alpes, si étendues, si élevées, avec leurs sommets neigeux, leurs prairies, leurs forêts, leurs gorges et leurs rochers qui produisent tant de climats divers et tant d'essences variées de plantes nourricières. Aussi les espèces de Lépidoptères des Alpes sont-elles nombreuses, et les collectionner toutes serait presque une impossibilité; mais nous ne nous occuperons que de celles qui s'imposent en quelque sorte d'elles-mêmes à la vue et nous ne poursuivrons que le Papillon dans son vol, laissant l'humble Chenille brouter dans la cachette qu'elle s'est choisie et préparer la transformation par laquelle l'insecte parfait, en charmant les regards se fait presque pardonner le mal que sa larve a souvent commis.

Si le promeneur veut bien nous permettre de l'accompagner, nous lui dirons quelques mots sur la grande famille des *Papillons* pendant qu'il fait ses derniers préparatifs pour l'ascension.

Les deux grandes divisions des *Lépidoptères* sont les *Rhopalocères* ou *Papillons de jour* caractérisés par des antennes en fil, terminées par une boule plus ou moins aplatie, tels les *Blancs*, les *Nacrés*, les *Vulcains*, etc. ; leurs chrysalides sont toujours à découvert, suspendues aux herbes, aux pierres, aux arbres, partout enfin ; puis les *Hétérocères* comprenant tous les *Papillons de nuit*, diurnes crépusculaires et nocturnes, dont les antennes sont de diverses formes, en massues, en fils ou plumeuses, tels que *Sphinx*, *Paon de nuit*, *Artes*, etc., dont les chrysalides sont enfermées dans des cocons enfouis à plus d'un pied sous terre ou fixés partout à l'air. Les *Hespérides*, à antennes en massue crochue à l'extrémité, sont la transition entre la première et la seconde division, quoique classés dans la première. Les *Rhopalocères*, par leurs habitudes diurnes et leur vol au soleil, attirent à peu près seuls l'attention, tandis que les *Hétérocères* se cachent généralement pendant le jour et passent presque inaperçus avec leur taille généralement petite et leurs teintes atténuées. Ils offrent pourtant des exceptions, car ils renferment le plus grand Papillon d'Europe, le *Saturnia pavonia* ou *Grand Paon de Nuit*, et des espèces extrêmement riches de coloris.

Mais le soleil va se lever, il faut partir ; l'air matinal est frais et les Papillons sont encore engourdis ; de tous côtés les genets et buissons, sont mouchetés d'Insectes, les ailes dressées, à peine visibles : *Euchloe Cardamines* (fig. 66), *Pieris daplidice, Leucophasia sinapis, Lycena Icarus*, etc., pendant que quelques *Crambus* sautent déjà dans les broussailles agitées ; mais dès que le soleil commence à darder ses rayons la vie renaît ; le monde ailé prend son vol. Quelle

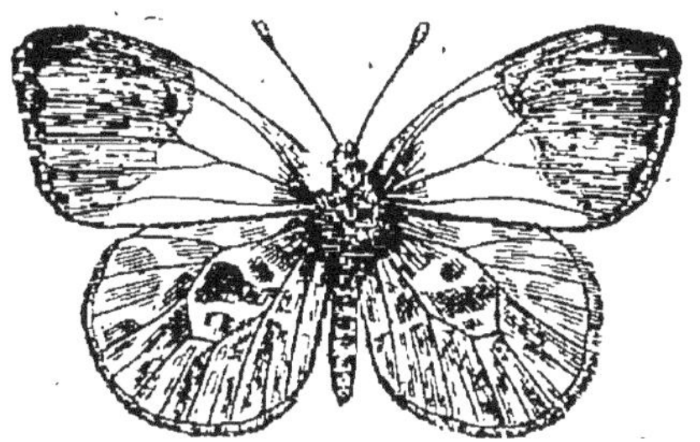

FIG. 66. — *Euchloë cardamines.*

variété de couleurs, de tailles, d'aspects, et même de manières de voler !

Les régions basses nous offrent les espèces généralement communes et connues au loin ; les *Bleus*, famille si abondante et variée : *Lycena Icarus, L. corydon, L. semiargus, L. argus,* etc., puis l'*Aporia cratægi,* ce *Blanc* à nervures noires, le *Polyomatus phlœas* (fig. 67) aux ailes cuivrées, le *Vanessa urticæ* ou *Tortue, V. Polychloros* (fig. 68) ou *Grande-Tortue,* une foule de *Melitœa* et d'*Argynnis,* aux ailes rouges quadrillées de noir : *M. didyma, M. Phœbe, M. dyctyma, M. Athalia, Arg. Lathonia, A. aglaia,* et le plus beau des *Argynnes,* le *Paphia* à grandes

FIG. 67. — *Polyomatus phlœas.*

flammules nacrées sous les ailes. C'est le genre *Argynnis* qui est représenté dans les régions les plus séptentrionales où les explorateurs soient encore parvenus ; il se reconnaît par le dessous des ailes postérieures nacré. Notons dans tout ce mouvement de la prairie que le soleil a séchée, l'*Epinephele tithonus, E. hyperanthus* dans les aulnes de la haie au bord du ruisseau, *Cænonympha pampbylus,* le plus commun de tous, *Pararge mœra* et *P. Janira,* ces satyres si abondants en Europe, le *Papilio Machaon,* et volant au-dessus des taillis, le *Papilio poda-*

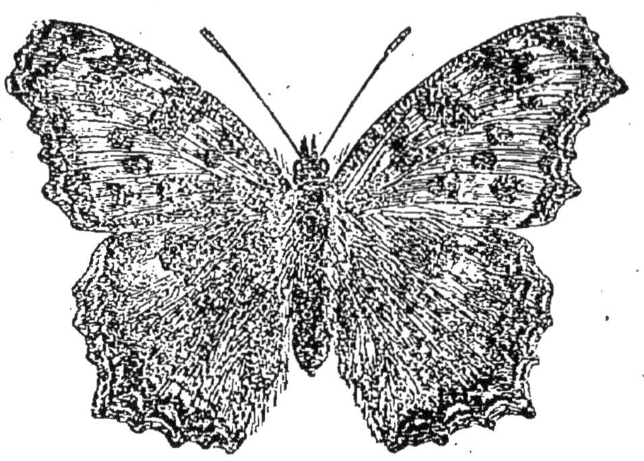

Fig. 68. — *Vanessa polychloros.*

lirius, le *Syrichthus alveus* noir tacheté de blanc, si agile et rapide, l'*Hesperia lineola,* le *Spilothyrus malvarum* et tant d'autres autour d'eux. Les fleurs des prairies, Scabieuses et Ombelles sont tachetées de nombreuses mouches noir bleuâtre, à points rouges, disposés deux par deux : ce sont les jolies *Zygœna filipendulæ* et à côté d'elles volent leurs parents à ailes vert doré *Ino, Statices.* Plus loin, cachés dans les herbes touffues, les beaux représentants de la jolie famille de *Bombycidés, Chelonia* à ailes supérieures tachées de brun et inférieures rouges, *C. caja* (fig. 69), *C. plantaginis* plus petit et le *C. russula.* Mais quelle nuée de petites bestioles on fait voler sur ses pas en secouant les herbes et en froissant les branches des taillis qu'il faut traverser ; on saisit à peine cette agitation et tout est déjà rentré dans le calme : ces

Noctuées dérangées dans leur repos diurne ont cherché
ailleurs l'ombre protectrice, et nous avons à peine pu les
entrevoir ; c'étaient des *Cidaria*, des *Melanipe*, des *Pyrales*,
des *Tortrix* ; les Hétérocères sont si nombreux ! Mais

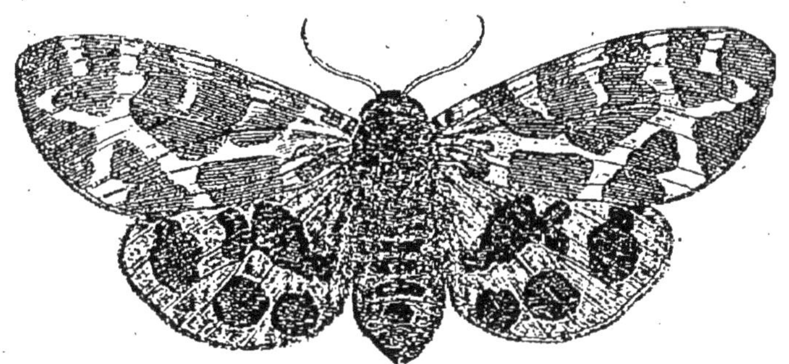

Fig. 69. — *Chelonia caja*.

voici l'*Adela viridella* et l'*A. degeerella*, si belles avec leurs
petites ailes bronzées, leurs antennes six fois plus longues que le corps, le *Microptera anderschella* violet semé
de points d'or ; pour saisir et admirer ces petites merveilles il faudrait des
heures, et le temps
presse, car c'est en
montant que nous
verrons des espèces
nouvelles pour nous
et spéciales aux lieux
élevés.

A mi-côte, les clai-

Fig. 70. — *Melanargia Galatea*.

rières et prairies sont animées par les ébats de colonies
nombreuses de *Melanargia Galatea* (fig. 70) aux ailes
blanches avec échiquier noir, représentant seul ce genre
dans les Alpes, de *Satyrus Hermione* et *S. Arethusa* qui

se posent sur les pierres tout près du promeneur, voire même sur lui, de *S. Semela*, si commun partout, d'*Argynnis Daphne*, *A. Niobe* et *A. Amathusia*, de *Melitæa Parthenaia*, de beaux *Vanessa cardui* (fig. 71),

FIG. 71. — *Vanessa Cardui.*

le fameux « Painted Lady » des Anglais, très commun sur nos hauteurs et qui pour nos voisins d'outre-mer est le *nec plus ultra* des Lépidoptéristes. Les *Lycènes* ou *Bleus* de toutes nuances (voire même leurs femelles brunes) abondent et nous croisent en tous sens, se disputant le prix de la beauté; *L. argiolus* aux ailes bordées de noir; *L. melanops*, à teinte violette avec de gros yeux noirs sous les ailes; le *L. dorylas*, saupoudré d'argent et *L. Adonis*, brillant prince de la famille; le *L. Arion*, aux ailes tachetées de noir, le plus grand du genre et celui qui fournit aussi la course la plus essoufflante à ses persécuteurs. Mêlée à tout cet azur, la sombre couleur des *Erebias* fait un contraste charmant. Les Erebias sont une famille essentiellement montagnarde très nombreuse et dont les espèces sont difficiles à démêler sous ce beau manteau brun velouté qui les couvre toutes. Les *E. œtiops*, *E. ligera*, *E. Medusa* animent les parties basses et moyennes, mais le plus grand nombre gravit les montagnes, escalade les sommets et voltige même sur les moraines des grands glaciers. Chamounix et Zermatt sont des stations de premier ordre pour ce genre dont les réprésentants se trouvent échelonnés à diverses altitudes ; dix-sept espèces d'*Erebias* se rencontrent dans les Alpes ; nous en retrouverons plus haut. Les Satyres fournissent leur contingent aux hauteurs moyennes ; le *S. Phœdras* à couleur sévère abonde dans les bois rocheux près des lacs de la Suisse ; le *S. Briseis*, clair panaché de blanc, le *S. cordula*, aux yeux brillants sur ailes sombres, se jouent dans les futaies comme dans les gorges ombragées. Dans ce concert de couleurs, le jaune des *Colias* et des *Gonopteryx* tranche comme une flamme à la course saccadée et en zigzag : mettre en boîte le *C. Hecla* des prairies élevées, jaune clair cendré, le *C. Hyale* jaune sombre bordé de noir, le *Go. Cleopatra* aux ailes brillantes tachées d'orange n'est pas une entreprise facile. C'est dans les prairies des zones moyennes que l'on peut admirer la riche famille des *Polyomatus* aux ailes resplendissantes de cuivre et de feu, aux reflets irisés ; rien de plus beau que les *P. vigaurea*, *P. rutilus*, *P. Eurybia*, *P. cordius*, balançant leurs ailes au soleil dont ils reflètent les rayons. Plus modestes de couleurs, mais plus agiles encore, les *Thecla* aux ailes brunes, colorées de rougeâtre en dessous, égayent les buissons et les bois qu'on visite ; ils volent vivement et s'abattent de même ; ils restent immobiles, les ailes dressées, se dissimulant dans les feuilles où l'œil peut à peine les reconnaître, surtout le *T. rubi* qui, vert clair sous les ailes, se perd dans la verdure. On cherche presque inutilement, tant ils sont difficiles à distinguer, les *Tb. betulæ* et *T. quercus* s'ils ont pris les devants et se sont dissimulés dans les arbres. Dans les bois et sur les rochers se posent les grands *Catacola purpurea* et *C. optela* aux belles ailes supérieures grises et inférieures rouges barrées de noir. Dans les clairières les *Hesperia comma* (fig. 72)

Fig. 72. — *Hesperia comma.*

Fig. 73. — *Fidonia plumistaria.*

et *H. sylvanus* aux ailes jaune fauve, sautent de fleur en fleur avec une vitesse que l'œil peut à peine suivre et rivalisent, de gaîté avec les *Syricblus sao* et *S. cacaliæ* noir piqué de blanc. Dans les broussailles des régions moyennes ou élevées, on fait sortir en les agitant beaucoup de *Fidonia*, nocturnes aux ailes brunes et noires et à antennes très plumeuses : *F. flamula, F. limbaria, F. atomaria, F. plumistaria* (fig. 73) ; le gracieux petit *Strinia clatbrata* aux ailes couvertes d'un treillis brun y abonde aussi et se laisse devancer au vol par l'agile et petit *Psodos alpinata* aux ailes noires tachées chacune d'une goutte jaune. Dans les bois de Sapins, si le temps ne pressait pas, on verrait, mais en les cherchant attentivement, une foule de jolis petits Papillons de la division des *Geometræ* dormant sur les troncs moussus avec leurs ailes ouvertes bien aplaties sur l'écorce ; *Cidaria*, *Melanipe*, *Eupithecia*, *Tortrix*, etc., tous de couleurs ternes et pâles qui les font se confondre avec les lichens, protection bien nécessaire contre leurs nombreux ennemis.

C'est à ces altitudes de 1000 à 2000 mètres que l'on peut admirer le superbe *Parnassius Apollo*, seul ou en groupe peu nombreux, il plane au-dessus des escarpements et se joue sur les rochers des sommets. D'un vol calme, régulier, majestueux, il arpente ses domaines, étalant au soleil ses belles ailes blanches transparentes tachées de noir et ornées de disques de vermillon ; il paraît vouloir se faire admirer, avoir conscience de sa beauté et savoir qu'il est le roi de ses congénères des Alpes. Tranquille et sans crainte, sa démarche est lente et majestueuse, mais que le chasseur l'effraye et le poursuive, il s'élance et se dérobe avec rapidité, aimant alors à se précipiter dans les gorges ou franchir les roches élevées. Que de fois le naturaliste, ému malgré lui à la vue subite d'un Apollo, palpitant du désir de saisir ce trophée, l'a manqué par un mouvement trop précipité et l'a vu s'échapper dans les profondeurs d'un goufre voisin ; mais aussi, quels charmants souvenirs de courses mouvementées lui rappelle-t-il, lorsque dans le calme du cabinet, il le contemple au milieu de ces nombreuses prises alpestres.

Si l'*Apollo* plane en souverain dans les Alpes centrales, le *Thaïs medesicaste* lutte avec lui dans les Alpes méridionales, surtout sur les sommets environnant Digne. De taille plus petite, mais de couleurs brillantes, il est une prise de premier ordre ; ses ailes roses quadrillées de

noir en font l'objet de l'admiration de celui qui le rencontre.

En approchant des grandes altitudes, au delà de deux mille mètres, la vie est tout aussi active dans les vallées, les prairies, autour des bouquets d'arbres et dans les clairières, mais les espèces changent, quoique l'œil saisisse peu les différences. Les *Bleus* étalent le même azur autour de nous, mais ce sont les *Lycœna opitilete*, violet foncé, *L. orbitulus*, bleu gris très pâle, *L. pheretes*, argenté des pâturages très élevés, *L. œgidion*, des hautes vallées, *L. Escheri*, des gorges du Simplon. Au milieu de ces saphirs animés, l'*Odesia atrata* noir fait tache ; le *Cœnonympha satyrion*, jaune cendré, et le *Zygœna transalpina*, aux ailes noir et rouge, joignent le contraste de leurs couleurs. Là encore nous retrouvons les beaux *Erebia* bruns qui affectionnent les grandes hauteurs : *E. melampus*, *E. Pharte*, *E. Scipio* qui préfèrent les Alpes méridionales des environs de Digne, *E. manto*, *E. glacialis*, *E. lappona* qui montent à plus de trois mille mètres, *E. gorge* qui se prend au-dessus de l'hospice du Grand-Saint-Bernard, l'*E. hersine* qui fréquente les plus hauts sommets, et à côté d'eux, au bord des neiges éternelles, au Simplon, au Jardin de Chamounix, l'*Æneis anello*, ce satyre jaune à yeux noirs, dont la capture fait oublier bien des fatigues. Là encore dans les gorges ombragées, on admire le frère de l'*Apollo*, le *Parnassius Delius* plus petit et plus modeste de couleur que lui et le *P. Mnemosyne* aux ailes blanches entièrement membraneuses et privées d'écailles ; mais ces espèces convoitées sont locales et de capture difficile.

Le *Machaon* des plaines basses a son parent relégué

dans les grandes élévations des Alpes méridionales, le *Papilio Alexanor*, charmant avec ses ailes jaune orange, barrées de noir. Les prairies naguère ensevelies sous la neige sont sillonnées par les brillants *Melitæa Cynthia*, *M. Merope* et plus haut encore le *M. asteria* qui atteint des élévations considérables. Des *Argynnis* que nous avons déjà admirés plus bas se retrouvent représentés par *A. Pales, A. Thore, A. Hecate*. Au milieu de ce monde orné des plus riches couleurs vagabondent gaî-ment autour des fleurs, à deux mille cinq cents mètres et au delà, le modeste *Pieris callidicæ*, blanc aux ailes rayées de gris, rappelant beaucoup son parent de la plaine le *P. daplidice* et l'*Euchloe simplonica*, blanc taché de noir.

Combien d'autres espèces nous admirons encore sans les nommer et combien plus encore restent cachées en attendant le crépuscule et la nuit pour reprendre leurs ébats ; mais nous ne pourrons les voir, car le temps presse et il faut redescendre. Nous rencontrerons peut-être au retour l'*Aglaia Tau*, ce beau bombyx, aux ailes jaunes, ornées chacune d'une tache violette, qui aime les rochers élevés, les *Polia dubia* et *P. rufocincta*, ces jolies noctuelles grises que le crépuscule réveille. Mais nous rapportons déjà tant de richesses que nous passons les plus humbles. Nous rapportons aussi de cette course l'impression que tout est admirable dans la nature et que les papillons si souvent dédaignés ont été sans doute mis là par Dieu pour en rehausser la beauté, et délasser par leur charme et leur gaîté l'esprit oppressé souvent par la majesté de la création dans ce qu'elle a de plus grandiose et parfois de plus terrible.

III

Aptères : Desoria glacialis

par A. Falsan

Il nous est impossible de passer en revue les différents Ordres de la Classe des Insectes, mais puisque nous nous occupons de ceux qui vivent dans la région des neiges alpestres, nous ne pouvons nous dispenser de rappeler un tout petit *Aptère*, une *Podurelle* ou *Poux sauteur*, découvert, il y a plus de cinquante ans, par notre bien regretté ami, Desor, au milieu des neiges du mont Rose, mais qu'il a trouvé souvent ensuite sur les glaciers de l'Aar et de Grindelwald. On le rencontre aussi dans toute la chaîne méridionale des Alpes.

Agassiz, tout en reconnaissant les affinités de cet Insecte, appelé vulgairement la *Puce des glaciers*, avec celui qui est appelé *Podura nivalis* dans les environs de Paris, en a fait un Genre à part qu'il a nommé *Desoria glacialis*, en souvenir du savant et aimable glaciairiste qui l'avait signalé le premier.

Cette *Podurelle* vit en petites colonies groupées sur la neige et apparaît comme une pincée de poussière noire ou de poudre. Au moindre bruit, à la plus légère crainte, tous ces petits Insectes sautent et se dipersent pour aller chercher un abri sous la neige et dans les étroites fissures qui séparent chaque grain des névés et même de la glace.

Par suite de leur très petite taille, les *Desoria glacialis* échappent facilement à la vue des touristes et des alpinistes qui parcourent rapidement et avec d'autres préoccupations les neiges et les glaciers des hautes régions. Aussi, lorsque nous avons voulu constater positivement la présence de ces Podurelles dans les Alpes occidentales, nous avons eu quelque peine à obtenir des renseignements précis. Nous sommes donc heureux de remercier M. Henry Duhamel, vice-président de la section de l'Isère du C. A. F., d'avoir bien voulu répondre à notre demande, comme il vient de le faire. A plusieurs reprises, cet alpiniste a rencontré des *Desoria glacialis*, par véritables petites colonies, dans les massifs du Pelvoux, notamment en juillet 1882, sur le bord gauche du grand plateau du glacier de la Pilatte, dans le voisinage de blocs éboulés et de boues glaciaires qui avaient un peu envahi ce glacier. D'autre part, M. Duhamel a vu des groupes de Podurelles sur le glacier de Tacul, dans le massif du Mont-Blanc, près de rochers et de cuvettes d'eau qui se trouvaient sur ce glacier. Ces observations rappellent celles de Tschudi qui prétend que ces petits Insectes se plaisent de préférence dans le voisinage des pierres et des rochers ou sur les bords des crevasses et des baignoires creusées dans la glace. Quelques petits débris organiques entraînés dans ces dépressions par les eaux de fonte fournissent une nourriture suffisante à ces chétives créatures. Sans doute c'est en la recherchant que les *Desoria* pénètrent jusqu'à plusieurs centimètres de profondeur dans les étroites et presque imperceptibles fissures qui sillonnent les glaciers près de leur surface. Souvent les membres de ces colonies sont tellement nombreux que, malgré la petitesse de leur taille, ils forment sur la neige une tache noire dont l'aspect se modifie et même disparaît momentanément, suivant les caprices de leurs allures.

Les deux stations signalées par M. Henry Duhamel, étant situées assez loin l'une de l'autre, soit dans les Alpes du Dauphiné, soit dans celles de la Savoie, il est permis de croire que de semblables colonies de *Desoria glacialis* doivent exister dans les régions intermédiaires et que la présence de ce curieux Insecte ajoute encore de l'intérêt à l'étude de la faune des Alpes françaises.

IV

LES MOLLUSQUES TERRESTRES ET D'EAU DOUCE

Par A. LOCARD

La faune malacologique alpestre présente certaines particularités véritablement dignes d'intérêt. En effet, quelques-unes des espèces que nous observons encore aujourd'hui, après avoir participé aux dernières évolutions géologiques qui ont modifié l'allure du sol et le facies géographique du pays, ont survécu à ces étranges cataclysmes, dernières convulsions d'un monde passé; d'autres au contraire par l'originalité de leurs formes, uniques représentants d'espèces absolument locales, dé—montrent l'existence dans la région d'un véritable centre de création dont l'area d'extension est encore fort restreint. Passons donc rapidement en revue quelques-unes de ces espèces les plus intéressantes.

Lorsque les glaciers des Alpes s'étendaient à l'ouest

jusque dans les plaines lyonnaise et dauphinoise, leurs voisinages habitables étaient fréquentés, comme ils le sont encore aujourd'hui malgré leur retraite dans de plus étroites limites, par un certain nombre d'espèces malacologiques que nous qualifierons volontiers de *Mollusques précurseurs des glaciers*. En effet, à mesure que le glacier progressait majestueusement, il était escorté sur ses flancs, précédé même, par tout un cortège d'êtres fuyant devant un froid terrible, souvent suivi de la mort. Comme cette fuite se faisait avec une extrême lenteur, les Mollusques eux-mêmes, malgré leurs conditions particulièrement défavorables pour l'émigration, pouvaient précéder les glaciers dans leur marche.

C'est ainsi que certaines espèces de Mollusques ont laissé comme trace de leur passage momentané dans notre pays les coquilles qui protégeaient leurs corps, enfouies dans les dépôts du Lehm des premiers contreforts du plateau bressan et du Mont-d'Or lyonnais. Là, au sein même de la masse, gisent ensemble les dépouilles testacées des *Helix arbustorum*, *Helix Neyronensis*, *Helix Locardiana*, *Succinea Ragnebertensis*, etc., le plus souvent seules, mais parfois aussi associées à des ossements de Marmottes, comme dans les sablières de Fontaines-sur-Saône. Peut-être pourrait-on supposer que ces débris ont été entraînés depuis les Alpes jusque dans la plaine lyonnaise ? mais non, ils sont bien en place, là même où ils ont vécu, car soit la fragilité de ces coquilles et leur parfait état de conservation, soit la presque intégralité des squelettes de Marmottes, rien ne permet de supposer un seul instant la réalité de ce prétendu charriage de fragiles débris à une aussi grande distance. Nous sommes donc là bien en présence de témoins véridiques de l'extension des glaciers des Alpes jusque près et même au delà des limites actuelles du lit du Rhône et de la Saône.

Mais lorsque, après son plus grand développement, le glacier a commencé sa retraite, que sont devenus tous ces êtres qui l'accompagnaient? Les uns, comme les Marmottes, incapables de s'adapter à des conditions nouvelles de milieu, ont suivi le glacier dans sa marche en arrière. Les autres comme les Mollusques à coquilles, ont joué par rapport à la faune de notre région un tout autre rôle fort intéressant à suivre. Aujourd'hui comme autrefois, on trouve toujours au voisinage des glaciers des formes spéciales qui ne s'étendent pas au delà, tandis que, dans la région des plaines basses et des vallées, ou dans les stations intermédiaires, vivent des formes affines, mais certainement différentes, dérivant d'un type primitif conservé dans les dépôts géologiques.

Parmi ces espèces une des plus caractéristiques est incontestablement l'*Helix arbustorum*. Qu'on se figure un vulgaire Escargot dont la taille ne dépasse pas 12 à 14 millimètres, avec une coquille au galbe globuleux; la robe épidermique qui en recouvre le test est luisante et glabre, d'un fond jaune roux, parsemé de milliers de petites flammules brunes; parfois une étroite bandelette noire vient la scinder par le milieu; l'animal toujours lent et paresseux, timide et irritable, est d'un gris ardoisé sombre. Tel était, et tel est encore le compagnon malacologique le plus fidèle de nos glaciers. Toujours de petite taille, toujours trapu et solide, ne semble-t-il pas

présenter quelque analogie avec toutes ces races vigou-
reusement râblées qui appartiennent au pays de montagnes.

C'est en vain qu'on cherchera aux alentours de Lyon,
ou même de Grenoble, pareilles formes. On rencontre,
il est vrai, sur les arbustes, les arbrisseaux, au milieu
des buissons et des vorgines, après les chaudes pluies
d'orage de la belle saison, des Mollusques de même
allure, mais de taille plus forte, allant facilement au double, avec un galbe plus surbaissé, une robe testacée
plus foncée. C'est bien encore l'*Helix arbustorum*, mais
sous forme de races ou de variétés bien distinctes, se
reproduisant toujours semblables à elles-mêmes, tant
qu'elles sont appelées à vivre dans les mêmes milieux.

Le même *Helix arbustorum* avait évidemment, lui aussi,
un ancêtre. Quel était-il ? Nous ne saurions le dire ; mais
nous constatons qu'il est possible de suivre sa généalogie ancestrale jusque dans les dépôts du pliocène supérieur du Norwich-Crag d'Angleterre ; c'est lui encore
que nous retrouvons dans l'horizon des sables de Mosbach
du pleistocène inférieur de la Suisse, de l'Autriche, de
l'Allemagne ; aujourd'hui ses formes dérivées s'étendent
dans toute la partie septentrionale et centrale du système européen. A la vérité quelques-uns de ses descendants se sont un peu modifiés ; mais les arrière petit-fils
des Croisés seraient-il tous capables des prouesses de nos
anciens preux ? Le temps, ce grand facteur dans les évolutions que peuvent subir les êtres, n'a-t-il pas fait sentir son influence ? Ce qu'il y a de bien certain, c'est
qu'aujourd'hui, d'après une savante monographie du
groupe en question, on ne compte pas moins de vingt-

sept espèces bien distinctes dérivées de l'ancien *Helix arbustorum*. Pour en finir avec cette coquille, rappelons que, près des glaciers des Pyrénées, on voit aussi des formes voisines, mais différentes; les *Helix Canigoninsis* et *Xatarti* sont exclusivement localisés dans la région orientale pyrénéenne.

Un autre groupe d'Hélices non moins curieux, mais encore plus méridional, c'est celui des Campylées. Ici notre Escargot est plus grand, son diamètre varie de 20 à 25 millimètres et va même au delà; mais alors son galbe est complètement déprimé, la spire dépasse à peine le niveau supérieur du dernier tour; en dessous on peut suivre ses mouvements de torsion à travers un ombilic plus ou moins large; le test en général peu épais, plus ou moins transparent, parfois orné de poils caducs et espacés; la coloration de l'épiderme passe du jaune au roux et au fauve, tantôt monochrome, tantôt découpé par des bandes spirales plus sombres. Toutes les espèces de ce groupe encore mal connues se plaisent dans les stations subalpestres; en France elles sont fort peu nombreuses, deux ou trois seulement vivent dans le Sud-Est; mais franchissant les Alpes, dans les plaines comme dans les contreforts du Tessin, de la Lombardie, le long des flancs des Alpes pennines, rhétiques, noriques, nous rencontrerons en abondance ces belles espèces, si prisées des amateurs.

Nous n'en finirions pas s'il nous fallait rechercher dans la faune ancienne les éléments ancestraux de la faune actuelle; pareil sujet nous entraînerait trop loin; disons pourtant que toutes les espèces qui ont vécu durant la période d'extension des glaciers ont laissé des traces palpables dans la faune actuelle, mais presque toujours modifiées. Quelques-unes comme l'*Helix arbustorum* ont pu se maintenir en suivant les mouvements des glaciers, mais d'autres, au contraire, comme les *Helix Neyronensis, Helix Locardiana*, ont complètement disparu. Mais, avant de s'éteindre, elles ont donné naissance à d'autres formes affines qui enrichissent aujourd'hui nos faunes locales. C'est très vraisemblablement de ces deux espèces que dérivent la plupart des petites Hispides, si nombreuses, si mal définies, qui pullulent dans toute la région, servant de limites à l'extrême extension des glaciers. De même, du *Succinea Ragnebertensis* qui avait son équivalent dans le quaternaire du bassin de Paris sous la forme du *Succinea Joinvillensis*, sont dérivées les élégantes petites Succinées à galbe allongé et tordu qui se plaisent aujourd'hui sur les arbrisseaux qui bordent les plus paisibles de nos petits cours d'eau.

Mais laissons la faune ancienne, pour dire quelques mots de la faune alpestre actuelle. Nous allons constater la présence de plusieurs formes absolument locales.

La plus importante est l'*Helix Alpina* signalée pour la première fois par Faure-Biguet; elle fut décrite en 1821 par Ferussac, et mieux encore en 1831 par Michaud. C'est une forme globuleuse, à spire peu haute, munie en dessous d'un vaste ombilic; sa hauteur est de 12 millimètres pour un diamètre de 20 millimètres; son test opaque, terne, blanchâtre ou grisâtre, passe au jaune plus ou moins foncé au voisinage de l'ouverture. Encore mal fixée dans ses caractères, cette espèce est des plus polymorphes; on peut en récolter de nombreuses variétés. C'est, comme son nom l'indique, une forme bien alpestre qui se cache sous les pierres, dans les fentes des rochers, sur les haies et les gazons humides, sous les sapins de la Savoie et du Dauphiné, entre 1100 et 2100 mètres. Elle est très abondante à la Grande-Chartreuse depuis la chapelle Saint-Bruno (1281 mètres), jusqu'au sommet du Grand-Som (2033 mètres). On la connaît au Bourg-d'Oisans, elle descend à Saint-Sorlin-d'Arves, au col du Lautaret, à la Grave, à Briançon.

Avec l'*Helix Alpina* on rencontre souvent, mais dans des colonies bien distinctes l'*Helix Fontenilli*, dédié par Michaud au savant naturaliste lyonnais Mouton-Fontenille. Sa taille est un peu plus grande, son galbe plus surbaissé; le dernier tour porte en son milieu une sorte de carène obtuse; l'épiderme, d'une teinte grisâtre-jaunacée, est marbré de taches blanchâtres cornées, transparentes, irrégulièrement semées. Sa hauteur varie de 8 à 10 millimètres, son diamètre de 19 à 20; mais elle est susceptible de variations tout aussi grandes que celles de l'*Helix Alpina*. Son area de dispersion est bien moins étendu; elle recherche les milieux frais et ombragés, se cachant sous les pierres et dans les anfractuosités des rochers, à une altitude variant de 800 à 1300 mètres. A la Chartreuse, on la voit toujours au-dessous de l'*Helix Alpina* depuis les portes de Fourvoirie et du Sapey jusqu'à la chapelle Saint-Bruno. On la connaît à Pont-en-Royans, au Villars-de-Lans, dans l'Isère; dans la Drôme, elle monte encore plus haut, mais alors son galbe diffère un peu du type de la Chartreuse; on la voit franchir le roc de Toulouse du côté de Jouvantes, à 1300 mètres d'altitude, dans les montagnes d'Ambec, au Glandaz, sous les rochers des Traverses vers 1700 mètres.

Franchissons encore quelques mètres, et nous allons rencontrer trois formes éminemment alpestres vivant presque dans le voisinage des glaciers. Telles sont les *Helix glacialis, Helix Lautaretiana, Helix Pelvouxiana*. Ces trois espèces sont assez rapprochées, et de taille plus petite que les deux précédentes ; l'*Helix glacialis*, le plus répandu des trois, ne mesure plus que 6 à 7 millimètres de hauteur pour un diamètre de 12 à 14 ; le test toujours épais, glabre, un peu luisant, d'un blanc jaunâtre sali de gris roux, est orné de rides longitudinales saillantes. On l'observe sur le versant français du mont Thabor. En Savoie il descend jusqu'au village de Bramans à 1250 et remonte sur la rive gauche de l'Arve vers Bessans à 1500 mètres où il est très abondant ; dans l'Isère on le signale à la Pyramide (les Sept-Laux), aux Grandes-Rousses, dans la Haute-Savoie, à Chamounix, enfin dans les Hautes-Alpes, au mont Genèvre. Quant aux *Helix Lautaretiana, Helix Pelvouxiana* ils sont plus localisés, ou peut-être encore moins connus dans des régions trop rarement explorées. Le premier n'a été cité qu'au col du Lautaret, entre La Grave et Monestier, sur la route du Bourg d'Oisans à Briançon, et le second aux environs de la Bérarde dans l'Oisans.

Parmi les formes alpestres, nous signalerons encore quelques intéressantes espèces, mais alors de taille plus petite et partant plus difficiles à rencontrer : l'*Helix holosericea*, complètement plan, enroulé de telle façon que le dessous de la coquille est presque semblable au dessus ; cette forme vit dans les parties élevées des Alpes sous les feuilles mortes et la mousse humide au pied des rochers ; quelques rares individus ont été signalés à

Chamounix, dans la forêt de la Tête-Noire, au Reposoir, dans les bois au-dessus de Saxonnet (Haute-Savoie), à la Grande-Chartreuse, etc., etc. L'*Helix ruderata*, petite forme aplatie, largement ombiliquée, au test ridé, de couleur jaune-verdâtre, est encore une espèce exclusivement cantonnée dans les Alpes, se plaisant à des altitudes variant entre 800 et 2000 mètres. L'*Helix villosa*, entièrement couvert de longs poils, remonte aussi jusqu'à 2000 mètres, mais avec un area de dispersion s'étendant à tout l'est de la France, la Suisse, la Bavière, le nord de l'Italie, etc.

L'*Helix ciliata*, également velu, vit sur les flancs alpestres, jusqu'à 1800 mètres, depuis le Dauphiné jusqu'à Nice et dans le Tyrol. L'*Helix edentula*, petite espèce conoïde et glabre, peut vivre même au dessus de 2000 et descend parfois au-dessous de 450 mètres. L'*Helix Garoceliana*, toute petite coquille de 5 à 6 millimètres, vit en abondance dans les prairies de Bonneval à Bourg-Saint-Maurice, dans l'Isère et tout autour du mont Cenis. L'*Helix microphana*, plus petit encore, remonte sur les Alpes au-dessus de 2000, notamment au col de la Magdeleine (Basses-Alpes). L'*Helix Cenisiana*, forme voisine, se recueille sur les sommets du mont Cenis entre la Savoie et l'Italie.

Mais il n'y a pas que des *Helix* à citer dans la faune malacologique alpestre. Voici les Limaces qui, quoique privées de toute enveloppe testacée pour les abriter, vivent cependant au milieu des frimas. Sous les pierres à 500 pas au-dessus de la Maison des Dames à la Grande-Chartreuse, vit une espèce qui paraît exclusive à la localité ; c'est le *Limax erythrus*. Le *Limax cireneo-niger* d'un area géographique plus étendu, s'élève dans les montagnes du Dauphiné et de la Savoie jusqu'à 2000 mètres. Le *Limax Helveticus* monte plus haut encore, puisque nous le voyons dans ces montagnes jusqu'à la limite de la région des gazons parmi les *Saxifraga planifolia*. Le *Limax eubalius* et le *L. Veranyanus* sont également deux formes éminemment alpestres, la première dans le massif de la Grande-Chartreuse, vers les chapelles de Saint-Bruno et de Notre-Dame de Casalibus, la seconde dans les vallées ombragées de toute la chaîne des Alpes-Maritimes.

Voici une autre petite famille de Mollusques, celle des *Vitrina* dans laquelle la coquille mince et fragile, à peine enroulée, est beaucoup plus petite que l'animal. La plupart de ces *Vitrina* se plaisent dans les sites montagneux, s'enfouissant dans la mousse, sous les détritus, au pied des arbres, dans les bois, au bord des torrents. Les *Vitrina diaphana*, *V. Charpentieri*, *V. pellucida*, *V. annularis*, *V. Locardi*, *V. glacialis*, *V. nivalis*, fréquentent les régions alpestres de la France, de la Suisse et de l'Italie, remontant parfois à plus de 2000 mètres d'altitude.

Sous le nom d'*Hyalinia*, les malacologistes désignent des Mollusques voisins des *Helix*, portant une coquille de même galbe, mais toujours aplatie, mince, translucide, comme cornée, le plus souvent d'une petite taille. Parmi ces *Hyalinies*, plusieurs des plus petites, presque microscopiques, fréquentent les hautes stations alpestres ; tels sont : les *Hyalinia nitidosa*, *H. radiatula*, *H. viridula*, *H. Petronella*, *H. Dumontiana*, etc. Avec eux on rencontre souvent les *Arnouldia fulva*, *A. cal-*

lopistica, etc., élégantes petites coquilles au galbe globuleux-conique. Si quelques-unes de ces espèces se répandent parfois jusque dans les plaines basses et les vallées, la plupart ont pour unique habitat des stations dont l'altitude varie de 500 à 1500 et même 2000 mètres.

Pour compléter notre énumération succincte des Mollusques terrestres et alpestres, nous citerons les *Clausilia laminata*, *Cl. Silanica*, *Cl. fimbriata*, *Cl. Emeria*, *Cl. Carthusiana*, *Cl. Sabaudiana*, *Cl. punctata*, *Cl. lineolata*, *Cl. Ylora*, etc., toutes hautement fusiformes, à spire très allongée, enroulée à gauche, à l'inverse des espèces précédentes, et portant dans l'intérieur de l'ouverture des plis et des lamelles caractéristiques.

La faune des Mollusques des eaux douces est encore bien mal connue ; les lacs alpestres ont été peu explorés. De tels sites, il faut en convenir, sont plus souvent visités par des alpinistes armés de piolet, tous plus ou moins admirateurs de la belle nature, que par des amateurs de coquillages, dûment outillés pour pêcher quelques pauvres coquillages sur les rives escarpées de lacs d'un accès difficile. Pourtant nous savons au moins que le genre *Limnæa* fait partie de la faune des Alpes. Ces Escargots d'eau douce, comme les qualifie le *profanum vulgus*, appartiennent à plusieurs espèces, et dans ce genre le polymorphisme est tel que l'on serait volontiers tenté de dire que chaque lac a sa faune spéciale. Une spire plus ou moins haute, plus ou moins conique, terminée par un dernier tour plus ou moins ample, un test mince, corné, lisse, tel est l'ensemble de l'allure de la coquille des *Limnæa*. L'animal qui l'habite tantôt s'enfouit dans la vase, tantôt rampe le long des tiges des plantes aquatiques, tantôt flotte à la surface de l'eau, le pied en l'air, traînant sous lui sa fragile demeure. Citons ainsi les *Limnæa lacustris*, *L. Helvetica*, *L. Foreli*, *L. profunda*, ces deux dernières espèces pouvant vivre dans les eaux des lacs jusqu'à une profondeur de 50 mètres, *L. nubigena*, *L. nivalis*, *L. Langsdorffi*, *L. hemispherica*, *L. nubigena*, etc.

Telle est dans son ensemble la faune malacologique plus particulièrement propre à la région des Alpes; les autres éléments de cette faune rentrent dans les données plus générales de la faune du centre de l'Europe. Mais que de lacunes sont encore à combler, que de ruisseaux, de torrents, de lacs n'ont pas été sondés! que de forêts, de cimes, de cols, encore inexplorés! Puisse ce simple aperçu solliciter les recherches de nouveaux explorateurs et encourager leur zèle; leur efforts seront couronnés de succès.

CHAPITRE VII

L'HOMME DANS LES ALPES

Par le Marquis de SAPORTA

Apparition de l'Homme dans les Alpes ; son origine, sa race ; ses premières immigrations, leur but. — L'Homme chélléen ; Curson, Suze-la-Rousse, grotte de Lympia, etc. — Epoque moustérienne ; La Balme dei Peyrards, le Défends, Caromb, Soyons. — Epoque magdalénienne ; Bethnas, la grotte de la Balme, Veirier ; grotte de Scé. — Age néolitique ou robenhausien ; groupement des haches en pierre ; habitations lacustres. — Sépultures diverses. — Age du bronze : Réallon, fonderies, trésors. — Résumé ethnologique. — Age du fer — Celto-Ligures, colonies grecques. — Réduction des peuplades alpines par Auguste, monument de la Turbie. — Passage des Alpes par Annibal. — Passages des Alpes par César, Auguste, Claude, etc. — Voie aurélienne. — Les Alpes après la chute de l'empire romain. — Royaume de Bourgogne cis-jurane. — Les Maures ou Sarrazins. — Les Vaudois ; leur origine. — Densité de la population dans les départements alpins. — Météorologie : ses rapports avec la population.

ORIGINES PRÉHISTORIQUES, RACES ET ÉVÉNEMENTS
L'HOMME AUX PRISES AVEC LA NATURE

Après l'œuvre de la nature, dans les Alpes, se présente l'œuvre de l'Homme. Après l'action des énergies physiques, soulevant des masses inertes, les plissant et les fracturant, pour les ériger jusqu'à des hauteurs où l'élément liquide cesse de couler et d'où s'épanchent les glaciers, les êtres vivants sont venus eux-mêmes occuper le sol ainsi modifié : plantes et animaux se sont répandus et distribués sur la croupe des Alpes, dans un ordre déterminé par l'aptitude de chacun d'eux à s'étendre ou à se cantonner, à s'avancer ou à reculer, en se contenant mutuellement selon les lois qui dérivent fatalement de la concurrence vitale universelle, c'est-à-dire de l'avantage obtenu ou de l'infériorité finalement acquise à telle ou telle catégorie d'êtres vivants, par rapport à telle ou telle autre. De là une lutte poursuivie sans trêve, et dont le résultat, en dernière analyse, entraîne la répartition des animaux et des plantes de chaque région de la surface terrestre. L'introduction de l'Homme dans la région des Alpes, si insignifiant que l'événement ait pu être au début, a été pourtant la source d'inévitables changements, par la raison que notre race, faible en apparence et aux prises avec des forces écrasantes, disposait d'une arme formidable en réalité, celle de l'intelligence raisonnée. C'est au moyen d'elle que l'Homme a pu soutenir le combat ; mais, il faut le remarquer tout de suite, cette bataille de l'Homme intelligent contre la nature, soit physique, soit organique, loin d'invoquer la prévoyance et de sauvegarder l'intérêt des générations futures, ne fut d'abord et longtemps qu'une série d'actes exécutés en vue du bien-être personnel de ceux qui les concevaient, sans préoccupation aucune des conséquences lointaines qui devaient en sortir. Chez l'Homme, en effet, l'intelligence, essentiellement progressive, ne s'écarte qu'à la longue du cercle étroit où elle était originairement confinée ; cette intelligence d'abord appliquée à la recherche des besoins de l'individu ou de la famille, ensuite à ceux de la peuplade, ne s'est étendue, jusqu'à envisager les intérêts de tout un pays, que graduellement et à l'aide de ce qu'on nomme « la civilisation ». Alors seulement l'Homme, pleinement conscient, s'est préoccupé du bien-être général et des inconvénients que tel ou tel système pouvait entraîner à l'encontre des générations suivantes. C'est ainsi qu'après avoir longtemps exploité la région des Alpes, pour en abattre les arbres, en poursuivre les animaux, en défricher le sol, y mener paître des troupeaux, et retirer de ces opérations combinées tout le profit immédiat dont elles étaient susceptibles, l'Homme s'est aperçu, et c'est d'hier que date cette connaissance, qu'il avait dégradé et appauvri le sol, détruit les bois, raviné les pentes et influé même sur les conditions atmosphériques, en écartant les déversements pluviaires et tarissant les sources, plus abondantes jadis que de nos jours. Il s'est donc arrêté; il a cherché à revenir sur ses actes pour en atténuer les conséquences funestes. Après tant de siècles employés à défaire l'œuvre de la nature, il voudrait lui rendre artificiellement une partie au moins de ce qu'il avait contribué à lui ravir, en s'attachant à épuiser sans mesure sa merveilleuse fécondité.

Personne n'a jamais soutenu, quelle qu'ait été l'origine première de l'Homme, qu'il ait pu naître dans la région des Alpes. Il y est donc venu d'ailleurs; il a dû s'y introduire, aussi bien que dans le reste de l'Europe. Après des myriades de siècles écoulés sans que rien dénote sa présence, on rencontre en effet des indices d'abord rares et incertains, ensuite irrécusables, attestant la venue de l'Homme et son action réduite, il est vrai, à un minimum de puissance par suite de l'imperfection et de la grossièreté des instruments dont il dispose. Mais à quelle date faut-il reporter cette première immigration et quels étaient les caractères de la race à laquelle on doit l'attribuer et de celles qui lui succédèrent ? Il est d'autant plus naturel de poser la question que, loin d'être facilement accessible, comme le démontrent les chapitres précédents, la grande chaîne, par l'effet d'un surexhaussement de son relief joint à l'affluence des précipitations neigeuses, était justement, lorsque l'Homme commence à s'introduire, défendue par des glaciers descendant de tous les sommets, pour remplir les vallées et s'étendre de là jusque dans les plaines. La plupart des issues par lesquelles il eût été possible de pénétrer dans les Alpes se trouvaient donc barrées: le Rhône, l'Isère, la Durance, au moins dans la partie haute de leurs cours, disparaissaient sous les glaces et, des cols servant de passage d'un versant à l'autre presqu'aucun sans doute n'aurait pu être franchi. Il fallut donc une énergie toute particulière, une extrême persévérance à l'Homme primitif pour forcer l'entrée d'un domaine qui semblait devoir lui être à jamais fermé. Un attrait puissant était là pourtant, fait pour le séduire et l'entraîner, celui de la chasse, les animaux alpins lui offrant des ressources, pour ainsi dire inépuisables, et en toutes saisons, puisque les mêmes qui foisonnaient en été dans les forêts et sur les pâturages élevés devaient en hiver abandonner les hauteurs et rechercher un abri dans les vallées inférieures plus clémentes. De leur côté, les Éléphants, les Rhinocéros et les Cervidés ou Bovidés ne manquaient pas, après la fonte des neiges, de remonter les grandes vallées jusqu'aux moraines frontales, à la recherche d'une vie abondante et facile, en fournissant à l'Homme aventureux l'occasion de les poursuivre et d'atteindre une riche proie.

On sait que l'Homme le plus ancien dont les instruments, sinon les restes, nous soient connus avec certitude est « l'Homme chelléen » de M. de Mortillet[1], celui dont les « coups de poing » abondent dans les graviers de la Somme et reparaissent plus loin en Espagne et dans le sud de l'Angleterre. Il était contemporain de l'*Elephas antiquus* et il aurait pénétré plus ou moins dans les Alpes, mais sans y habiter à demeure.

M. de Bonstetten[2] a bien signalé la découverte d'une hache en silex, appartenant au premier âge de la pierre. Mais une observation isolée et l'absence de renseignements précis sur l'instrument lui-même viennent plutôt à l'appui de l'assertion de M. de Mortillet, déclarant ne pas avoir rencontré un seul « coup de poing » chelléen dans toute la région occupée par les glaciers alpins. Il ajoute que les remaniements qui furent la conséquence nécessaire du phénomène auraient détruit toutes les traces que l'Homme aurait pu laisser de son séjour, dans un âge antérieur à la plus grande extension. M. de Mortillet donne, en preuve de l'existence de l'Homme sur le périmètre immédiat, sinon à l'intérieur même de la région

---

[1] Nous empruntons la plupart des détails qui suivent à des notes que notre excellent ami, M.G. de Mortillet, a bien voulu nous fournir. La compétence de ce savant, en ce qui touche le « Préhistorique » n'est plus à proclamer, et ses relations de famille avec Grenoble, d'où elle est originaire, l'ont rendu plus attentif aux observations et aux découvertes relatives à la région des Alpes.

[2] Carte archéologique du canton de Vaud (1874).

des Alpes, lors de la plus ancienne période de la pierre taillée, le gisement de Curson, dans la Drôme entre Roman et Tain, gisement ayant fourni des « coups de poing » chelléens, associés à l'*Elephas intermedius* de Jourdan, simple variété ou race de l'*Elephas antiquus*, espèce si nettement caractéristique du quaternaire le plus inférieur. Non loin de là, une magnifique hache chelléenne a été signalée par M. Chantre à Suze-la-Rousse. Les mêmes instruments caractéristiques ont été récemment découverts à Nice, dans la grotte de Lympia[1], associés à des restes d'Éléphant et de Cerf; dans une tranchée près de Carpentras, à Bédouin (Vaucluse) et au pied du mont Ventoux, entre Sainte-Colombe et Saint-Estève.

Avec leurs passages obstrués, les Alpes se dressèrent longtemps comme une barrière insurmontable, contre laquelle l'Homme vint se heurter, obligé de la suivre et de la contourner, par le nord ou par le sud, à mesure qu'il s'avançait à l'intérieur de l'Europe. C'est ainsi qu'il se trouvait alors répandu sur le pourtour de la chaîne, surtout vers le midi et au pied des Alpes maritimes, où il rencontrait une température égale et douce, des stations abritées et peuplées d'animaux dont il se nourrissait. Le maintien en Provence de végétaux tels que le Caroubier, le Laurier-Rose, le Laurier d'Apollon, le Myrte et le Lentisque, aisément éliminés par le froid, atteste la douceur

---

[1] La découverte de la grotte de Lympia, de même que la plupart de celles du même genre qui ont eu lieu dans les Alpes maritimes, est due à M. Émile Rivière, à qui nous sommes redevable de plusieurs renseignements précieux. (Voy. *Ass. fr. pour l'av. des Sc.*, Congrès d'Alger, 1881, *Grotte de Lympia*, par M. Émile Rivière).

permanente du climat de la partie méridionale de cette région, pendant le cours entier de l'époque glaciaire et l'avantage qu'avait l'Homme à s'y réfugier, au moins durant l'hiver.

En admettant, avec M. de Mortillet, que l'époque « moustérienne » ait coïncidé avec l'âge de la plus grande extension glaciaire et d'un abaissement de plus en plus sensible du climat de l'Europe centrale, il est naturel d'avoir à constater que l'industrie de ce second âge n'a laissé aucune trace dans toute l'étendue de la région des Alpes. En revanche, à l'exemple de la précédente, elle se développe sur leur pourtour, comme l'atteste le gisement de la Balme-dei-Peyrards, à Buoux près d'Apt, vallée inférieure de la Durance, le mieux caractérisé et le plus rapproché. Viennent ensuite les gisements du Défends, commune de Sault-de-Vaucluse, au pied du Ventoux, de Caromb aussi dans Vaucluse; puis deux grottes et un gisement en plein air, à Soyon, au bord du Rhône.

Après l'âge chelléen et celui du Moustier, c'est-à-dire après l'âge de l'*Elephas antiquus*, après celui du Mammouth et du grand Ours des Cavernes, survient « le magdalénien » avec le déclin du Mammouth, l'extension du Renne, le retrait graduel des glaciers et la rigueur croissante du climat, tendant à devenir plus extrême et plus sec. Alors, ajoute avec raison M. G. de Mortillet : « Si pendant tout le quaternaire inférieur et moyen, le chelléen et le moustérien, les gisements de silex taillés, typiques pour ces deux époques, se maintiennent sur le pourtour de la région envahie par les glaces, nous voyons au contraire les silex du type magdalénien pénétrer au sein de la région désormais accessible. C'est ainsi que, pour ne parler que du grand glacier du Rhône, au milieu de son large et puissant empâtement terminal, nous rencontrons les stations de Bethnas supérieur, à Crémieu, et de la grotte de la Balme; puis en remontant la vallée : le gisement du pied du Salève, près de Veirier, presque à la hauteur de Genève, et la grotte de Scé, près Villefranche, canton de Vaud. Il est donc évident que l'Homme et le Renne, vers la fin du quaternaire, pénétraient dans nos Alpes au fur et à mesure que les glaciers se retiraient! »

A partir de ce moment, l'Homme est partout dans les Alpes que désormais il ne quittera plus, dont il occupera les hautes vallées pour en remonter les cimes, s'y adonnant à la vie pastorale, ayant devant lui un long avenir, mais exposé à la tentation d'abuser en pressant trop indiscrètement les mamelles de la nature alpine, alors et si longtemps exubérantes, jusqu'à parvenir à les épuiser.

Pendant l'âge de la pierre polie, que les races précédentes aient succombé devant d'autres plus jeunes, immigrées par la direction de l'est, apportant l'usage des animaux domestiques et les pratiques agricoles, ou bien que les peuplades primitives, vivant exclusivement de la chasse, se soient partiellement fusionnées avec les dernières venues, il est au moins certain que la vie agricole ou pastorale tendit à se développer avant même les inventions métallurgiques. En l'absence du bronze, encore inconnu, on était bien forcé de recourir à la pierre façonnée, emmanchée, diversement travaillée ; c'était le seul élément que l'Homme sut utiliser comme arme de jet, comme lame ou couteau, pointe de flèche ou de javeline, comme hache, ciseau, gouge, scie ou tarière, quelle que fût d'ailleurs la division du travail industriel, la variété, la précision des instruments, même de luxe, de pur ornement, fabriqués par l'Homme parvenu à cette période de son développement, on pourrait dire à la première aurore de la civilisation.

Nous ne saurions mieux faire, en ce qui touche les Alpes, que de transcrire ici tout un passage écrit, à notre intention, par M. de Mortillet, et qui résume les traits principaux de l'industrie chez les peuplades alpestres de l'âge néolithique.

« Pendant le néolithique ou « robenhausien », les populations employant les haches polies ont occupé toutes les Alpes. On trouve ces haches partout, beaucoup plus rarement, il est vrai, dans la montagne que dans la plaine ; mais cela tient uniquement à ce que la population des hauteurs était, comme de nos jours, plus clairsemée que celle des localités inférieures. L'industrie des haches polies présente d'ailleurs, dans les Alpes, un caractère particulier. Elle se distingue par la variété des matières premières employées. A peu près toutes les roches dures et compactes ont été utilisées. Il était difficile et pénible d'exploiter ces roches en place et de les extraire directement ; on fut ainsi amené à se servir, pour la fabrication des haches, de cailloux glaciaires ou torrentiels.

« Les haches polies des Alpes se subdivisent en deux groupes : le groupe du nord-ouest commence dans le Dauphiné et la Savoie, et se développe largement en Suisse. Les haches de ce premier groupe sont relativement longues et plus ou moins étroites, souvent en boudin, c'est-à-dire épaisses et arrondies. Ce sont généralement des cailloux empruntés aux alluvions glaciaires, qui ont été employés.

« Le second groupe, ou groupe du sud-ouest, occupe la partie méridionale du Dauphiné, le Cantal et la Provence. Aisément reconnaissables et de nature variée, les haches de cette seconde catégorie proviennent de roches de déjections, dont plusieurs à pâte de jadéide plus ou moins impure. Elles sont plus ou moins petites et triangulaires. Les haches de ce type tiennent toute la Provence, le comté de Nice, Vaucluse et la Drôme, au moins jusqu'à l'Isère. Ce sont des cailloux torrentiels utilisés. Très nettes dans la plaine, ces haches, en remontant vers la montagne, sans doute parce que les cailloux plus voisins du lieu de provenance étaient aussi plus gros, augmentent de volume, deviennent moins triangulaires et passent aux formes du premier groupe.

« Ces différences, dans la forme et la nature des instruments, tiennent peut-être aussi à des distinctions de races cantonnées sur divers points de la chaîne des Alpes, simultanément occupés par elles.

« Pendant l'époque robenhausienne, une grande partie de la population habitait les palafittes. Les lacs suisses, y compris le lac de Genève, contiennent un grand nombre d'habitations de cette époque. Il y avait aussi des habitations lacustres dans des situations faciles à défendre ; telle est celle de Saint-Saturnin, près de Chambéry, décrite par Perrin. Quant aux palafittes de la Savoie, lac du Bourget, elles appartiennent à l'âge du bronze... » *(Cf.* fig. 74).

Nous sommes ramené ainsi vers la période métallurgique la plus ancienne et son importance a été trop grande dans la région des Alpes, pour ne pas nous y arrêter quelque peu.

Mais avant de parler de l'âge du bronze, il est juste

Fig. 74. — Restitution des habitations, sur pilotis, des lacs de la Suisse.

de mentionner l'usage des sépultures accompagnées de rites funèbres, établies dès lors dans des conditions de solidité et avec des précautions en vue de la sauvegarde des restes ensevelis, combinées de telle façon que ceux-ci ont pu dans bien des cas parvenir jusqu'à nous, ainsi que les objets enfouis avec le cadavre. L'idée de la tombe ayant pour but de reproduire l'habitation, il est naturel que les grottes aient servi originairement de lieu de sépulture, et c'est dans ce sens que doivent être interprétées les grottes funéraires, telles que celles de Menton, explorées avec tant de soin par M. Émile Rivière [1]. Ce savant put extraire tous les ossements et reconstituer le squelette complet du mort préhistorique, ainsi que la série des objets et bijoux lui appartenant ; leur âge approximatif ne remonterait pas, à ce qu'il semble, au delà des derniers temps de la pierre éclatée, ou se rapporterait à la transition de cet âge vers le robenhausien.

C'est à l'imitation des grottes sépulcrales naturelles que se rattachent évidemment les tombes ou cryptes mégalitiques dont M. Cartailhac a fait récemment une étude raisonnée [2]. D'après cet auteur, la région des Alpes proprement dite ne posséderait qu'un petit nombre de ces sortes de sépultures ; mais il faudrait tenir compte de la disparition de plusieurs d'entre elles, utilisées par les maçons en vue de l'extraction des pierres ; il en aurait été de même en Savoie, où les traces de cinq ou six dolmens auraient été signalées. Plus au sud, le dolmen encore intact debout près de Draguignan (fig. 75) témoigne de l'universalité de ce mode de sépulture, à un moment donné, sur le pourtour du massif alpin. Il était peut-être d'ailleurs réservé à certains personnages.

[1] Émile Rivière, *Paléoethnologie, de l'antiquité de l'Homme dans les Alpes-Maritimes*. Paris, 1887, 1 vol. in-4 avec 23 pl. col.
[2] Cartailhac, *La France préhistorique*, p. 229, Paris, 1889.

Les sépultures ordinaires auront été le plus souvent effacées du sol ; M. Cartailhac signale, comme exemples de celles-ci, de simples coffres de pierre, enfouis plus ou moins profondément et remarquables par leur simplicité même. Il mentionne encore aux environs d'Auvernier, au bord du lac de Neuchâtel, un ossuaire important, comprenant avec de nombreux squelettes toute une série d'objets appartenant à la période de transition de la pierre au métal, mais affectant un tout autre aspect que les antiquités du même âge, recueillies tout auprès dans les palafittes du lac.

Avec l'âge du bronze, la région des Alpes prend une importance qu'elle n'avait pas eue auparavant et qu'attestent une foule de découvertes relatives aux débuts de la période métallurgique. Elle est alors coupée par des voies de transit, et ses cols se prêtent à des opérations d'échange auxquelles participent les peuplades montagnardes elles-mêmes, dont le concours est acquis à ces communications entre les diverses contrées que séparent les Alpes. D'après M. Chantre qui a élevé à l'industrie de l'âge du bronze un véritable monument[1], d'accord sur ce point avec M. de Mortillet[2], la métallurgie qui aurait débuté par le cuivre pur ou additionné d'une faible quantité d'alliage, précédant immédiatement le bronze, serait venue d'Orient par deux voies principales, la Méditerranée et le Danube. Introduit dans les Gaules par la première de ces deux voies, le métal y aurait pénétré

---

[1] *L'Age du bronze, Recherches sur l'origine de la Métallurgie en France*, par E. Chantre ; Paris.

[2] Voy. *Rev. préhistorique.* — *L'Age du bronze*, par E. Chantre, *Rev. d'Anthrop.*, n° 3.

au sud par les ports, à l'est par les cols alpins, déjà fré-

La Pierre des Fées, dolmen près de Draguignan (Var).

quentes à cette époque reculée, comme le prouvent les agglomérations, autrement dites « trésors », réunions d'objets précieux en bronze, parfois ustensiles et moules appartenant aux colporteurs qui avaient eu soin de les déposer dans des endroits déterminés pour les reprendre à un moment donné. Le principal de ces « trésors », celui de Réallon, maintenant au musée de Saint-Germain, se compose de près de cinq cents pièces : faucilles, couteaux, lances, anneaux et bracelets (ceux-ci très nombreux), agrafes, boutons, pendeloques, etc., d'une qualité de bronze remarquable par la forte proportion d'étain (près de 25 pour 100) alliée au cuivre. Réallon, village situé près d'Embrun, à 1080 mètres d'altitude, conduit à un col très anciennement fréquenté, menant de Saint-Ronnes à Embrun, par Orcières, et atteignant 2519 mètres d'élévation.

Les fonderies, c'est-à-dire les outils de toute nature, marteaux et poinçons, lingots ou culots, à l'usage des fondeurs et des forgerons, plus répandus que partout ailleurs dans la région des Alpes où ils ont été découverts sur un grand nombre de points de l'Isère et de la Savoie, prouvent que les ouvriers ambulants exerçaient surtout leur industrie dans le voisinage des endroits de passage, qu'ils franchissaient à leur entrée dans les Gaules ; ces découvertes prouvent également qu'ils avaient souvent coutume, leurs opérations une fois terminées, de laisser sur place leur attirail de forges et leurs différents outils, afin de s'éviter la peine de les transporter partout avec eux, dans les tournées qu'ils devaient entreprendre pour vendre les objets fabriqués ou raccommoder ceux qui leur était confiés. De là une industrie et un commerce appropriés aux besoins des Sociétés rudimentaires de l'époque, dont les peuplades alpines ont retiré certainement profit, et qui ont dû contribuer à accroître le bien-être de celles-ci et à favoriser leur développement.

Pendant cet âge, c'est l'opinion formelle des auteurs déjà cités, un large courant commercial s'est établi et a passé par la vallée du Rhône, mais il y aurait eu un mouvement transalpin parallèle, celui même sur lequel nous venons d'insister, et les commerçants de cette époque se tenaient de préférence dans les montagnes qui s'élèvent entre l'Italie et la France. En dehors de Réallon, on a découvert des cachettes ou trésors à La Faux, à Ribiers, et finalement aux Alberts, sur le passage du mont Genèvre.

Les sépultures contemporaines sont encore des dolmens ou du moins des enceintes de pierres brutes. M. Chantre, décrivant dans les plus grands détails celles de la vallée du Rhône, distingue les grottes sépulcrales naturelles des grottes artificielles et celles-ci des dolmens proprements dits. Les objets de bronze qui accompagnent les squelettes, le plus souvent en petit nombre, se trouvent associés à d'autres assimilables à ceux de l'âge de la pierre polie, annonçant ainsi une période de transition. L'usage de l'incinération tend à s'introduire, tout en demeurant encore exceptionnel. Plus tard, et à mesure qu'on s'éloigne du temps de la pierre polie pour s'avancer dans celui du bronze et se rapprocher ensuite de l'âge du fer, les sépultures elles-mêmes se modifient; elles deviennent plus simples; les corps enfouis à une certaine profondeur, recouverts ou non par un tumulus, ne se laissent reconnaître que par le mobilier funéraire, dont ils sont accompagnés. Cette simplicité dans le mode d'ensevelissement, peut-être aussi les rites d'incinération ont pu contribuer à la rareté relative des tombes se rapportant à l'âge du bronze proprement dit. Ces nécropoles et ces tombes isolées sont assez nombreuses pour pouvoir être classées en plusieurs groupes ; celles de la vallée de Barcelonnette, de la vallée de la Durance, du Queyras, de la Maurienne et de la Tarentaise sont les plus importantes, sans doute à cause de leur voisinage des principaux cols de la chaîne des Alpes.

En 1874, MM. Tournier et Ern. Chantre ont découvert à Peyre-Haute (fig. 76), près Guillestre (Queyras), dans une tombe faite de petits blocs erratiques, un squelette de femme entouré de nombreux ornements en bronze, comprenant des boutons, des bracelets, des fibules, une chaînette, des pendeloques, des perles. Sur la tête était une grosse fibule discoïdale en bronze, d'une forme spéciale. Une autre fibule en fer était déposée entre les os du bassin. Voici la figure de cette tombe et des autres objets qui ont été transportés au Muséum de Lyon. Le Musée archéologique de la même ville possède le mobilier funéraire d'une autre tombe aussi remarquable, trouvée près de Saint-Jean-de-Maurienne. Dans les cimetières et les tombes de cet âge intermédiaire entre le bronze et le fer, point de poteries, ni d'armes, ni d'outils, mais de nombreux ornements de parure métallique, accompagnés d'un grand nombre de grosses perles en ambre et en verre. Certains brassards en spirale et les grandes fibules sont caractéristiques de la région [1].

[1] *Cf.* Ern. Chantre, *Les nécropoles du premier âge de fer dans les Alpes françaises, Assoc. fran. pour l'av. des Sc.* Congrès du Havre, p. 771, 1877.

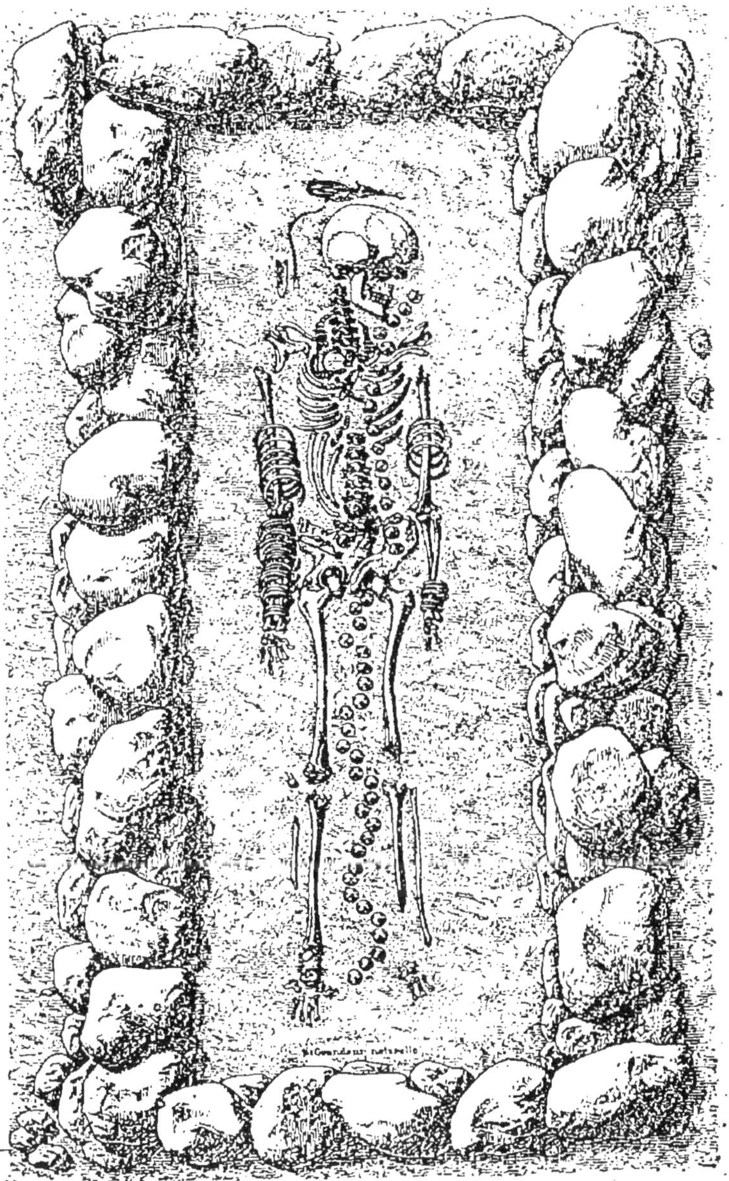

Fig. 76. — Tombe de Peyre-Haute.

Il est visible que les objets de métal, recueillis çà et là épars sur le sol, ont dû le plus souvent provenir d'une tombe. Plus tard encore, entre l'âge du bronze et la conquête romaine, aux sépultures précédentes succèdent des tombes appartenant par leur mobilier funéraire au premier âge du fer, et se rattachant aux cimetières gaulois de la Marne. Mais ces tombes aux abords de la grande chaîne, conservent un air de famille et donnent lieu à un groupe à part, sous le nom de *Sépultures alpines*, et, à partir des Basses-Alpes où elles abondent, elles tournent les Hautes-Alpes et l'Isère par l'Oisans, et prennent en écharpe la Savoie par la Maurienne et la Tarentaise.

Au point de vue ethnologique, le pourtour et la base des Alpes ont été habités, dès le commencement du quaternaire, lors du chelléen et du moustérien, par la plus ancienne des races d'Europe, la race de Néanderthal, très dolichocéphale, c'est-à-dire au crâne très allongé d'avant en arrière. Lors du quaternaire supérieur ou « Magdalénien », cette race transformée, dite de Cros-Magnon, toujours dolichocéphale, aura occupé successivement, à mesure du retrait des glaciers, l'intérieur des Alpes. Puis est venue l'invasion brachycéphale [1], apportant avec l'industrie néolithique les animaux domestiques et l'agriculture. Des mélanges durent nécessairement se produire; pourtant, au sein de nos montagnes, la race brachycéphale fortement implantée s'est main-

---

[1] Les crânes brachycéphales ou têtes rondes sont ceux chez lesquels le diamètre transversal l'emporte plus ou moins sur le diamètre opposé. Nous devons à M. G. de Mortillet ce rapide exposé des principales notions ethnologiques.

tenue, de telle sorte que c'est elle encore qui prédomine d'une manière remarquable. Les crânes savoyards, étudiés par M. Hovelacque, nous montrent les têtes les plus rondes de France. L'introduction du bronze dut se faire d'une manière calme; elle fut la conséquence d'une importation commerciale et non pas de l'envahissement d'une race conquérante en possession des procédés métallurgiques. A cette importation se serait jointe une sorte de prosélitisme religieux et l'inhumation aurait fait place peu à peu au rite funéraire de l'incinération.

Pour être moins incomplet, il faudrait aborder l'ethnologie de l'âge du fer; mais les recherches ou plutôt les études font ici défaut. Les crânes des sépultures des Alpes, en rapport avec cet âge, n'ont pas encore été examinés avec un soin suffisant. D'après M. de Mortillet, ces sépultures, véritables cimetières, renfermeraient une population mélangée. C'est du reste ce que l'on a constaté dans les cimetières analogues de la Marne. Seulement, entre ces derniers et ceux des Alpes, il existe une différence essentielle : dans le nord de la France, ils contiennent beaucoup d'armes, dans nos montagnes, ils n'en contiennent pas. Nous serions donc en présence d'une population éminemment pacifique, abritée et défendue par la disposition même de ces hautes régions, accidentées et difficilement accessibles. Comment ne pas reconnaître dans ces Hommes les prédécesseurs des Vaudois que nous retrouverons plus tard réfugiés aussi dans les vallées supérieures de France et du Piémont. Au point de vue ethnologique, c'est toujours une marche semblable qui se déroule à travers les siècles et le massif alpin se montre à nous, comme une citadelle constamment ouverte aux populations qui en divers temps sont venues lui demander asile et sûreté.

On sait qu'au début de l'histoire on trouve la partie de la région des Alpes, confinant à la Méditerranée et qui porte encore le nom d'*Alpes-Maritimes*, occupée par des indigènes celto-ligures divisés en plusieurs peuplades en contact direct et le plus souvent en hostilité avec les colonies grecques de *Nicæa, Antipolis, Olbia, Tauroentum, Massilia,* etc., établies le long de la côte. Les noms de plusieurs de ces petits peuples (en latin *civitates*) nous ont été conservés par les anciens géographes ou historiens. Il en est ainsi, pour ne mentionner que les mieux connus, des Salyens ou Salluviens, dont Aix était la capitale, des Décéates, des Oxybiens et des Ligaunes, plus rapprochés du Var. Au-dessus d'eux, Pline [1] place les Suètres ou *Setteri* [2], qui ont peut-être laissé leur nom à l'Estérel ; plus loin venaient encore les Quariates, vers Forcalquier et sur le territoire des *Rodiuntici, Dinia* actuellement Digne.

En remontant au nord des Alpes maritimes, la région des Alpes françaises ou Alpes occidentales, avec ses cols, ses vallées, ses hautes cimes, d'où pendent les glaciers, où les fleuves prennent leur source et que couronnent les neiges éternelles, se divisaient en Alpes

---

[1] *Hist. nat.*, livre III, chap. I.

[2] Les *Suetri*, dernier peuple mentionné par l'inscription du Trophée des Alpes, doivent être distingués des *Suetteri* et placés vers Castellane. — Les *Tricores* que Pline met sur la côte, non loin de Marseille sont différents des *Tricorii* de la vallée du Drac, et sont peut-être représentés par la petite ville de Trets, située au N.-E. de Marseille (Voy. *Géogr. de la Gaule romaine,* par E. Desjardins, II, p. 64 et suiv., et p. 231-232.)

Cottiennes, du Viso au mont Cenis; Alpes Grées ou Graies, du Cenis au col du Bonhomme, et Alpes Pennines ou encore Pœnines, allant jusqu'au mont Rose et qui comprennent le mont Blanc et le Cervin. Ces dénominations très anciennement adoptées et qui n'ont jamais cessé d'être en usage ont soulevé pourtant des difficultés et provoqué des explications.

Les Alpes Cottiennes, qui forment au-dessus des Alpes Maritimes, un angle droit dont le sommet est le Thabor, ont emprunté leur nom à Cottius ou Cottus, qui seul, dans les Alpes, sut à la fois résister à Auguste et mériter son alliance. Il gouverna en qualité de « Préfet des cités » ou peuplades alpines, inscrites au nombre de quatorze sur l'arc dédié par lui à son bienfaiteur et qui existe encore près de la ville de Suse, en Piémont. Cottius prolongea son existence sous Tibère et Claude, et reçut même de ce dernier le titre de roi ; ses États ne furent réunis définitivement à l'empire que sous Néron. Nous reviendrons bientôt à l'inscription de l'arc de Suse, précieuse pour la connaissance des petits peuples alors confinés dans cette partie des Alpes, encore en possession de leur indépendance et dont les noms se retrouvent presque toujours dans celui des localités qui correspondent à leur ancien emplacement. Le passage principal des Alpes Cottiennes, l'*Alpis Cottia* des itinéraires, *Saltus Tauricus* de Tite-Live, est aussi nommé *Mons Janua* ou *Januarius*, de *Janus*, d'où le mont Genèvre, pour dire une porte ouverte à travers les Alpes.

Les Alpes Grées ou Graies, *Alpes Graiæ*, ont donné lieu à bien d'autres suppositions, et leur nom a fait songer aux Grecs, *Graii*, comme si quelque colonie grecque fût venue s'y établir. M. l'abbé Ducis[1] a insisté sur cette étymologie à l'aide d'arguments assez peu péremptoires, selon nous. Il semble bien plus naturel d'admettre, avec M. E. Desjardins[2], que le sommet du *Mons Graius* (Petit-Saint-Bernard) était consacré à quelque divinité topique, dont le nom se rattachait à celui de Grau, Crau ou Craig qui conserve la signification de pierre ou rocher et se lie au celtique Kairn ; Kairn, aurait pu donner naissance au terme latin *Graiæ*. Un Cromleck composé de cinquante pierres brutes dominerait encore la route actuelle, à 2500 mètres d'altitude, composant une enceinte circulaire de 72 mètres de diamètre. Ce passage connu des anciens, *in Alpe Graia*, maintenant le Petit-Saint-Bernard, pourrait bien ne pas différer de celui qui, selon Strabon, menait d'Italie, à l'occident des *Salassi* (Val-d'Aost), au pays des *Centrones* (Tarentaise[3], vallée de l'Isère). Ce sont là sans doute les *Centronicæ Alpes* de Pline, aussi célèbres par la bonté de leurs fromages que par la richesse de leurs mines de cuivre.

Les Alpes Pennines ou Pœnines, comprenant les plus hautes cimes de l'Europe, et communiquant avec l'Italie par le passage du Grand-Saint-Bernard, *Summus Pœninus*, déjà frayé dans l'antiquité. Ces Alpes doivent leur nom, selon les uns, à Annibal qui les aurait traversées à la tête des Carthaginois ou *Pœni ;* mais selon les autres,

---

[1] *Les Alpes Graies Pennines et Cottiennes*, Annecy, 1872.

[2] *Géogr. de la Gaule rom.*, I, p. 75.

[3] Le nom de *Darautasia*, chez les *Centrones*, rappelle certainement à l'esprit celui de Tarantaise, modifié depuis peu en *Tarentaise.*

et nous partageons l'opinion de ceux-ci, le nom de Pennines viendrait d'une divinité locale, Penn ou *Jupiter Penninus* ou encore *Pœninus*, le génie de la montagne, dont le temple et le culte ont persisté longtemps au Grand-Saint-Bernard. Il existe encore des débris et des inscriptions attestant la dévotion païenne à l'égard de ce dieu. Le *Summus Penninus*[1] lui aurait été consacré, et tandis que ce nom de Penn se retrouve en Bretagne ; il reparaît en Italie dans les Apennins ; Tite-Live lui-même, en mentionnant la légende relative à Annibal et affirmant que de son temps le « vulgaire » en était persuadé, semble ne pas y ajouter foi, pour son compte.

Nous avons dit qu'Auguste réduisit le premier les peuplades alpines, demeurées indépendantes ou imparfaitement soumises jusqu'à lui. Après en avoir triomphé, il inscrivit leurs noms sur le monument dont les ruines subsistent encore, entre Nice et Monaco, à la Turbie, et dont le nom rappelle celui de *Trophœi Alpium* qui lui fut appliqué.

Pline a eu soin de nous transmettre cette inscription dont il reste quelques fragments épars. Les nations, énumérées au nombre de quarante-cinq, sont rangées dans un ordre qui suit la courbe même des Alpes, en allant de l'est à l'ouest, puis au sud, pour aboutir aux Alpes Maritimes et à *Portus Herculis Monœci* ou Monaco. En se bornant aux seules Alpes françaises et à partir du massif du Mont-Blanc, on reconnaît les *Nantuates*, les *Veragri* et les *Seduni*, c'est-à-dire les habitants

---

[1] Selon M. E. Desjardins le *Summus Pœninus* se retrouverait près de Villeneuve, au fond du lac Léman, dans *Penno-Lucus*, à Penne.

du Chablais et des parties attenantes (lac de Nantua), du du Haut et du Bas–Valais *(civitas Sedunorum,* Sion); près d'eux au pied du versant italien, les *Salassi* (Val d'Aost); puis, en marchant au sud, sur l'un ou l'autre versant de la chaîne, les *Medulli* qu'on met à Modane; les *Caturiges* voisins de la Tarentaise et du mont Cenis: les *Brigiani* placés à Briançon ; les *Brodontii,* près de Digne, dans la vallée d'Olle, dominée par une montagne du nom de Brodon. Les *Esubiani* se rangent dans la vallée de l'Ubaye et sur les rives de la Vésubie, affluent du Var; les *Oratelli* ont dû avoir été cantonnés sur la montagne d'Orel, à l'est d'Embrun ; enfin, les *Nerusi* avaient pour capitale Vence, *civitas Vincium,* sur la rive droite du Var; dans l'arrondissement de Grasse. Les peuples inscrits sur l'arc de Suse comme gouvernés par Cottius, et conservant leur indépendance sous ce chef, font, en partie, double emploi avec les précédents. On retrouve parmi eux les Caturiges, reportés aux environs de Charges et dont le chef–lieu fut plus tard Embrun, *Ebrodunum,* et, à côté des *Tebavii* placés dans l'Ubaye par Durandi, les *Vesubiani* de la Vésubie, puis les *Segusii* encore représentés par Suze ; enfin, les *Bellaci,* à l'ouest des *Segovii,* sur la rive gauche de la Duria, vallée de Bardonèche.

C'est au milieu de ces peuplades, tantôt aidé par elles, tantôt gêné ou même attaqué dans sa marche à travers les Alpes, qu'Annibal parvint à les franchir, à la tête de son armée, avec ses bagages, ses chevaux, ses éléphants, pour se précipiter ensuite dans les plaines de la Haute-Italie. Cette expédition, une des plus audacieuses et des plus sûrement conduites, dont l'antiquité ait gardé le souvenir, reste l'événement le plus considérable dont la région des Alpes françaises ait été jadis le théâtre.

César, dont le gouvernement embrassait toutes les Gaules cisalpine et transalpine, traversa les Alpes à plusieurs reprises. Après lui, Auguste soumet définitivement les peuplades alpines, et c'est en son honneur que Cottius élève l'arc de Suse. Les Alpes occidentales, traversées par Claude, Lucius Verus, Septime-Sévère, par Constantin lorsqu'il marche contre Maxence, par bien d'autres encore, avaient pour passages principaux : celui des Alpes Cottiennes, l'*Alpis Cottia* des itinéraires, et la voie Aurélienne qui, suivant la mer, passait au pied des Alpes maritimes, pour aller aboutir à Aix et ensuite à Arles.

Après la chute de l'empire romain, la région des Alpes occidentales, d'abord possession des Burgondes, puis des Francs, suivit la fortune des Mérovingiens et, après eux, celle des Carolingiens. Pépin, Charlemagne, et son petit-fils Charles le Chauve les traversèrent pour aller en Italie ou en revenir.

On se trouve alors en plein moyen âge, et, si détournant les yeux des provinces qui ont chacune leurs annales séparées, nous considérons uniquement la région des Alpes, nous rencontrons deux épisodes ou catégories de faits de nature à fixer l'attention comme lui étant plus spécialement liés. Ce sont d'abord les incursions des Maures ou Sarrazins, et ensuite l'existence des Vaudois, peuplades hérétiques, plus tard protestantes, qui se détachent, non sans relief, sur le fond obscur de l'histoire des petits peuples, distribués par vallées, en seigneuries plus ou moins puissantes, d'une extrémité à l'autre de la région.

Une histoire générale de la région des Alpes et des races qui l'habitent est encore à faire, et nous appelons de tous nos vœux l'auteur qui se vouerait à une pareille entreprise.

Il nous reste pourtant à jeter un regard, non plus sur l'Homme considéré en lui-même, mais sur les résultats de son contact prolongé avec la nature alpine, en recherchant ce que devint celle-ci après des siècles de culture. Aucune région en effet, n'a payé par plus de ravages et de transformations la nécessité où l'Homme s'est trouvé de tirer d'elle sa subsistance, en lui arrachant plus qu'elle ne pouvait donner, en épuisant, pour ainsi dire, ses mamelles d'abord puissantes et généreuses, finalement épuisées et flétries. Là aussi, nous nous bornerons à l'aperçu rapide d'un problème qui, de nos jours et sous, nos yeux, sollicite les efforts combinés des agronomes, des forestiers et des économistes.

Avant de terminer ces aperçus rapides sur la présence de l'Homme dans les Alpes, nous allons essayer de voir comment la population se trouve répartie dans les départements alpins, afin de déterminer le degré de densité relative de cette population [1].

En général, dans les régions de hautes montagnes, le sol est en grande partie occupé par des rochers arides, des lits de torrents, des neiges et des glaces. La privation des éléments nécessaires au développement de la population en entrave forcément les progrès. En France, les

---

[1] *Cf.* Joanne.

trois départements les moins peuplés sont situés dans des pays très montagneux; ce sont les Basses–Alpes, les Hautes-Alpes et la Lozère. Ce dernier département, étant situé dans les Cévennes dont les cimes sont moins élevées que celles de nos frontières de l'Est, présente une population un peu plus dense que celle des deux autres départements que nous venons de citer, soit : 28 habitants par kilomètre carré, tandis que le chiffre moyen de la population spécifique de la France entière est de 72.

Les Basses-Alpes, dénudées et ravagées par les torrents, avec une surface de 698.700 hectares, n'ont qu'une population de 129.494 habitants[1], soit : 19 habitants par kilomètre carré ou groupe de 100 hectares, c'est-à-dire 53 habitants de moins que la France par surface égale. Ce département est donc, à ce point de vue, le dernier de France; il occupe le 86me rang.

Les Hautes-Alpes pour lesquelles l'aridité de l'énorme massif rocheux et glacé du Pelvoux est compensée par la fertilité du Champsaur, des environs de Gap et d'Embrun, puis des vallées de la Durance et de quelques-uns de ses tributaires, se maintient au 85me rang avec une population spécifique de 22 habitants par kilomètre carré pour une étendue de 558.961 hectares et un total de 121.787 habitants.

Les autres départements alpins sont peuplés davantage. L'Isère enrichie par la fécondité du bassin de Grenoble, des vallées du Graisivaudan et de quelques autres districts, atteint presque la densité moyenne de la France :

---

[1] Elle tend à descendre au-dessous même de ce chiffre, si l'on tient compte du dernier recensement.

70 habitants par kilomètre carré au lieu de 72. Celle du département de Vaucluse, dont une grande partie est bien irriguée et soigneusement cultivée, offre un chiffre pour ainsi dire analogue : 68 habitants.

Les dix départements alpins ayant ensemble une surface de 5.702.761 hectares et une population de 3.017.401 habitants, ont en moyenne 53 habitants par 100 hectares ou autrement par kilomètre carré, soit 19 habitants de moins que le chiffre 72 de la population spécifique de la France entière. De plus, il faut ajouter que cette population y est répartie très inégalement, suivant les formes orographiques et les divers accidents du sol. Ainsi dans les Bouches-du-Rhône, où l'agglomération marseillaise, située loin des hautes cimes, près d'un grand port maritime, forme un centre industriel aussi actif que développé, le chiffre de la population spécifique monte à 118 et assigne à ce département le huitième rang, pour tout le territoire français. Cette situation topographique, cette activité industrielle et commerciale forment le contraste le plus frappant avec l'état de choses des Basses-Alpes dont les progrès ont été arrêtés par le voisinage des montagnes et l'éloignement des grandes voies de communication. De 1866 à 1886, la population a diminué de 13.506 habitants, forcés de quitter un sol appauvri et dévasté de plus en plus par les ravages des torrents et la diminution des forêts. Il était temps de porter remède à cette situation déplorable, et on verra quels généreux efforts sont faits sous nos yeux pour améliorer une situation qui tendait à devenir de plus en plus déplorable.

Mais vis-à-vis des considérations qui nous occupent, il

ne faut pas se contenter de chercher à saisir d'une manière abstraite les rapports qui existent entre la densité de la population de chaque département et la grandeur de sa surface, il faut aussi largement tenir compte de l'influence des formes orographiqnes et des conditions altitudinaires. Pour rendre notre pensée, nous ne saurions mieux faire que d'emprunter les lignes suivantes à M. Levasseur.[1]

« Sur les crêtes et les hauts massifs où la température moyenne ne s'élève pas au-dessus de 0 degré, comme le Pelvoux, c'est-à-dire sur plus de la moitié de la superficie totale, il n'y a pas un habitant. Dans les hautes vallées il y en a très peu; on a calculé que dans le département de l'Isère, la densité n'était guère que de 15 habitants par kilomètre carré, entre 1700 et 1100 mètres d'altitude. La population se presse davantage à mesure que l'altitude décroît; elle est d'environ 66 habitants par kilomètre carré entre 1100 et 600 mètres; elle atteint presque partout dans les vallées moyennes, inférieures à 500 mètres d'altitude, 70 habitants par kilomètre carré, c'est-à-dire à peu près la densité moyenne de la France; dans les vallées basses et fertiles, comme le Graisivaudan et la trouée de Chambéry, où la température moyenne est de + 13 degrés, on trouve jusqu'à 113 habitants par kilomètre carré. Il faut chercher la cause de l'agglomération sur cette dernière zone, non seulement dans la vallée même, qui possède des terres fertiles et qui est une route de commerce, mais aussi dans la montagne qui fournit des moyens de subsistance aux habitants de la vallée par ses pâturages d'été. »

---

[1] Levasseur, *Les Alpes et les grandes ascensions*, p. 65, 1889.

CHAPITRE VIII

LA TRANSHUMANCE ET LE DÉBOISEMENT DANS LES ALPES
RECONSTITUTION DU SOL FORESTIER

Par M. le Marquis de SAPORTA

Avec la collaboration DE M. Ch. DE RIBBE

Mode de groupement de la végétation sur les flancs des Alpes. — Avantages et inconvénients de la transhumance. — Ancienneté de la transhumance. — La transhumance chez les Romains et au moyen âge. — Importance des redevances perçues. — Énorme développement des troupeaux transhumants et des richesses pastorales. — Mœurs et habitudes des nourriguiers ou chefs de troupeaux. — Conséquences funestes de la transhumance; dépopulation des départements alpins; dévastation des forêts et des pâturages; ruine de la population agricole; mauvais régime forestier. — Efforts pour combattre le fléau : au moyen âge, les Dauphins, les Seigneurs, les Communautés religieuses, les Municipalités; dans les temps modernes, M. Boyer de Fonscolombe, M. de Ribbe, M. Surell, etc.; nouvelle législation; Administration des Eaux et Forêts; M. Demontzey. — Magnifiques résultats obtenus: extinction des torrents du Bourget et du Riou-Bourdou (vallée de l'Ubaye).

On sait qu'en remontant les premières pentes de la grande chaîne, à la culture de la vigne, réservée aux gradins inférieurs, à celle des céréales qui s'avance bien davantage, succèdent des forêts d'arbres feuillus, auxquels se superposent normalement des résineux, Pins, Sapins, Épicéas et Mélèzes ; au-dessus de ceux-ci se montrent çà et là le Pin Cembro et celui des montagnes ou Mugho, qui terminent la zone forestière supérieure. Plus haut, enfin, s'étagent les pâturages alpins ou prairies pastorales ; ils se déroulent à partir du point où cesse la végétation forestière jusqu'au niveau altitudinaire où la neige devient permanente. Cet ordre est celui en présence duquel se trouvèrent les premiers cultivateurs, et l'on conçoit que, dès l'origine, ceux-ci aient assigné très judicieusement à la dépaissance la région gazonnée, riche en herbages succulents, qui s'étend au-dessus des bois et qui est si naturellement propice à l'élève du gros bétail, de même qu'à la nourriture des bêtes à laine. On conçoit aussi que ces riches pâturages, qui s'offraient, pour ainsi dire, d'eux-mêmes, verts et fleuris pendant la belle saison, aient attiré les pâtres dont les troupeaux manquaient justement d'herbes durant l'été, au sein des régions inférieures, sous le climat sec et brûlant de Provence. De là l'usage très anciennement connu des troupeaux transhumants, c'est-à-dire de ceux qui, parqués et retenus dans la Crau ou d'autres parties pierreuses de la Basse-Provence, et y trouvant une herbe courte et rare, suffisante pourtant, pendant l'hiver et au premier printemps, remontent à la fin de cette dernière saison vers le sommet des Alpes, à la rencontre des pâturages que la neige vient d'abandonner, et dont l'herbe pousse avec d'autant plus de vigueur qu'elle n'a devant elle que trois à quatre mois de soleil et de chaleur, avant de disparaître sous un nouveau tapis de neige, dès l'automne un peu avancé. Cette économie pastorale a longtemps fait la richesse de la région des Alpes, avant de l'épuiser. Elle contribua puissamment au déboisement et au dégazonnement[1] des montagnes. En effet, l'intérêt dépendant de l'exploitation des troupeaux a dominé d'abord tout le reste ; et, après leur introduction sur des pentes uniquement gazonnées, on les aura amenés par la suite dans des parties récemment dépouillées de leurs bois ou sur les lisières de ceux-ci. On a ainsi insensiblement amoindri le domaine forestier et entraîné sa dégradation soit totale, soit au moins partielle. Après les arbres, l'herbe même est devenue plus rare ; enfin, sur beaucoup de points, elle a entièrement disparu, et les écroulements torrentiels, agrandissant leur domaine et étendant leur action, ont achevé de réaliser la désolation de contrées primitivement riches et peuplées, plus tard entièrement désertes, le roc étant partout mis à nu.

L'aspect « ruiniforme » devenu, dans les Alpes, celui de la plupart des sommités et corrélatif d'un dépeuplement dont les progrès suivent une marche, pour ainsi dire inexorable, a frappé de nos jours une foule d'observateurs attentifs et impartiaux. Le chiffre décroissant des bêtes à laine est le symptôme le plus évident et le corollaire forcé d'un mal qu'on ne saurait nier. Mais en vain s'attacherait-on à le déplorer, puisqu'on se trouve

---

[1] Nous employons ce terme nouveau à l'exemple de M. Charles de Ribbe, économiste justement apprécié, de la bonté de qui nous tenons la plupart des renseignements relatifs à la transhumance, exposés dans les pages suivantes. Ceux de ces renseignements qui s'appliquent au moyen âge ont été puisés à des sources encore inédites, dans des actes découverts et compulsés par cet auteur. L'étude qu'il prépare, accompagnée de preuves et basée sur les textes originaux, est destinée à paraître prochainement dans les *Mémoires de l'Académie d'Aix*, dont M. de Ribbe est secrétaire perpétuel.

en présence d'un cercle vicieux et que le pacage lui-même constitue la cause active qui, en stérilisant les pentes originairement boisées ou gazonnées, entraîne la difficulté croissante de la dépaissance et par elle la diminution des troupeaux. C'est donc à la transhumance qu'il faut d'abord s'attacher.

L'usage, nous l'avons dit plus haut, en est fort ancien. Varron, interrogé par M. de Ribbe, le mentionne comme pratiqué de son temps, non seulement dans les Alpes, mais encore dans toute l'Italie. « Les troupeaux de brebis de l'Apulie, dit-il, vont passer leur campagne d'été dans le Samnium, après que la déclaration en a été faite aux fermiers de la République, qui l'enregistrent. » Il fallait donc dès lors remplir certaines formalités pour user d'un droit qui, dès l'origine sans doute, aura appelé des règlements protecteurs contre l'abus qui pouvait si aisément résulter d'une pareille coutume. Varron mentionne déjà le *calles publica*, chemin public réservé aux troupeaux, et que M. de Ribbe assimile avec raison aux « carraires » de Provence, routes de passage, établies sur les terres vagues et vaines, en vertu d'un règlement public, et que les moutons du bas pays suivent pour se rendre dans les Alpes ou en revenir au retour de l'hiver.

Le moyen âge répond à l'époque de la plus grande prospérité de la transhumance, pratiquée sur une vaste échelle. M. Fauché-Prunelle a fait ressortir l'importance des redevances perçues par les Dauphins sur les troupeaux étrangers qui venaient paître dans les Alpes briançonnaises.

Les Briançonnais avaient pourtant, et nous y revien-

drons, établi toute une législation en vue de la protection de leur bien et du sol forestier de leurs montagnes ;
d'où il faut conclure que rien alors ne faisait prévoir
les conséquences funestes, encore éloignées, du pacage des troupeaux transhumants ; les profits étaient
visibles et palpables, tandis que la dégradation des
pentes gazonnées suivit une marche insensible et ne dût
se réaliser qu'à longue échéance. Les comtes de Provence n'agissent pas autrement que les Dauphins.

Loin de prohiber ou de restreindre la transhumance,
ils l'encouragent et la protègent, et M. de Ribbe nous
montre, au XIIIe siècle, Raymond-Bérenger, octroyant
aux éleveurs d'Arles, à titre de privilège, une franchise
absolue de tous droits de « pasquerage » et de péage
pour leurs troupeaux traversant la Provence et gagnant
le haut pays ou en revenant.

Charles d'Anjou, en 1251, Louis II, en 1385, confir-
ment et étendent ce privilège, attestant ainsi l'intérêt
puissant attaché par eux à la transhumance.

C'est dans la région d'Arles, effectivement, ce pays des
grands troupeaux, que s'est concentrée de nos jours la
transhumance, et M. de Ribbe n'estime pas à moins de
350.000, sur un ensemble de 400.000, le nombre des
moutons qui transhument encore chaque année, échan-
geant un climat brûlant pour de fraîches stations et de
vives pâtures. Au moyen âge, c'était la Provence entière
qui suivait le régime pastoral demeuré plus spécial de
nos jours à la Camargue et à la Crau. A cette époque,
la dépaissance utilisait en hiver, sur une foule de points
du plat pays, le fond des vallées en grande partie occupé
par les prairies marécageuses, depuis assainies et défri-

chées. De là, la prédominance incontestable de l'industrie pastorale et la nécessité de conduire en été ces troupeaux, qui représentaient en définitive la part la plus productive des fortunes territoriales du temps, sur la croupe des Alpes, pendant la belle saison.

C'est en interrogeant d'anciens actes notariés et en réunissant ainsi un véritable trésor de documents inédits, que M. de Ribbe s'est assuré de l'énorme développement de la transhumance et des richesses pastorales accumulées en Provence, du XIIe au XVe siècle. Il existait alors, au cœur même du monde rural, une catégorie de gens d'une condition modeste en apparence, mais qui formaient la classe à la fois la plus industrieuse et la plus riche des paysans : c'étaient les « Nourriguiers » ou nourriciers, sorte de bergers en chef des troupeaux remis à leur garde. Les plus grands troupeaux leur étaient arrentés ; ils se chargeaient de les conduire, de les exploiter et de payer les frais de dépaissance, en partageant par moitié avec le propriétaire le croît et les autres produits ; se réservant aussi la moitié du cheptel à l'expiration du bail. C'est en s'associant que les « Nourriguiers » menaient à bien de semblables marchés et par là s'expliquent, aux yeux de M. de Ribbe, les quantités parfois énormes de bétail mises sous le nom collectif, ou, si l'on veut, sous la raison sociale de ces « Nourriguiers », dont les contrats retirés de la poussière des études révèlent si bien toute l'importance. Elle ressort pour s'en tenir à un seul exemple, d'une série d'actes passés en mars, avril et mai 1441, par devant Johan Lantelmi, notaire d'Aix, par lesquels divers propriétaires de montagnes pastorales louaient la dépaissance de ces montagnes, en vue de la transhumance, à des « Nourriguiers » ou conducteurs de troupeaux d'Aix ou des communes environnantes.

Là étaient la richesse, mais aussi le germe de la ruine future et l'origine d'une foule d'abus que M. Fauché-Prunelle n'a pas manqué de faire ressortir. Il accuse de ces dégâts « la spéculation des anciens seigneurs, des communautés et des habitants, s'exerçant à travers les siècles par l'introduction des troupeaux venus des régions inférieures[1] ». Comment aurait-on prévu de si loin les conséquences d'une exploitation dont l'usage remontait si haut et qui se traduisait alors par des bénéfices annuels considérables. Aussi, les maîtres des montagnes pastorales, seigneurs, communes ou simples propriétaires ne cessent d'attirer par tous les moyens possibles la clientèle des troupeaux du pays inférieur.

Des usages séculaires, consacrés par des règlements, présidaient au départ comme à l'arrivée des troupeaux. Ceux-ci étaient l'objet d'un dénombrement au moment de se mettre en marche, et les résultats en étaient consignés dans des registres soigneusement tenus. Les reconnaissances constataient le relevé du bétail partant, la signature du « Nourriguier » responsable. Des boucs et chèvres, munis de sonnettes, figuraient parmi les capitaux livrés aux conducteurs; marchant en tête, ils servaient de guides et gardaient leur place en tête des moutons. Des ânes et des ânesses suivaient, chargés des ustensiles et des manteaux et parfois des bergers eux-mêmes. C'est ce spectacle pittoresque[2] que le poète

---

[1] *Études sur les Alpes dauphinoises.*

[2] Le frontispice, placé en regard du titre du présent volume, repro-

Mistral à décrit dans *Mireïo*, en l'animant de sa flamme et lui prêtant le charme de son génie.

Si l'on pouvait écrire les annales de la transhumance, on verrait sans doute se restreindre insensiblement l'étendue et la fertilité du domaine gazonné ou prairies pastorales et diminuer par suite le nombre des têtes de bétail, qui pourtant jusqu'à nos jours ont constamment frayé les mêmes voies et obéi aux mêmes coutumes. En se rapprochant des temps actuels et s'arrêtant aux premières années du XIXe siècle, une statistique des Basses-Alpes vante encore les montagnes pastorales comme formant une des principales richesses du département. Des pelouses verdoyantes et fleuries y couvrent les flancs et le sommet des montagnes jusqu'à 3000 mètres d'élévation. La location est évaluée de 1 franc à 1^{fr},25 par tête de bestiaux pour les quatre mois de la belle saison, et le nombre des moutons transhumants qui viennent annuellement du Var ou des Bouches-du-Rhône dans les Basses-Alpes, à 400.000. Les chefs de troupeaux prennent ici le nom de « Bayle »; ce Bayle habite une cabane centrale d'où il dirige tout, assisté des mêmes adjoints qui l'ont accompagné dans son voyage. Des femmes, des enfants, des vieillards se groupent autour de lui et composent une sorte de colonie ambulante, dont les membres se marient généralement entre eux [1].

duit un tableau original de Loubon, qui fait partie du musée d'Aix. Nous devons à M. Heiriès, jeune artiste d'un vrai talent, une photographie de ce tableau exécutée par lui, à notre intention, pour la première fois. (Note ajoutée au moment de l'impression.)

[1] *France pittoresque, Statistique des Bouches-du-Rhône*, par M. de Villeneuve-Bargemon.

La décroissance, pour ainsi dire régulière, de la population des deux départements les plus exclusivement alpins, est le commentaire le plus éloquent des derniers résultats de cet état de choses, et il est difficile de contester la signification d'un pareil symptôme. De 130.000 habitants environ qu'elles comprenaient vers 1840, les Hautes-Alpes sont descendues à près de 120.000, en 1880. Des communes entières, menacées d'une décadence totale, se maintiennent uniquement à l'aide des garnisons locales cantonnées sur la crête des Alpes, et la suppression de la maison centrale d'Embrun, en 1866, entraîna la ruine presque complète de tout le pays. D'après une étude sur l'Économie pastorale des Hautes-Alpes, due à M. Briot, inspecteur des forêts, cette diminution de la population aurait cependant des côtés avantageux ; elle faciliterait plutôt la restauration des prairies et le regazonnement des pentes, dont l'herbage tendrait à reprendre des qualités et une vigueur que la dépaissance trop intensive lui aurait fait perdre à la longue.

La même décroissance de population, mise en lumière à chaque recensement, est applicable aux Basses-Alpes. D'après une histoire de ce département par M. J.-J.-M. Féraud, publiée en 1861, sur une superficie totale de 740.904 hectares, les terrains cultivés s'élevaient alors à 225.000 hectares et les terrains arides et improductifs à 72 ou 73.000 hectares. En regard de ces deux catégories, les parties plus ou moins propres aux pâturages comprenaient 278.000 hectares ; les montagnes pastorales, appartenant soit aux communes, soit aux particuliers, 38.000 hectares ; enfin, les terrains boisés, soumis ou non au régime forestier, comptaient 125.000 hectares. La population totale du département s'élevait alors à 149.649 âmes, chiffre inférieur de plus de 6000 à celui qu'indique la *France pittoresque* de 1835, mais destiné à s'abaisser encore, puisque la population constatée en 1886 n'était plus que 128.295 et celle des Hautes-Alpes de 120.924, ce qui constitue, dans l'espace de 40 ans une perte totale d'au moins 38.000 âmes pour l'ensemble des deux régions. Pour ce qui est du nombre de bêtes des troupeaux transhumants, la statistique des Basses-Alpes de 1861 ne le porte qu'à 100.000 pour ce département, nombre bien inférieur à celui des animaux de race ovine qui y étaient amenés dans des temps plus reculés.

Le dépeuplement graduel du sol forestier sur les pentes et les hauts sommets, faisant place d'abord à des surfaces simplement gazonnées et celles-ci, par une transition plus ou moins rapide, à des terrains incultes et finalement ravinés, ce dépeuplement constitue un phénomène constaté par tous les observateurs et qui se trouve exposé avec toutes ses conséquences, pour ainsi dire fatales, dans une communication faite au Congrès des Sociétés savantes de 1889, par M. David Martin, professeur au collège de Gap[1]. L'auteur constate, sans chercher à l'expliquer, un dépérissement graduel de certaines forêts qui tendent à reculer, en perdant le niveau altitudinaire qu'elles atteignaient jadis. Les vieux pieds se maintiennent à l'état de cadavres, et les jeunes plants sont de plus en plus rares ou même ils ont tota-

---

[1] Voir *Observations sur la marche rétrograde de la végétation dans les Hautes-Alpes*, par M. David Martin, professeur au collège de Gap. Gap, Jouglard, 1890.

lement disparu. L'élimination semble parfois avoir été le fait de l'Homme ; mais il est des régions inaccessibles où elle se manifeste également. Dans la forêt inabordable de Pleyne, par exemple, entre Chaudon et Rabou (1700 mètres d'altitude), les Sapins sont morts sur place, après avoir cessé de se reproduire, et ils n'ont pour remplaçants çà et là qu'une faible proportion de Mélèzes rabougris. Rigueur croissante du climat des hautes régions ou intervention humaine ou encore. les deux actions réunies, le fait n'en ressort pas moins dans son incontestable réalité, et M. David Martin, à titre de spectacle saisissant, signale dans les Alpes la « forêt mourante », située au débouché du vallon de Font-Sancte, vers le bas de la vallée d'Escrens, au sud-est de Guillestre : là, dans un cirque parsemé de rochers épars (3000 mètres), les troncs se dressent encore ou encombrent le sol accidenté sur lequel ils projetaient autrefois leur ombrage puissant. Un peu plus bas, commence une forêt de Cembros. encore dans toute sa vigueur, mais au-dessous des pieds centenaires, aucun jeune plant ne se montre, qui puisse succéder à ceux que l'âge finira par abattre. M. Martin résume ses observations par cette phrase décisive : « Sur les hauteurs, d'une façon générale, *toutes les essences sont en retrait et ne se reproduisent pas.* »

Ce dépérissement de la végétation, ajoute l'auteur, se fait rudement sentir chez la population agricole. C'est pour elle la misère qui s'avance « à grandes enjambées ». Il se demande si, le fait de l'Homme et des troupeaux mis à part, il n'y aurait pas quelque grande cause atmosphérique ou tenant à la dessiccation du climat qui influerait sur le déboisement des montagnes entraînant peu à peu la ruine et la disparition des forêts. La végétation d'abord puissante, après avoir réussi à remonter les pentes de proche en proche, lors de la retraite des grands glaciers, suivrait de nos jours et peut-être depuis des siècles une marche rétrograde, et l'action de l'Homme combinée avec celle des troupeaux aurait seulement accéléré un mouvement qui tendrait à l'abaissement général de la végétation reportée au-dessous du niveau qu'elle avait originairement réussi à atteindre.

Il est donc intéressant, à ce double point de vue, de rechercher l'état des forêts alpines, à plusieurs siècles de distance, afin de mieux juger de la nature et de la marche de ce mouvement rétrograde qui semble les entraîner vers une décadence inévitable, et que les efforts les plus énergiques, nous le verrons bientôt, cherchent à combattre et à conjurer. C'est ce qu'a fait M. Charles de Ribbe dans une étude intéressante sur le *Déboisement des Alpes Dauphinoises au XIVe siècle et la conservation des bois dans le Briançonnais depuis le XVe siècle jusqu'en 1789*.

L'époque à laquelle le déboisement a commencé à prendre des proportions inquiétantes, dans les Alpes françaises, peut-elle être fixée avec certitude?

Si l'on se reporte aux premières années du XIVe siècle, on rencontre des documents relatifs aux craintes que suscitent déjà les dangers du déboisement. Deux ordonnances fort explicites du Dauphin Humbert, en 1339 et 1340, prescrivent en effet la destruction des martinets et des fourneaux à charbon, comme entraînant la perte des forêts. Le souverain transmettait à ses officiers de justice cette réflexion : « Sachez que notre patrie a été considérablement débilitée par la coupe des bois, à cause des martinets. Les forêts sont tellement exténuées que Grenoble et les lieux circonvoisins éprouvent des pertes irréparables de bois et de charbons, en sorte que le prix de ces objets est aujourd'hui le double de celui d'autrefois. »

Les archives des Bénédictins de Boscedon, qui appartiennent à l'Église de Notre-Dame d'Embrun, interrogées par M. Surrell, sont remplies de contestations et de plaintes au sujet des déprédations forestières. Durant cinq siècles, la lutte se prolonge entre les possesseurs qui défendent leur domaine et ceux qui l'envahissent et, à défaut de moyens d'action plus efficaces, l'arme de l'excommunication se trouve employée contre les dévastateurs des forêts. Les pouvoirs municipaux agissent dans le même sens, tellement la nécessité de sauvegarder les forêts s'impose à tous ceux que préoccupent le bien général et l'ordre public.

Le Briançonnais étudié à ce point de vue par M. Fauché-Prunelle, conseiller à la Cour de Grenoble, offre un curieux exemple de pratiques et institutions locales, dirigées en vue de la sauvegarde des forêts de cette partie des Alpes.

C'est ainsi qu'au 25 février 1322 un règlement délibéré en présence du bailli par des députés spéciaux pourvoit à la garde et à la conservation d'une forêt de Pins, jugée précieuse pour la ville qu'elle préserve des avalanches, chutes de neige ou de pierres. Toute coupe, tout enlèvement de bois vert ou sec sont sévèrement prohibés sous peine d'amende, ou de prison pour ceux qui seraient incapables de la payer. Vingt ou trente notables demeuraient responsables de l'application de ce règlement qu'ils avaient juré et garanti, étant tenus d'accourir sur les lieux au premier signal et de dénoncer les délinquants.

La conservation des forêts était donc d'une bien grande importance aux yeux des Briançonnais, dès le commencement du xiv° siècle, pour qu'on n'hésitât pas, en vue de la rendre plus certaine, à recourir à de pareils moyens, en employant bailli et sergents et deux cents chefs de famille. Vingt ans plus tard, en 1343, la grande charte du Briançonnais (art. 18) va jusqu'à interdire les coupes de charpente ou de chauffage dans les forêts de Briançon, du Queyras, de Valpute, Sésanne, Oulx, etc., comme nuisibles par la ruine du sol qu'elles entraînent, soit aux terres cultivées, soit aux chemins.

Ces sortes de défenses et de règlements préventifs, qu'on peut soupçonner ne pas avoir été toujours rigoureusement observés, à raison même des injonctions renouvelées qu'ils provoquent dans la suite, attestent au moins l'éveil des populations et leurs craintes, en présence d'un état de choses qui tend à s'aggraver incessamment.

Jusqu'aux approches de la Révolution et dans le cours entier du xviii° siècle, les officiers municipaux des Communautés restent chargés de la police des bois. Ils luttent du moins contre l'administration officielle des agents de maîtrise qui tendent à s'introduire et à imposer l'exercice de leur juridiction. Cette introduction date en fait de 1731. Les officiers municipaux, sans abandonner précisément leurs anciens droits, cessent pourtant alors de veiller sur les bois avec la même exactitude ; ils protègent plutôt les habitants contre les amendes et les vexations ruineuses auxquelles sont exposés ceux-ci de la part des officiers de maîtrise. Les règles ordinaires de l'exploitation forestière, l'aménagement par coupes réglées des bois de leurs montagnes, exposent les villages à périr par les avalanches et laissent à nu le sol dépouillé des hauts sommets.

Les temps étaient dès lors bien changés ; les populations déchues et presque abandonnées ; les vallées rendues à la solitude ; les anciens seigneurs disparus ; presque plus de noblesse. Les paysans et les petits bourgeois, livrés à eux-mêmes, luttèrent pourtant jusqu'au bout et non sans énergie pour le maintien de l'ancien domaine forestier, qui perdait de plus en plus en étendue, comme en valeur, et tendait finalement à disparaître. Il n'est que trop certain que la période révolutionnaire, les années surtout qui précédèrent la mise en jeu du nouveau régime forestier ne purent que précipiter le mal, en accélérant la décadence des bois et le ravage du sol gazonné. Il faut passer des années avant de voir les plaintes se formuler, et dépasser la moitié du siècle présent avant que de ces plaintes, enfin écoutées, soit sorti un nouvel ordre de choses, pour mieux dire, un ensemble d'efforts reconstitutifs dont il nous faut rendre compte.

Un des premiers cris d'alarme fut jeté, avant 1810[1],

---

[1] Le travail de M. E.-H. Boyer de Fonscolombe a été inséré en tête du tome I des *Mémoires de l'Académie d'Aix*. Aix, Pontier, 1819. Mais la rédaction de ce travail est bien plus ancienne et certainement antérieure à l'année 1810, date de la mort de l'auteur, arrière-grand-père maternel du marquis de Saporta, qui écrit ces lignes.

par Emmanuel-Honoré Boyer de Fonscolombe. Ancien conseiller au Parlement d'Aix, agronome et minéralogiste de mérite, après des essais répétés de repeuplement forestier du sol de ses domaines, il voulut à la fois signaler le mal et indiquer le remède[1]. « Depuis plus d'un siècle, dit-il en abordant la question, on se plaint du dépérissement des bois en Provence, sans y apporter de remède efficace. » Et, plus loin : « Les montagnes de la Haute-Provence, plus élevées, plus ardues, plus rapprochées, ont éprouvé encore plus de dégradation. Les eaux de pluie, que rien n'arrête, en ont enlevé la surface avec une effrayante rapidité : les ruisseaux devenus des torrents dangereux ont couvert de gravier les campagnes qu'ils fertilisaient. Lors de la fonte des neiges, les eaux en s'insinuant entre les joints des pierres marneuses, dont ces montagnes sont principalement formées, les ont décomposées..... et les ont entraînées dans les vallées. C'est ainsi que cette contrée, jadis si boisée, si fertile, si pittoresque, n'offre plus aujourd'hui que l'image de la stérilité et du chaos, et a perdu la plus grande partie de ses habitants... L'édit de 1764, en favorisant les défrichements, a augmenté le mal, et l'autorité a été impuissante pour en arrêter l'abus... A l'exception de quelques forêts d'Épicea, de Sapin et de Mélèze, dans les Basses-Alpes,... il ne reste presque plus de bois dans le pays calcaire. »

L'appel de M. de Fonscolombe eut alors peu de retentissement, mais peut-on dire qu'il soit resté sans écho,

---

[1] *Sur la destruction et le rétablissement des bois dans les départements qui composaient la Provence.*

lorsque l'on constate que, cinquante ans plus tard, ce fut un de ses cousins, habitant d'Aix comme lui et membre de la même Académie, M. Charles de Ribbe, à qui revint l'honneur d'avoir fait entendre, à propos du déboisement, un second cri d'alarme, cette fois avec un plein succès. Le livre de M. de Ribbe, intitulé : *La Provence, au point de vue des bois, des torrents et des inondations, avant et après 1789*, inaugure effectivement une ère nouvelle à l'égard des travaux de reboisement, dont cet ouvrage est devenu le point de départ incontestable. Son effet le plus heureux fut d'amener le remaniement de la législation forestière, en vue de favoriser le repeuplement en essences de bois, des régions dénudées et incultes, reconnues susceptibles de ces sortes d'entreprises. La question se trouvait enfin serrée de près et examinée sous toutes ses faces, dans les Alpes aussi bien qu'au pied de cette chaîne et sous le climat sec et ardent de la Provence. M. de Ribbe s'attacha[1] à faire ressortir tous les désastres que le débordement des torrents qu'aucun obstacle ne retenait avait occasionnés dans les vallées alpestres. Il montre les pays sensiblement appauvris par ces accidents, dans le cours du XVIIIe siècle, et les efforts impuissants au moyen desquels les Communautés et l'Administration de la Province avaient cherché à conjurer le mal, les déclarations imprudentes qui encourageaient le défrichement des terres incultes (13 août 1766) n'ayant pu que l'aggraver. M. de Ribbe suit pas à pas le dépeuplement et l'appauvrissement du sol et des habitants, rendus, pour ainsi dire, inévitables; les progrès inces-

---

[1] Page 84 et suiv.

sants d'un fléau dont les ravages n'étaient jamais que suspendus, mais non arrêtés. Une voix aussi éloquente, à laquelle il est juste d'en associer d'autres aussi pressantes et, en première ligne, celle de M. Surrell (1841) aboutirent enfin, avec l'aide et la connivence des forestiers, à l'œuvre de restauration, maintenant et depuis des années poursuivie, dans la région des Alpes par l'Administration des forêts. Plus les difficultés étaient grandes et en apparence même insurmontables, après des siècles d'incurie et d'abandon, plus les succès partiels, les reconstitutions réalisées, même les simples essais doivent-ils être appréciés et mis en lumière, tellement les Hommes dévoués et courageux qui s'y sont consacrés méritent l'approbation publique[1].

Le système tout entier repose sur le principe qu'en pays de montagne le sol boisé retient les eaux torrentielles et en régularise l'écoulement, tandis que par le déboisement le sol livré sans défense à ces mêmes eaux se trouve bientôt raviné et entraîné par elles. Il s'agit donc, dans la mesure du possible, de sauvegarder la forêt là où elle existe, de la reconstituer partout où elle a péri, tout

---

[1] Nous empruntons la plupart des indications qui suivent à deux livres de M. Demontzey, administrateur des forêts, correspondant de l'Institut, dont l'initiative personnelle et la persévérance ont largement contribué à l'extension, au sein des Alpes, des zones de reboisement. L'un de ces livres : *Étude sur les travaux de reboisement et de gazonnement des montagnes* [*], est une œuvre magistrale, très considérable. L'autre livre : *La restauration des terrains en montagne*, publié à l'occasion de l'Exposition universelle de 1889, fait connaître les résultats au point de vue surtout de la défense du sol des montagnes contre les ravages des eaux torrentielles.

[*] Paris, Imp. nat., 1878.

au moins de recouvrir le sol mis à nu par des gazonne-
ments artificiels. Mais avant tout, il est urgent d'arrêter
l'action torrentielle par des travaux de barrage, d'endi-
guement et de soutènement du sol, cette action désor-
donnée tendant à détruire, dans un très court délai,
tout ce qu'on pourrait entreprendre en vue du reboisement ou du gazonnement, sur des pentes non protégées
préalablement contre elle.

Les travaux poursuivis ont pour base législative une
première loi du 28 juillet 1860, suivie d'une seconde en
1864, qui substituait en tout ou en partie le gazonnement au reboisement. L'économie de ces deux lois
tendait à rendre le reboisement ou, à son défaut, le
gazonnement obligatoire, pour cause d'utilité publique,
dans un périmètre fixé; les propriétaires des terrains
compris dans ce périmètre étant soumis à exécuter les
travaux jugés nécessaires ou, à défaut, à l'expropriation.
Dans ce cas, ils pouvaient cependant obtenir leur réinté-
gration après le reboisement ou le gazonnement, soit
par le remboursement du prix des travaux, soit en aban-
donnant une portion de la propriété.

Ces deux lois n'ayant atteint que très imparfaitement
leur but et excité de vives plaintes de la part des Communes dépossédées temporairement, sinon pour toujours d'une partie de leur domaine, il leur en fut substitué
une autre, le 4 avril 1882. Cette troisième loi encore en
vigueur, *sur la restauration et la conservation des terrains
en montagne*, replace l'opération du reboisement sous
l'empire du droit commun. Les travaux jugés nécessaires
par la dégradation du sol sont déclarés d'utilité publique
et exécutés dans un périmètre déterminé, après enquête,

par les soins de l'administration et aux frais de l'État, tenu d'acquérir soit à l'amiable, soit par expropriation, les terrains reconnus nécessaires, à moins que les particuliers ou les communes ne préfèrent conserver la propriété de ces terrains, en exécutant les travaux prescrits dans les délais déterminés. Enfin, la loi prévient les dégradations en voie d'accomplissement par la mise en défense des terrains menacés et la réglementation du pâturage. Les périmètres antérieurement fixés pourront être l'objet d'une revision.

C'est par tout un ensemble de travaux, les uns en maçonnerie, les autres en bois vifs ou morts ou en clayonnages et fascinages, que l'on parvient à neutraliser l'action des torrents simples ou composés, le plus souvent terribles par les débris accumulés qu'ils entraînent au fond des vallées inférieures et qui constituent ce que l'on nomme leur cône de déjection. Les barrages transverses, rectilignes ou curvilignes, tantôt en maçonnerie pure ou encore mixte, d'autres rustiques, c'est-à-dire formés de matériaux grossièrement accumulés, interceptent les chutes torrentielles, et font refluer les eaux en amont du point où ils sont placés, le plus souvent à l'issue des ravins et vallées où vont aboutir et convergent les torrents. C'est plutôt à l'aide de clayonnages que l'on parvient à arrêter chaque branche, chaque lit partiel, de manière à arrêter enfin le transport des particules meubles. C'est ainsi que l'on arrive à reconstituer peu à peu le sol et les pentes destinés plus tard à redevenir boisés ou gazonnés.

Au 1ᵉʳ janvier 1889, la surface des terrains restaurés depuis le début des travaux, dans le périmètre obliga-

toire, déclarés d'utilité publique, s'élevait déjà à
60.000 hectares sur un total de 300.000. A propos d'une
carte agricole, forestière et torrentielle, du bassin de
l'Ubaye (Basses-Alpes) et de la Durance d'Embrun
(Hautes-Alpes), dressée sous la direction de M. Sardi,
inspecteur adjoint, M. Demontzey expose que les forêts
encore existantes se trouvent presque exclusivement
situées aux expositions froides, variant du nord-ouest
au nord-est, et cette répartition est surtout remarquable
dans la vallée de l'Ubaye. Le maintien des forêts sur les
versants nord s'expliquerait, d'après l'auteur, par cette
considération que l'Homme, après s'être hâté de transformer en pâturages tous les bois susceptibles de se
prêter à cet arrangement et qui par eux-mêmes étaient
sans valeur, ne les avait laissés subsister que sur les rares
points « où le sol et l'exposition se trouvaient rebelles à
la production d'un pâturage de bonne qualité et susceptible d'être parcouru pendant le plus grand nombre de
jours chaque année, conditions que ne présentent pas
les expositions nord, surtout vers le milieu des versants…
C'est donc sur les versants tournés à l'aspect du sud et
de l'ouest que s'accentue la dénudation la plus complète,
et qu'après la chute des forêts s'est prononcé le dépérissement graduel des pâturages, faisant place enfin aux
immenses steppes qu'on a aujourd'hui sous les yeux[1]. »

C'est là aussi où s'étalent tous les torrents, généralement absents des versants boisés, phénomène qui
atteste l'influence protectrice du tènement forestier. —
Prenons pour exemple un de ces torrents dévastateurs

---

[1] *Restauration des terrains en montagne*, p. 47.

dont l'extinction a été courageusement entreprise, celui du Bourget, dans la vallée de l'Ubaye (Basses-Alpes). Ce torrent se jette dans l'Ubaye à 4 kilomètres à l'amont de Barcelonnette. La montagne qu'il déchire fait partie de la chaîne qui sépare la vallée de la Durance de celle de l'Ubaye et dont les sommités s'élèvent jusqu'à 3000 mètres, le fond de la vallée ne s'abaissant qu'à 1200 mètres environ.

Les premiers travaux, qui datent de 1890, ont débuté par le reboisement intégral, en essence de Cembro, dans la région supérieure (de 2400 à 2900 mètres), de Mélèzes et de Pins à crochets *(Pinus montana)* dans la région moyenne (de 1700 à 2400 mètres), et finalement de Pins Laricio d'Autriche et de Pins sylvestres, dans la région inférieure. La jeune forêt, ainsi implantée sur tous les points où le sol se prête aux semis et plantations, s'élève maintenant verte et drue, créée, pour ainsi dire, de toutes pièces et grandissant d'année en année. Les terrains instables ont été fixés par des travaux dits *de correction*, entrepris parallèlement à ceux de reboisement.

Restait à neutraliser le torrent : son origine remonte à une altitude de 2937 mètres. Son débouché dans l'Ubaye s'effectuant à 1174 mètres, il en résulte entre les deux points extrêmes une différence de niveau de 1763 mètres, pour une étendue en longueur de 5134 mètres. Trois sections bien tranchées s'y laissent reconnaître : la supérieure ou bassin de réception, appartenant à l'étage du *Flysch*, à roche dure et à berges relativement stables ; la section moyenne ou canal d'écoulement, qui traverse les marnes *calloviennes*, zone favorable aux plus terribles affouillements, aux glisséments et éboulements de terrains, sur une longueur totale de 1764 mètres, pour une différence de niveau de 475 mètres ; la troisième section enfin occupée par le cône de déjection sur une longueur de 1283 mètres, avec une pente moyenne de 9 pour 100.

Les grands travaux de correction ont été exclusivement concentrés dans la deuxième section. Ils comportent, en tout, la construction de 20 barrages en maçonnerie, de 3 à 7 mètres de hauteur, complétés par une série d'ouvrages secondaires, destinés à supprimer l'affouillement au pied des berges, à amortir la violence des eaux, enfin à arrêter le glissement du sol. Les ouvrages secondaires consistent en clayonnages vivants, transversaux, régulièrement espacés, constituant dans leur ensemble une sorte de grand escalier. Les clayonnages définitifs ont été précédés d'une série de clayonnages provisoires, bientôt enfouis sous les atterrissements successifs, de manière à ramener à une pente régulière de 12 pour 100 l'espace qui s'étend d'un barrage à l'autre.

C'est ainsi que l'on est parvenu à établir un nouveau lit, exempt d'affouillage, présentant une série de paliers à pentes douces, à l'abri de la violence des eaux, tandis que les rives de ce lit, intentionnellement peuplées de végétaux ligneux, arrêtent au passage les matériaux descendant des berges qui s'abaissent insensiblement. Les berges se confondent avec le sol même de la forêt, de récente création, qui s'élève sur un fond meuble et naturellement remblayé. Dix-huit ans ont suffi pour obtenir un résultat pareil qui se résume dans l'extinction du torrent du Bourget, transformé en ruisseau inoffensif, extinction assurée par l'établissement d'une forêt de

400 hectares, couvrant la place naguère livrée tout entière à des eaux dévastatrices.

Le même spectacle nous frapperait à l'aval de Barcelonnette, en présence du torrent de Riou-Bourdou, toujours dans la vallée de l'Ubaye. Celui-ci, le plus formidable des torrents alpins de la région française, a eu les honneurs d'une monographie, et les travaux dont il a été l'objet ont abouti aux mêmes résultats de correction complète et de reboisement. Nous ne saurions nous étendre davantage sur ces entreprises poursuivies sur tant de points, véritables conquêtes de l'action forestière, tendant à la régénération des versants alpins, sans excéder les bornes d'un cadre forcément limité. Il suffit même, en suivant la ligne ferrée de Grenoble à Gap, de jeter sur les pentes qui défilent sous l'œil du voyageur [1] un regard attentif, pour distinguer les plaques vertes, les taches déjà sombres, pareilles aux plis d'un vêtement nouveau, qui recouvrent çà et là la nudité des pentes montagneuses, parfois même les plus abruptes. Ces taches

[1] C'est ainsi que l'auteur même de ces lignes, en remontant vers les Alpes, sur le trajet de Veynes à Grenoble, a arrêté la vue sur de grands escarpements, aux pentes rapides, en partie dénudés, semés de larges plaques vertes, qui se détachent sur un fond grisâtre. Ces plaques répondent à des groupes de jeunes bois, séparés par des intervalles d'un gazon rare et maigre. Des champs fertiles et des prairies verdoyantes occupent le fond des vallées. La montagne, appartenant à la commune de Luce, conserve encore vers son sommet des restes d'anciennes forêts de Sapins. Les reboisements s'étendent sur environ 7000 hectares complantés en essences de Pin Cembro, Épicéa et Mélèze, associés vers le bas au Pin noir d'Autriche; mais celui-ci se trouvant sujet à une maladie qui l'attaque et le fait périr, en le desséchant au moment où il devient adulte, on tend à le remplacer par l'Épicéa, plus résistant et d'une venue plus assurée.

heureuses contrastent avec l'aridité des parties qui n'ont été l'objet d'aucun essai de reboisement ni de gazonnement. Le contraste, déjà frappant, tend à le devenir de plus en plus, jusqu'au moment, peut-être prochain, où l'Homme ayant achevé son œuvre et payé sa dette envers la nature, aura réussi à réparer le mal des générations antérieures, en restaurant les Alpes dans leur état primitif. Ainsi, nous seront rendus ces sanctuaires où, lorsque la nature n'a rien perdu de son éclat, l'esprit et le cœur demeurent en extase, emportés vers le ciel par le spectacle de l'immensité. Mais après nous avoir lu, celui que de semblables reconstitutions des merveilles de la création touchent et intéressent n'a qu'à visiter lui-même les lieux, objets de tant d'efforts. Loin d'être d'un difficile accès, ils sont très abordables aux touristes; ils n'entraînent pas plus d'obstacles à franchir que ces ascensions si connues de la Suisse allemande, que ces excursions dans la Haute-Engadine, devenues si fréquentes, et dont la mode s'est visiblement emparée, en les recommandant à ceux qu'attirent de sublimes paysages.

FIN

TABLE DES FIGURES

TABLE DES MATIÈRES

En Belgique et en Suisse, M. Léon Fredericq, de l'Université de Liège ; M. Herzen, de l'Académie de Lausanne.

Dans le cadre de cette *Bibliothèque* sont comprises toutes les sciences physiques, chimiques, naturelles et médicales.

Parmi les sujets traités, nous signalerons :

En astronomie et en météorologie : *la Prévision du temps, les Phénomènes électriques de l'atmosphère, les Merveilles du ciel.*

En physique : *le Microscope, les Couleurs, la Vision.*

En chimie : *le Lait, la Coloration des vins, les Ferments et les fermentations, l'Alcool.*

En industrie : *la Photographie, la Galvanoplastie, la Télégraphie moderne, la Lumière électrique, les Chemins de fer.*

En agriculture : *la Truffe, les Abeilles, la Vigne.*

En art militaire : *l'Artillerie, l'Électricité.*

En minéralogie et en géologie : *les Tremblements de terre, les Minéraux utiles.*

En géographie : *les Vosges, les Alpes, l'Algérie.*

En paléontologie : *les Ancêtres de nos animaux, les Plantes fossiles, l'Origine des arbres cultivés.*

En anthropologie et en archéologie : *les Pygmées, l'Homme avant l'histoire, l'Archéologie préhistorique, l'Égypte au temps des Pharaons, le Préhistorique en Europe.*

En zoologie : *les Facultés mentales des animaux, la Géographie zoologique, les Sens chez les animaux inférieurs, la Vie des oiseaux, les Animaux lumineux, l'Huître, le Transformisme, Sous les mers, les Parasites, les Sociétés chez les animaux, les Industries animales.*

En botanique : *la Biologie végétale, Voyage autour du monde végétal.*

En physiologie : *l'Évolution du système nerveux, les Poisons de l'air.*

En psychologie physiologique : *Magnétisme et hypnotisme, le Somnambulisme, la Suggestion mentale, le Monde des rêves, les Émotions dans l'état d'hypnotisme, le Génie, la Raison et la Folie.*

En hygiène : *Nervosisme et névroses, le Cuivre et le Plomb, Hygiène des orateurs, Hygiène de la vue, l'Hygiène à Paris, l'Hygiène à l'École, les Exercices du corps, le Surmenage intellectuel, la Vie du soldat, l'Hygiène de l'alimentation.*

En médecine : *la Folie à Paris, les Frontières de la folie, les Irresponsables, Microbes et maladies, le Secret médical.*

ENVOI FRANCO CONTRE UN MANDAT POSTAL

PHYSIQUE

LE MICROSCOPE

ET SES APPLICATIONS A L'ÉTUDE DES ANIMAUX ET DES VÉGÉTAUX

Par Ed. COUVREUR

Chef des Travaux de physiologie à la Faculté des Sciences de Lyon.

1 vol. in-16, avec 112 figures. . . . . 3 fr. 50

LA LUMIÈRE ET LES COULEURS

AU POINT DE VUE PHYSIOLOGIQUE

Par Aug. CHARPENTIER

Professeur à la Faculté de Nancy.

1 vol. in-16, avec 22 figures. . . . . 3 fr. 50

LES COULEURS

AU POINT DE VUE PHYSIQUE, PHYSIOLOGIQUE, ARTISTIQUE ET INDUSTRIEL

Par E. BRUCKE

Professeur à l'Université de Vienne.

1 vol. in-16 de 344 pages, avec 46 figures. . . . . . 3 fr. 50

LES ANOMALIES DE LA VISION

Par IMBERT

Professeur à la Faculté de Montpellier

Introduction par E. JAVAL, membre de l'Académie de médecine.

1 vol. in-16 de 363 pages, avec 48 figures. . . . . . . 3 fr. 50

ART MILITAIRE

L'ARTILLERIE ACTUELLE

EN FRANCE ET A L'ÉTRANGER, CANONS, FUSILS, POUDRES ET PROJECTILES

Par le Colonel GUN

1 vol. in-16, avec 96 figures. . . . . 3 fr. 50

L'ÉLECTRICITÉ

APPLIQUÉE A L'ART MILITAIRE

Par le Colonel GUN

1 vol. in-16, avec figures. . . . . 3 fr. 50

CHIMIE

LE LAIT
ÉTUDES CHIMIQUES ET MICROBIOLOGIQUES
Par DUCLAUX
Professeur à la Faculté des sciences de Paris, membre de l'Institut.
1 vol. in-16 de 336 pages, avec figures. . . . . . . 3 fr. 60

LES THÉORIES ET LES NOTATIONS DE LA CHIMIE
MODERNE
Par Antoine de SAPORTA
Introduction par C. FRIEDEL, membre de l'Institut
1 vol. in-16. . . . . 3 fr. 50

LA COLORATION DES VINS
PAR LES COULEURS DE LA HOUILLE. MÉTHODES ANALYTIQUES
ET MARCHE SYSTÉMATIQUE
POUR RECONNAITRE LA NATURE DE LA COLORATION
Par P. CAZENEUVE
Professeur à la Faculté de Lyon.
1 vol. in-16, avec 1 planche. . . . . 3 fr. 50

FERMENTS ET FERMENTATIONS
ÉTUDE BIOLOGIQUE DES FERMENTS. ROLE DES FERMENTATIONS
DANS LA NATURE ET DANS L'INDUSTRIE
Par Léon GARNIER
Professeur à la Faculté de Nancy.
1 vol. in-16, avec 65 figures. . . . . 3 fr. 50

L'ALCOOL
AU POINT DE VUE CHIMIQUE, AGRICOLE, INDUSTRIEL,
HYGIÉNIQUE ET FISCAL
Par A. LARBALETRIER
Professeur à l'École d'agriculture du Pas-de-Calais
1 vol. in-16, avec 62 figures. . . . . 3 fr. 50

ENVOI FRANCO CONTRE UN MANDAT POSTAL

ASTRONOMIE, MÉTÉOROLOGIE
SCIENCES OCCULTES

LES SCIENCES OCCULTES
LA MAGIE, LES SONGES, LE CALCUL DES PROBABILITÉS, LES PRESSENTIMENTS
Par G. PLYTTOF

1 vol. in-16 avec figures. . . . . 3 fr. 50

PHÉNOMÈNES ÉLECTRIQUES DE L'ATMOSPHÈRE
Par Gaston PLANTÉ
Lauréat de l'Institut.

1 vol. in-16, avec 50 figures. . . . . 3 fr. 50

L'auteur cherchait à étudier et à expliquer les éclairs, cette forme axtraordi-
naire de la foudre ; il est arrivé à trouver la solution du problème, lorsqu'il a eu
entre les mains une source d'électricité pouvant donner des effets différents de
ceux des machines ordinaires de l'électricité statique : il obtint ainsi l'*agrégation
globulaire* d'un liquide électrisé autour d'un conducteur, puis le *globule de
jeu*, et enfin la *foudre globulaire*, la *grêle*, les *trombes* et les *aurores polairess*.
Ce sont ces analogies et leurs conséquences que l'auteur a développées et qui
jettent un grand jour sur la théorie de ces phénomènes naturels.

LA PRÉVISION DU TEMPS
ET LES PRÉDICTIONS MÉTÉOROLOGIQUES
Par G. DALLET

1 vol. in-16 de 336 pages, avec 38 figures. . . . . . . 3 fr. 50

LES MERVEILLES DU CIEL
Par G. DALLET

1 vol. in-16, avec 80 figures. . . . . 3 fr. 50

ENVOI FRANCO CONTRE UN MANDAT POSTAL

INDUSTRIE

LA LUMIÈRE ÉLECTRIQUE
GÉNÉRATEURS, FOYERS, DISTRIBUTION, APPLICATIONS

Par L. MONTILLOT

Directeur de télégraphie militaire.

1 vol. in-16 de 406 pages, avec 190 figures. . . . . . 3 fr. 50

LA TÉLÉGRAPHIE ACTUELLE
EN FRANCE ET A L'ÉTRANGER

LIGNES, RÉSEAUX, APPAREILS, TÉLÉPHONES

Par L. MONTILLOT

Directeur de télégraphie militaire.

1 vol. in-16 de 334 pages, avec 131 figures. . . . . . 3 fr. 50

LA PHOTOGRAPHIE
ET SES APPLICATIONS AUX SCIENCES, AUX ARTS ET A L'INDUSTRIE

Par Julien LEFÉVRE

Professeur à l'École des sciences de Nantes

1 vol. in-16, avec 93 figures et 3 photographies. . . . 3 fr. 50

LA GALVANOPLASTIE
LE NICKELAGE, LA DORURE, L'ARGENTURE
ET L'ÉLECTRO-MÉTALLURGIE

Par E. BOUANT

Agrégé des sciences physiques,

1 vol. in-16, avec 34 figures. . . . . 3 fr. 50

LA NAVIGATION AÉRIENNE
ET LES BALLONS DIRIGEABLES

Par H. de GRAFFIGNY

1 vol. in-16 de 314 pages, avec 43 figures. . . . . . 3 fr. 50

ENVOI FRANCO CONTRE UN MANDAT POSTAL

AGRICULTURE

LA TRUFFE

ÉTUDE SUR LES TRUFFES ET LES TRUFFIÈRES

Par le docteur FERRY de la BELLONE

1 vol. in-16, avec 21 figures et 1 eau-forte de P. VAYSON.   3 fr. 50

Table des matières. — I. Historique. — II. Nature de la Truffe. — III. Moyens d'étude, technique micrographique, étude histologique. — IV. Organisation générale de la truffe. — V. Variétés culinaires, commerciales et botaniques. — VI. Classification. — VII. Description des différentes espèces. — VIII. Usages. — IX. Truffières naturelles, truffières artificielles. — X. Création des truffières artificielles. — XI. Influence des terrains, de l'air, de la lumière, etc. — XII. Truffes d'été et truffes d'hiver. — XIII. Récolte. — XIV. Commerce des truffes. — XV. La truffe devant les tribunaux.

LES ABEILLES

ORGANES ET FONCTIONS, ÉDUCATION ET PRODUITS, MIEL ET CIRE

Par Maurice GIRARD

Président de la Société entomologique de France.

Troisième édition.

1 vol. in-16, avec 85 figures. . . . . 3 fr. 50

Table des matières. — Anatomie et Physiologie des trois formes de l'abeille domestique. — Architecture des abeilles. — Œufs, larves et nymphes. — Vol des abeilles. — Population des ruches. — Essaims et essaimage. — Ruches. — Miel et cire. — Maladies des abeilles. — Ennemis des abeilles. — Distribution géographique de l'abeille. — Les abeilles devant la loi.

LA VIGNE ET LE RAISIN

HISTOIRE BOTANIQUE ET CHIMIQUE, EFFETS PHYSIOLOGIQUES ET THÉRAPEUTIQUES

Par le docteur HERPIN

1 vol. in-16, de 362 pages. . . . . 3 fr. 50

ENVOI FRANCO CONTRE UN MANDAT POSTAL

MINÉRALOGIE, GÉOLOGIE, PALÉONTOLOGIE

LES ANCÊTRES DE NOS ANIMAUX
DANS LES TEMPS GÉOLOGIQUES
Par Albert GAUDRY
Professeur au Muséum d'histoire naturelle, Membre de l'Institut
1 vol. in-16, avec 49 figures. . . . . 3 fr. 50

LES TREMBLEMENTS DE TERRE
Par FOUQUÉ
Professeur au Collège de France, membre de l'Académie des sciences.
1 vol. in-16, avec 50 figures. . . . . 3 fr. 50

LES PLANTES FOSSILES
Par B. RENAULT
Aide-naturaliste au Muséum d'histoire naturelle.
1 vol. in-16 de 400 pages avec 53 figures. . . . . . . 3 fr. 50

LES VOSGES
LE SOL ET LES HABITANTS
Par G. BLEICHER
Professeur d'histoire naturelle à l'École de Nancy.
1 vol. in-16, de 320 pages, avec 28 figures. . . . . . 3 fr. 50

ORIGINE PALÉONTOLOGIQUE DES ARBRES CULTIVÉS
OU UTILISÉS PAR L'HOMME
Par le marquis G. de SAPORTA
Membre correspondant de l'Institut.
1 vol. in-16, avec 44 figures. . . . . 3 fr. 50

MINÉRAUX UTILES ET EXPLOITATION DES MINES
Par L. KNAB
Répétiteur à l'École centrale des Arts et manufactures.
1 vol. in-16, avec figures. . . . . 3 fr. 50

ENVOI FRANCO CONTRE UN MANDAT-POSTAL

ANTHROPOLOGIE, ARCHÉOLOGIE

L'ÉGYPTE AU TEMPS DES PHARAONS
LA VIE, LA SCIENCE ET L'ART
Par Victor LORET
Maître de conférences à la Faculté des Lettres de Lyon.
1 vol. in-16, de 316 pages avec 18 planches. . . . . . 3 fr. 50

LE PRÉHISTORIQUE EN EUROPE
CONGRÈS, MUSÉES, EXCURSIONS
Par G. COTTEAU
Correspondant de l'Institut.
1 vol. in-16, de 313 pages, avec 87 figures.. . . . . . 3 fr. 50

L'ARCHÉOLOGIE PRÉHISTORIQUE
Par le baron J. de BAYE
Membre de la Société des antiquaires de France.
1 vol. in-16, avec 51 figures. . . . . 3 fr. 50

L'archéologie des temps primitifs est une science de date récente. Elle emprunte beaucoup à d'autres sciences presque aussi nouvelles. Elle est en effet intimement associée à la géologie, à la paléontologie, à la minéralogie et à l'anthropologie.

C'est par l'heureux accord de ces diverses sciences que M. le baron de Baye a étudié successivement l'époque néolithique, la pierre polie, les grottes, les sépultures, la trépanation préhistorique, les flèches, les haches, les parures, la céramique. C'est là un ensemble plein d'intérêt, qui ne peut manquer d'attirer l'attention des collectionneurs.

LES PYGMÉES
LES PYGMÉES DES ANCIENS D'APRÈS LA SCIENCE MODERNE
LES NÉGRITOS OU PYGMÉES ASIATIQUES
LES NÉGRILLES OU PYGMÉES AFRICAINS
LES HOTTENTOTS ET LES BOSCHIMANS
Par A. de QUATREFAGES
Professeur au Muséum, Membre de l'Institut
1 vol. in-16, avec figures. . . . . 3 fr. 50

L'HOMME AVANT L'HISTOIRE
Par Charles DEBIERRE
Professeur à la Faculté de Lille.
1 vol. in-16, de 304 pages avec 84 figures.. . . . . . 3 fr. 50

ZOOLOGIE, BOTANIQUE

LA GÉOGRAPHIE ZOOLOGIQUE
Par le Docteur E.-L. TROUESSART
1 vol. in-16 de 320 pages, avec 50 figures . . . . 3 fr. 50

LA LUTTE POUR L'EXISTENCE
CHEZ LES ANIMAUX MARINS
Par L. FREDERICQ
Professeur à l'Université de Liège
1 vol. in-16 de 303 pages, avec 37 figures. . . . . . 3 fr. 50

LES FACULTÉS MENTALES DES ANIMAUX
Par le Docteur FOVEAU DE COURMELLES
1 vol. in-16 de 330 pages, avec fig. . . . . 3 fr. 50

LE TRANSFORMISME
Par Edmond PÉRIER
Professeur au Muséum.
1 vol. in-16, avec 80 figures. . . . . 3 fr. 50

L'auteur étudie la doctrine transformiste pour arriver à une explication du monde vivant. Il fait connaître les origines de la question, ce qu'elle était avec Lamarck, Geoffroy Saint-Hilaire, Ch. Darwin et Hœckel, ce qu'elle est devenue entre les mains des naturalistes de l'époque actuelle, et comment elle est arrivée à grouper en un même faisceau les données si longtemps éparses de la paléontologie, de l'anatomie comparée, des sciences descriptives, et de l'embryogénie. En laissant de côté les hypothèses, il résume ce que l'on a réussi à savoir de plus précis sur l'origine des formes actuelles du Règne animal et sur celle de l'Homme.

SOUS LES MERS
CAMPAGNES D'EXPLORATIONS DU *TRAVAILLEUR* ET DU *TALISMAN*
Par le marquis de FOLIN
Membre de la Commission scientifique d'exploration des grands fonds de la Méditerranée et de l'Atlantique.
1 vol. in-16, avec 46 figures. . . . . 3 fr. 50

LA BIOLOGIE VÉGÉTALE
Par P. VUILLEMIN
Chef des travaux d'histoire naturelle à la Faculté de Nancy.
1 vol. in-16, avec figures. . . . . 3 fr. 50

ENVOI FRANCO CONTRE UN MANDAT POSTAL

LES SCIENCES NATURELLES
ET L'ÉDUCATION
Par Th. HUXLEY
Membre de la Société royale de Londres
1 vol. in-16 de 360 pages. . . . . 3 fr. 50

L'HUITRE
ET LES MOLLUSQUES COMESTIBLES
HISTOIRE NATURELLE, CULTURE INDUSTRIELLE, ET HYGIÈNE ALIMENTAIRE
Par A. LOCARD
1 vol. in-16 de 320 pages, avec 50 figures . . . . 3 fr. 50

LES PARASITES DE L'HOMME
ANIMAUX ET VÉGÉTAUX
Par R.-L. MONIEZ
Professeur à la Faculté de médecine de Lille.
1 vol. in-16 de 320 pages, avec figures. . . . . 3 fr. 50

LES INDUSTRIES DES ANIMAUX
Par F. HOUSSAY
Maître de conférences à l'École normale supérieure.
1 vol. in-16 de 312, avec 38 figures. . . . . 3 fr. 50

LES SENS CHEZ LES ANIMAUX INFÉRIEURS
Par E. JOURDAN
Professeur à la Faculté des sciences de Marseille.
1 vol. in-16 de 314 pages, avec 48 figures. . . . . . . 3 fr. 50

LA VIE DES OISEAUX
SCÈNES D'APRÈS NATURE
Par le baron d'HAMONVILLE
1 vol. in-16, avec 17 planches. . . . . 3 fr. 50

LES ANIMAUX ET LES VÉGÉTAUX LUMINEUX
Par H. GADEAU de KERVILLE
1 vol. in-16 de 327 pages, avec 49 figures. . . . . . . 3 fr. 50

LES SOCIÉTÉS CHEZ LES ANIMAUX
Par Paul GIROD
Professeur à la Faculté des sciences de Clermont-Ferrand.
1 vol. in-16 avec 50 figures. . . . . 3 fr. 50

ENVOI FRANCO CONTRE UN MANDAT POSTAL

PHYSIOLOGIE

LA SCIENCE EXPÉRIMENTALE

Par le professeur Claude BERNARD, membre de l'Institut.

Nouvelle édition. 1 vol. in-16 de 450 pages, avec fig. 3 fr. 50

L'ÉVOLUTION DU SYSTÈME NERVEUX

Par H. BEAUNIS

Professeur à la Faculté de médecine de Nancy.

1 vol. in-16 de 320 pages avec 200 figures. . . . . . 3 fr. 50

LES POISONS DE L'AIR

L'ACIDE CARBONIQUE ET L'OXYDE DE CARBONE

EMPOISONNEMENT ET ASPHYXIE

PAR LES PUITS, LE GAZ DE L'ÉCLAIRAGE, LE TABAC A FUMER,
LES POÊLES, LES VOITURES CHAUFFÉES, ETC.

Par N. GRÉHANT

Aide naturaliste au Muséum, Lauréat de l'Institut.

1 vol. in-16 de 320 pages, avec 21 figures . . . . . . 3 fr. 50

PSYCHOLOGIE PHYSIOLOGIQUE

HYPNOTISME, DOUBLE CONSCIENCE

ET ALTÉRATIONS DE LA PERSONNALITÉ

Par le docteur AZAM

Professeur à la Faculté de médecine de Bordeaux

Avec une préface par le professeur **CHARCOT**

1 vol. in-16, avec figures. . . . . 3 fr. 50

LE SOMNAMBULISME PROVOQUÉ

ÉTUDES PHYSIOLOGIQUES ET PSYCHOLOGIQUES

Par H. BEAUNIS

Professeur à la Faculté de médecine de Nancy.

Deuxième édition. 1 vol. in-16, avec figures. . . . 3 fr. 50

MAGNÉTISME ET HYPNOTISME

EXPOSÉ DES PHÉNOMÈNES OBSERVÉS PENDANT LE SOMMEIL NERVEUX PROVOQUÉ
AVEC UN RÉSUMÉ HISTORIQUE DU MAGNÉTISME ANIMAL

Par le docteur A. CULLERRE

Deuxième édition. 1 vol. in-16, avec 28 figures. . 3 fr. 50

ENVOI FRANCO CONTRE UN MANDAT POSTAL

HYPNOTISME EXPÉRIMENTAL

LES ÉMOTIONS DANS L'ÉTAT D'HYPNOTISME

ET L'ACTION A DISTANCE
DES SUBSTANCES MÉDICAMENTEUSES OU TOXIQUES
Par J. LUYS
Membre de l'Académie de médecine, Médecin de la Charité.
1 vol. in-16 de 320 pages, avec 28 planches . . . . . . 3 fr. 50

LA SUGGESTION MENTALE

ET L'ACTION A DISTANCE DES SUBSTANCES TOXIQUES ET MÉDICAMENTEUSE
Par les docteurs H. BOURRU et P. BUROT
Professeurs à l'École de médecine de Rochefort.
1 vol. in-16 de 311 pages, avec figures. . . . . 3 fr. 50

VARIATIONS DE LA PERSONNALITÉ

Par les docteurs H. BOURRU et P. BUROT
Professeurs à l'École de médecine de Rochefor
1 vol. in-16 de 315 pages, avec 15 photogravures. . . 3 fr. 50

LE CERVEAU ET L'ACTIVITÉ CÉRÉBRALE

AU POINT DE VUE PSYCHO-PHYSIOLOGIQUE
Par le docteur Al. HERZEN
Professeur à l'Académie de Lausanne.
1 vol. in-16, de 312 pages. . . . . 3 fr. 50

FOUS ET BOUFFONS

ÉTUDE PHYSIOLOGIQUE, PSYCHOLOGIQUE ET HISTORIQUE
Par le docteur Paul MOREAU (de Tours)
1 vol. in-16 de 288 pages. . . . . 3 fr. 50

LE GÉNIE, LA RAISON ET LA FOLIE

LE DÉMON DE SOCRATE,
APPLICATION DE LA SCIENCE PSYCHOLOGIQUE A L'HISTOIRE
Par L.-F. LELUT
Membre de l'Institut.
1 vol in-16, de 348 pages. . . . . 3 fr. 50

LE MONDE DES RÊVES

Par le docteur P. Max SIMON
Médecin en chef de l'Asile public des aliénés de Lyon
Deuxième édition. 1 vol. in-16. . . . . 3 fr. 50

ENVOI FRANCO CONTRE UN MANDAT POSTAL

HYGIÈNE

L'HYGIÈNE A PARIS
L'HABITATION DU PAUVRE
Par le Docteur O. du MESNIL
Préface par Jules SIMON (de l'Institut)
1 vol. in-16 de 320 pages . . . . 3 fr. 50

LES EXERCICES DU CORPS
LE DÉVELOPPEMENT DE LA FORCE ET DE L'ADRESSE
ÉTUDE SCIENTIFIQUE
Par E. COUVREUR
1 vol. in-16 de 351 pages, avec 59 figures. . . . . . 3 fr. 50

NERVOSISME ET NÉVROSES
HYGIÈNE DES ÉNERVÉS ET DES NÉVROPATHES
Par le docteur A. CULLERRE
1 vol. in-16, 350 pages. . . . . 3 fr. 50

LE SURMENAGE INTELLECTUEL
ET LES EXERCICES PHYSIQUES
Par le docteur RIANT
1 vol. in-16 de 312 pages. . . . . 3 fr. 50

HYGIÈNE DES ORATEURS
HOMMES POLITIQUES, MAGISTRATS, AVOCATS, PRÉDICATEURS, PROFESSEURS,
ARTISTES, ET DE TOUS CEUX QUI SONT APPELÉS A PARLER EN PUBLIC
Par le docteur A. RIANT
1 vol. in-16, 340 pages. . . . . 3 fr. 50

LE CUIVRE ET LE PLOMB
DANS L'ALIMENTATION ET L'INDUSTRIE, AU POINT DE VUE DE L'HYGIÈNE
Par A. GAUTIER
Professeur à la Faculté de médecine de Paris, membre de l'Institut
1 vol. in-16 de 310 pages. . . . . 3 fr. 50

LES NOUVELLES INSTITUTIONS DE BIENFAISANCE
LES DISPENSAIRES POUR ENFANTS MALADES, L'HOSPICE RURAL
Par le docteur A. FOVILLE
1 vol. in-16, avec 10 planches. . . . . 3 fr. 50

ENVOI FRANCO CONTRE UN MANDAT POSTAL

L'HYGIÈNE A L'ÉCOLE
PÉDAGOGIE SCIENTIFIQUE
Par le Docteur COLLINEAU

1 vol. in-16 de 314 pages avec 50 figures. . . . . . 3 fr. 50

HYGIÈNE DE L'ESPRIT
PHYSIOLOGIE ET HYGIÈNE DES HOMMES LIVRÉS AUX TRAVAUX INTELLECTUELS

PAR LES DOCTEURS

J.-H. RÉVEILLÉ-PARISE et   **Ed. CARRIÈRE**

Membre de l'Académie de médecine   Lauréat de l'Institut.

1 vol. in-16 de 435 pages. . . . . 3 fr. 50

HYGIÈNE DE LA VUE
Par les docteurs X. GALEZOWSKI et KOPFF

1 vol. in-16 de 320 pages, avec 44 figures. . . . . . 3 fr. 50

L'EXAMEN DE LA VISION
DEVANT LES CONSEILS DE RÉVISION ET DE RÉFORME DANS LA MARINE ET DANS L'ARMÉE
ET CHEZ LES EMPLOYÉS DE CHEMIN DE FER

Par le docteur A.-J.-G. BARTHÉLEMY

Directeur du service de Santé de la marine à Toulon.

1 vol. in-16, avec figures et planches coloriées. . . . . 3 fr. 50

LA VIE DU SOLDAT
AU POINT DE VUE DE L'HYGIÈNE
Par le docteur RAVENEZ

Médecin-major à l'École de cavalerie de Saumur.

1 vol. in-16 de 375 pages, avec 55 figures. . . . . . . 3 fr. 50

L'ALCOOLISME
DANGERS ET INCONVÉNIENTS POUR LES INDIVIDUS, LA FAMILLE ET LA SOCIÉTÉ
Par le Docteur BERGERET

1 vol. in-16 de 380 pages. . . . . 3 fr. 50

HYGIÈNE DE L'ALIMENTATION
DANS L'ÉTAT DE SANTÉ ET DANS L'ÉTAT DE MALADIE
Par le docteur Paul CHÉRON

1 vol. in-16, avec figures. . . . . 3 fr. 50

ENVOI FRANCO CONTRE UN MANDAT POSTAL

MÉDECINE

LA FOLIE A PARIS
Par Paul GARNIER
Médecin en chef de l'infirmerie du dépôt de la Préfecture de Police
1 vol. in-16 de 350 pages. . . . . 3 fr. 50

LES IRRESPONSABLES
DEVANT LA JUSTICE
Par le Docteur A. RIANT
1 vol. in-16. . . . . 3 fr. 50

LES FRONTIÈRES DE LA FOLIE
Par le docteur A. CULLERRE
1 vol. in-16 de 360 pages. . . . . 3 fr. 50

LA FOLIE CHEZ LES ENFANTS
Par le Docteur Paul MOREAU (de Tours).
1 vol. in-16 de 280 pages. . . . . 3 fr. 50

LA VIE ET SES ATTRIBUTS
Par E. BOUCHUT
Professeur agrégé à la Faculté de médecine de Paris.
1 vol. in 16, de 444 pages. . . . . 3 fr. 50

LES PANSEMENTS MODERNES
LE PANSEMENT OUATÉ ET SON APPLICATION A LA THÉRAPEUTIQUE CHIRURGICALE
Par le Docteur A. GUÉRIN
Membre de l'Académie de médecine
1 vol. in-16 de 392 pages, avec figures. . . . . . 3 fr. 50

LE SECRET MÉDICAL
MARIAGE, HONORAIRES, ASSURANCES SUR LA VIE, DÉCLARATION DE NAISSANCE,
EXPERTISE, TÉMOIGNAGE, ETC.
Par P. BROUARDEL
Doyen de la Faculté de médecine de Paris.
1 vol. in-16. . . . . 3 fr. 50

MICROBES ET MALADIES
Par J. SCHMITT
Professeur agrégé à la Faculté de Nancy
1 vol. in-16, avec 24 figures. . . . . 3 fr. 50

ENVOI FRANCO CONTRE UN MANDAT POSTAL

Lyon. — Imp. A. Rey, 4, rue Gentil. — 5337

LIBRAIRIE J.-B. BAILLIÈRE et FILS

BAYE (J. de). — L'Archéologie préhistorique, 1888, 1 vol. in-16 avec 50 fig. (*Bibliot. scientifique contemporaine*). . . 3 fr. 50

BONNIER (G.). — **Les Plantes des champs et des bois**, par Gaston Bonnier, professeur de botanique à la Faculté des sciences de Paris, 1887, 1 vol. in-8 avec 873 figures et 30 pl. dont 8 en coul. dessinées d'après nature par E. Mesplès. 24 fr.

BREHM. — **Les Merveilles de la nature : l'homme et les animaux**, description populaire des races humaines et du règne animal. Caractères, mœurs, instincts, habitudes et régime, chasses, combats, captivité, domesticité, acclimatation, usages et produits. Édition française considérablement remaniée et augmentée par les aides naturalistes du Muséum d'histoire naturelle de Paris, 11 vol. in-8, de chacun 800 pages avec 6000 figures et 176 pl. sur papier teinté. . . . . 132 fr.

—— **Les Races humaines**, par le Dr R. Verneau, assistant d'anthropologie au Muséum, 1891, 1 vol. gr. in-8, 800 p., 531 figures. . . . . 12 fr.

—— **La terre, les mers et les continents**, géographie physique, géologie et minéralogie, par Fernand Priem, agrégé des sciences naturelles, 1 vol. grand in-8 colombier à 2 colonnes, de 708 p., illustré de 757 fig. . . . . 12 fr.

DEBIERRE (Ch.). — **L'Homme avant l'histoire**, 1888, 1 vol. in-16 de xvi-304 pages, avec 84 figures (*Bibliothèque scientifique contemporaine*) . . . . 3 fr. 50

DEGLAND et GERBE (Z.). — **Ornithologie européenne**, 2e édition, 2 vol. in-8. . . . . 24 fr.

GRENIER. — **Flore de la chaîne jurassique**, 1 vol. in-8 de 1092 p. Cartonné . . . . 12 fr.

HAMONVILLE (D'). — **La vie des Oiseaux**, scènes d'après nature, 1890, 1 vol. in-16, avec 18 planches (*Bibliothèque scientifique contemporaine*) . . . . 3 fr. 50

HUXLEY. — **La place de l'homme dans la nature**, 1891, 1 vol. in-16, avec 84 figures (*Bibl. scientifique contemp.*). 3 fr. 50

MOQUIN-TANDON. — **Histoire naturelle des Mollusques terrestres et fluviatiles de France**, 2 vol. in-8 avec atlas de 54 planches, figures noires. . . . . 42 fr.
Figures coloriées. . . . . 66 fr.

QUATREFAGES (A. de). — **Hommes fossiles et hommes sauvages**, par A. de Quatrefages, membre de l'Institut, professeur au Muséum, 1884, 1 vol. gr. in-8 de xii-644 pages, avec 209 figures. . . . . 15 fr.

RIVIERE (Émile). — **Paleoethnologie. De l'antiquité de l'homme dans les Alpes-Maritimes**, 1 vol. in-4 de 250 p., avec 24 pl. chromolith., et fig. cartonné. . . . . 65 fr.

VERLOT (B.). — **Le Guide du botaniste herborisant**. 3e édition. 1 vol. in-18 de xv-740 p., avec fig. cartonné. . . 6 fr.

Lyon. — Imp. Pitrat Aîné, A. Rey successeur, 4, rue Gentil. — 5337